DES EAUX DE NIMES

ET

DE L'AQUEDUC ROMAIN DU GARD.

TOME QUATRIÈME.

PREMIÈRE PARTIE.

HISTOIRE

DES

EAUX DE NIMES

ET DE L'AQUEDUC ROMAIN DU GARD,

APRÈS DIX ANS D'ÉTUDES.

Par M. le Docteur

Jules TEISSIER-ROLLAND,

Membre du Conseil-Général du Gard et de plusieurs Sociétés savantes.

TOME QUATRIÈME. — PREMIÈRE PARTIE.

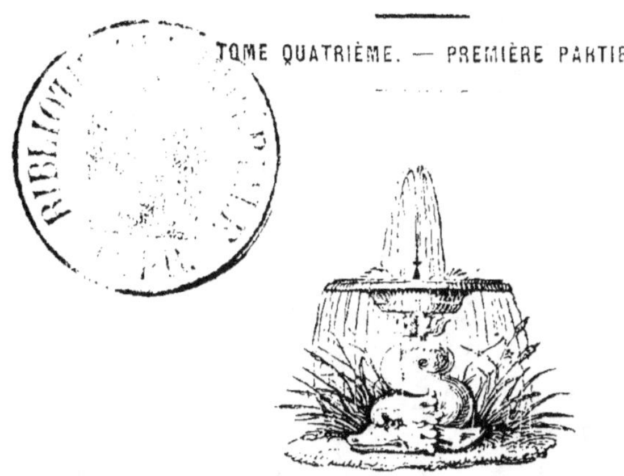

NIMES.

DE L'IMPRIMERIE BALLIVET ET FABRE,

RUE DE L'HÔTEL-DE-VILLE, 11

1852.

APRÈS DIX ANS D'ÉTUDES.

TOME QUATRIÈME. — PREMIÈRE LIVRAISON.

—

CHAPITRE PREMIER.

Un Rêve au bord du Canabou.

I.

Fatigué des courses de la journée, je m'assis au pied d'une touffe de chênes, et bientôt je m'endormis.

Mon sommeil n'était pas profond ; j'entendais confusément le bruit des pompes et les coups de la sape sur le rocher.

Il me sembla tout-à-coup qu'un étranger, debout à côté de moi, me disait :

— Je viens de Nimes, et j'ai vu, près de la route au quartier de Grézan, une longue et profonde tranchée au fond de laquelle coulent quelques pouces d'eau ; — à quoi bon tout ce travail ?

Je répondis :

— Notre ville manque d'eau, l'étranger s'en aperçoit tout d'abord ; l'habitant souffre. Le moyen le plus simple et le meilleur pour en obtenir me parut être, au début de mes recherches, le creusement.

dans la plaine, d'une tranchée qu'on prolongerait jusqu'à la réunion d'une quantité d'eau suffisante ; mais quand j'eus supputé les frais des fouilles et aqueducs, ceux bien plus considérables de puisement ; quand j'eus réfléchi sur l'inconvénient de dessécher la plaine, je renonçai à ce projet.

Quelques années plus tard il a été repris ; les travaux que vous avez vus sont un essai qui, je le pense, ne sera pas poussé plus loin...

— Je le crois aussi, dit l'étranger, il serait injuste d'approvisionner la ville aux dépens des terrains qui l'entourent :

La machine à vapeur est d'un ruineux entretien :

Et chercher, à grands frais, de l'eau *plus bas que la Cité*, quand on peut faire autrement, me semble une chose au moins singulière...

Le projet que vous avez conçu, puis abandonné — dont on vient de tenter l'essai, — s'il est bien mort, ne le regrettez pas...... que la terre lui soit légère !

II.

— Mais, reprît mon interlocuteur après une courte pause, — que fait-on dans ce ruisseau ? — pourquoi couper en travers son lit desséché, par un énorme puisard, une tranchée de vingt mètres de long, de cinq de large et de douze ou quinze de profondeur ?

— C'est encore une recherche d'eau pour Nimes.

— Une recherche d'eau, à tout hasard, dans le rocher, c'est bien chanceux...

— Non pas à tout hasard , s'il vous plaît , *car on a vu, senti à quatorze mètres sous le sol, un courant d'eau puissant , plus élevé que l'aqueduc romain et pouvant, par conséquent, alimenter la ville sans la moindre difficulté, et l'on a vendu , mille francs le pouce, cette eau qu'il ne s'agissait plus que de mettre à découvert....*

—Vraiment ! vous avez donc des sorciers dans le pays?

— Pas tout-à-fait des sorciers... des hydroscopes.

— Hydroscope ou sorcier : pour voir ou sentir de l'eau au travers de ce rocher aride.... il me semble que c'est tout un... Mais, pas si aride, ma foi... J'aperçois maintenant un gouffre profond et plein d'eau à quatre pas de l'endroit où l'on cherche... Pourquoi diable ne la prend-on pas où elle est visible et trouvée ?

— La raison en est toute simple : nul n'achèterait comme une découverte l'eau que tout le monde voit ; —celle qu'on cherche et , qu'à mon avis on ne trouvera pas , à moins qu'on ne soutire directement ou indirectement l'eau du gouffre , cette eau qu'on cherche est vendue à beaux deniers sonnants.

Ceci mérite explication. L'hydroscopie a promis à la ville , à prix déterminé , entre trois cents et cent cinquante pouces d'eau qui, mis à découvert et coulant, doivent être plusieurs fois jaugés à l'étiage ; jusque-là la ville ne doit rien.

Mais , comme de raison , celle-ci a exclu du traité le contenu de l'évent ou gouffre du Fouze, connu dans le pays depuis la création ; j'en étudie attentivement le régime depuis plusieurs années , et je l'ai rattaché à l'aqueduc romain par plusieurs nivellements réguliers , parce que je pense qu'on en tirerait un parti très-avantageux pour Nimes, *ce dont on pourrait s'assurer, du reste, par une expérience très-peu coûteuse.*

L'eau que le Fouze contient étant exclue de celle qu'on doit payer à l'hydroscopie , vous comprenez maintenant pourquoi l'on en cherche là où il n'y en a pas encore, et pourquoi l'on néglige celle qui se voit : — c'est qu'il peut y avoir trois cent mille francs à gagner sur la première.

— C'est très-bien pour l'hydroscope , réplique l'étranger, mais pour la ville ? si elle est pressée d'avoir de l'eau, que n'essaie-t-elle d'abord ce que le Fouze peut donner ? Un mois d'expérience avec les pompes qui sont là et mille écus de dépense au plus prouveraient ce que le Fouze est susceptible de donner à l'étiage; et si l'on avait seulement cinquante pouces de liquide pérenne, sans que l'eau baissât au-dessous du niveau de l'aqueduc romain, cette conquête, presque gratuite, serait certainement préférable à des promesses qui ne produiront rien, ou bien dont le résultat devra se payer au poids de l'or.

Qui ne voit d'ailleurs qu'en creusant un puisard large et profond à quarante mètres seulement de distance en aval du gouffre du Fouze, on finira par en appeler les eaux. — Je veux croire la roche serrée et compacte , mais il se trouvera bien enfin quelques fissures. L'eau dans le Fouze est plus élevée que le fond de la tranchée, cela se voit à l'œil ; et si l'on creuse toujours celle-ci , la charge de liquide devenant de plus en plus considérable, les suintements, les filtrations se faisant sous une pression toujours croissante , le contenu du Fouze poussant au vide violemment , il se fera nécessairement une rupture.

Pourra-t-on croire avoir trouvé la source cherchée, — alors qu'on ouvre une tranchée aussi près de l'évent , — alors qu'on la fait si profonde qu'elle est même au-dessous du niveau de l'aqueduc romain , — alors enfin qu'on l'a ouverte sur un point où, quand le Fouze déborde, il se fait naturellement un bouillonnement d'eau, des éjections au travers de la couche rocheuse , qui annoncent une communication plus ou moins profonde avec l'évent ? Ce sera la même eau que celle du Fouze évidemment, et , dès-lors , pourquoi la chercher à quarante mètres de l'endroit où elle se trouve ?

— Ce sera sans doute, répondis-je, la même provenance pour les hommes spéciaux, éclairés; pour vous et pour d'autres; — mais non pas pour tout le public, — pour les amateurs du merveilleux, pour ceux qui croient à l'hydroscopie. On criera au miracle de l'eau nouvelle, quand celle que nous voyons dans le gouffre crèvera enfin le rocher qui l'emprisonne, sur lequel elle pèse, et dont on affaiblit la résistance peu à peu.

— Diable, diable , dit l'étranger , l'hydroscopie serait-elle un art habile ? Je vais voir les travaux d'un peu plus près.

III.

Il descendit dans la tranchée ; il riait en remontant.

— Le gouffre du Fouze est au nord du puisard dont je sors, disait-il, et, comme on devait s'y attendre , c'est sur la paroi du nord que suinte, par les fissures naturelles de la roche, le peu d'eau qu'on pompe avec tant de peine et qui vient incontestablement du Fouze.

Plus on creusera, plus les filtrations augmenteront. Par l'effet de la pression croissante du plein au vide , les fissures de la roche qu'on mettra successivement à découvert devront donner de plus en plus.

Mais on ne se contente pas de cet effet lent quoique certain ; *maintenant , au fond du puisard , on ouvre une galerie horizontale qu'on pousse peu à peu vers le Fouze.* C'est assurément le vrai moyen de trouver de l'eau ; toutefois la ville acceptera-t-elle qu'on ait *découvert une source, un produit distinct de celui du gouffre voisin et connu,* alors qu'on n'aura pas agi autrement que si l'on avait voulu le soutirer soit par côté, soit en dessous ?

Mais qu'arrivera-t-il enfin ? Un jour , l'eau du Fouze, qui filtre aujourd'hui dans la cavité qu'on creuse, qu'on approfondit et qu'on en rapproche sans cesse : l'eau du Fouze, dis-je, crèvera nettement dans cette cavité et la remplira tout d'un coup. On criera au succès, au miracle, je le veux bien ; — toutefois sera-t-on plus avancé ?

— Nullement.

On avait un gouffre caverneux dans lequel l'eau était immobile, ce qui empêchait d'en connaître la quantité : on en aura deux maintenant.

Ce sera comme un syphon renversé : le Fouze et le puisard creusé de main d'homme en seront les deux branches béantes, communiquant souterrainement entre elles par la galerie qu'on aura faite ou les crevasses qui se seront violemment ouvertes ; mais la quantité d'eau dont on peut disposer ne sera pas pour cela mieux connue.

Le problème sera le même qu'aujourd'hui. Pour arriver à savoir le produit utilisable, il faudra toujours, soit ouvrir une voie de dégorgement jusqu'à l'aqueduc, ou bien user du moyen plus économique de l'épuisement par les pompes. Tout cela pouvait parfaitement se faire de prime abord sur le Fouze ; on peut y procéder encore, et la tranchée qu'on a creusée à grands frais, parfaitement inutile, ne facilite en rien la solution.

On pourrait cependant profiter de ce travail pour quelque chose. Les fouilles partent du pied de la colline qui limite la vallée à l'orient, et, puisqu'il n'y a pas d'eau sur ce point, on devrait les pousser jusqu'à la colline qui se trouve au couchant. Cette exploration complète du thalweg, poussée jusqu'au niveau du grand aqueduc romain aurait pour but de savoir : d'une part, si cette gorge ne contient aucun courant d'eau utilisable, et de l'autre, si le Fouze n'avait pas été rattaché à l'aqueduc qui venait d'Uzès par

quelques travaux dont l'existence me paraît infiniment
probable. En effet, comment les Romains, qui cons-
truisaient avec des dépenses énormes cinquante-deux
mille mètres d'aqueduc pour l'approvisionnement
d'eau de la ville de Nîmes, auraient-ils négligé de
faire une tranchée de mille mètres seulement, qui
leur assurait les eaux vives et fraîches du Fouze ?

De nombreux débris de vases, de briques, de pote-
ries antiques, de coquillages dont les Romains faisaient grand cas, trouvés dans les fouilles actuelles
prouvent que ce terrain avait déjà été remué ; au couchant de la tranchée, la roche présente des indices
d'une coupe abrupte, et certainement si un petit aque
duc romain a jamais existé, il ne peut être loin des
travaux actuels... sa découverte simplifierait singulièrement le problème.

IV.

L'étranger parlait encore qu'il se fit un grand bruit.

On attachait un vieillard dans un panier, on le des-
cendait au fond de la tranchée ; mais il poussait des
cris, faisait des contorsions et des grimaces effroya-
bles ; — on le remonta presque mort ; — mon interlocuteur ne comprenait rien à cette scène. Un des
témoins la lui expliqua en lui disant : — « Cet homme
» est encore un sorcier (les paysans n'appellent pas
» autrement les hydroscopes) ; il a voulu savoir si les
» travaux de son confrère étaient conduits avec intel-
» ligence... mais, à mesure qu'il approchait du fond
» de la tranchée, l'eau qu'il sentait sous le sol le fai-

» sait tant , tant souffrir, — cette eau , que personne
» ne voit encore est si abondante, les effluves lui cau
» saient un mal si cruel , qu'il serait mort si on eût
» tardé à le remonter...

» Certainement on va trouver un torrent à noyer
» toute la contrée ; on y touche presque , on n'a qu'a
» creuser *un peu plus*......

» —Mauvais certificat , dit un voisin (et celui qui
» parlait était encore un hydroscope) ; le courant
» existe sans doute , mais les travaux l'ont manqué ;
» — je sais bien moi, *je sens* où il se trouve ; mais il
» me faut une somme ronde pour l'indiquer. C'est
» bien à tort qu'on le cherche à gauche , quand c'est
» à droite qu'il faudrait tourner...»

— Peste , s'écria l'étranger avec vivacité , ce pays
n'est donc plein que de sorciers... belle sorcellerie
toutefois : — Vous avez sous les yeux un gouffre d'une
profondeur inconnue, vous creusez à quatre pas en
aval un puisard que vous approfondissez sans cesse; —
il est déjà bien surprenant que l'eau du Fouze ne bouil
lonne pas dans ces travaux.

L'un nous dit : creusez toujours ;

L'autre : poussez une galerie à gauche ;

Un nouveau venu veut qu'on l'ouvre vers la droite...

Certes quand on aura fait le tour du Fouze , beau
coup plus bas que ses eaux , on aura nécessairement
trouvé par où elles viennent ou s'en vont.

Si c'est ainsi qu'on est hydroscope ou sorcier, tous
les Français sont fous assurément...

Cette incartade de l'étranger me réveille sur le

champ, son sarcasme antinational m'avait piqué au vif. — Assurément, c'est un Anglais, disais-je, en me frottant les yeux ; — je ne les aime guères.

Je ne vis personne autour de moi ; c'était tout simple.

La cigale ne chantait plus, la chaleur avait cessé, les ouvriers étaient partis ; — Je repris mon sac et mon bâton ; je fis comme eux.

V.

Il me vint à l'esprit, en marchant, quelques réflexions plus sérieuses que ce qui précède ; je ne dormais plus et je me dis :

N'est-il pas bon, par un sage avertissement, d'éclairer ceux qui dépensent tant d'argent en pure perte ?

N'est-ce pas leur rendre un vrai service que de leur dire :

Vous ignorez la constitution géologique du sol où vous travaillez ; —vous n'avez pas observé que le relèvement des couches s'est fait du nord au midi, qu'elles plongent du midi au nord, que le Fouze suit leur inclinaison ;

Que, par conséquent, il fuit vers le nord à mesure qu'il s'enfonce sous terre,

Et que, votre puits étant creusé verticalement au midi, plus vous l'approfondirez, plus vous vous trouverez loin de l'évent ?

Le seul moyen sûr d'avoir de l'eau dans la tranchée ouverte, c'est d'aller droit au Fouze par une galerie à *travers-bancs*, comme disent les mineurs.

Mais à quoi bon déplacer ainsi l'eau visible, de quarante mètres ?

Le problème restera toujours le même ; pour mesurer ce liquide, il faudra lui ouvrir une issue ou le pomper. Pompez donc tout bonnement sur le Fouze, puisque ce dernier moyen est le moins coûteux.

Vous donnerez ainsi un emploi utile à vos moyens d'épuisement, et, quel que soit le résultat, la ville vous indemnisera sans doute ; car alors vous aurez résolu un problème important pour elle : *on saura définitivement ce qu'à l'étiage le Fouze peut fournir d'eau, à la hauteur de l'aqueduc....*

Vous avez, à grands frais, ouvert une tranchée qui ne peut rien prouver en l'état, — rendez-la bonne à quelque chose en la poussant tout au travers de la vallée jusqu'à la colline occidentale, et la ville pourra vous indemniser à juste titre ; car vous aurez encore résolu deux autres problèmes à son profit, à savoir : — *s'il existe un cours d'eau souterrain quelconque au thalweg de la gorge, — et si les Romains ont jamais soutiré, pour les utiliser, les eaux du Fouze à l'étiage ?*

Les services que vous rendrez ainsi seront dignes de récompense, tandis que les travaux actuels n'amèneront à rien.

C'est sur le Fouze et non autour que vos expériences doivent porter. Loin de m'y opposer, je le désire, et, si la chose ne dépendait que de moi, je voudrais que les pompes, inutilement employées aujourd'hui.

fissent jaillir de l'évent une quantité constante de plus de trois cents pouces.

Je n'ai jamais présenté le produit du Fouze aux administrateurs de la cité, que comme un à-compte, qui n'était pas à dédaigner, sur la fourniture définitive demandée ;

Si je m'étais trompé sur ce point, si mes espérances étaient dépassées, mon patriotisme s'en réjouirait,

Et, pour connaître, une fois pour toutes par le moyen le plus économique, la quantité d'eau pérenne sur laquelle on peut compter, je demande qu'on emploie les pompes qui se trouvent sur les lieux et d'autres si c'est nécessaire, à s'assurer, jusqu'aux pluies d'automne, de la quantité d'eau que le Fouze peut fournir sans s'abaisser au-dessous du niveau de l'aqueduc.

Je crois donner un avis utile pour la ville et pour les entrepreneurs de travaux, qui perdent évidemment à présent ce qu'ils dépensent (1).

(1) Cet article a d'abord été inséré dans le *Courrier du Gard* du 25 septembre 1851.

CHAPITRE DEUXIÈME.

Nouveau moyen de fourniture d'eau pour Nimes.

I.

On a fait de nombreux projets pour donner à Nimes l'élément vital qui lui manque : l'eau.

De tous les expédients proposés, il n'y a de *suffisants* et de *praticables*, tout à la fois, que ceux qui s'adressent à la même origine : LE GARDON.

Plusieurs inventeurs ont voulu dériver une portion de cette rivière au nord de Nimes : à BOUCOIRAN.

D'autres ont préféré puiser à l'est de la ville : AUX ENVIRONS DU PONT-DU-GARD.

Trois projets sérieux ont été conçus dans la direction du nord, s'adressant à l'eau qui roule dans le canal Calvière : ce sont ceux de MM. DELILLE, VALZ, et PERRIER.

Des avantages et des défauts communs, parce qu'ils sont inévitables, s'attachent à ces trois formes de la même idée.

Les avantages seraient de donner *ordinairement* beaucoup d'eau et d'éviter l'emploi des machines;

Les inconvénients, d'exiger d'énormes dépenses, —

de nuire aux intérêts très-légitimes des populations riveraines, — de soumettre la ville de Nîmes à des conditions très-onéreuses envers les communes lésées, — de ne fournir qu'un liquide d'une qualité très-médiocre ;—de n'avoir jamais trouvé des compagnies qui se chargeassent de l'exécution à forfait pour le prix annoncé ; — de ne rien produire qu'après leur entier achèvement ; — enfin, de ne donner qu'une eau complétement impotable dans les temps de crue et de débordement de la rivière.

La provenance du nord doit donc être rationnellement rejetée.

Du côté de l'est :

Notre projet, ceux de MM. Dombre, Surell, Bouchet et plusieurs autres, ont été produits au dernier concours.

Celui que nous avions formulé obtint une honorable préférence.

Deux compagnies sérieuses se sont présentées pour l'exécution à forfait.

A leurs périls et risques, elles s'engageaient à fournir à la ville, dans le délai de trois ans :

Trois cents pouces d'eau pour deux millions ;

Ou huit cents pouces pour deux millions et demi.

Un traité fut passé sur cette dernière base avec la compagnie Nimoise, à la fin de 1847 ;

Le projet devait porter notre nom, et nous sommes fier de ce succès.

Une révolution politique vint malheureusement décourager à la fois la ville et la compagnie.

L'exécution de l'entreprise a été ajournée indéfiniment ; — mais les besoins sont restés les mêmes.

II.

Nous n'avons été ni refroidi, ni abattu par cet état d'inaction forcée.

Ne pouvant se livrer à des dépenses considérables, la ville a fait appel à l'intelligence de tous pour savoir si ; pour de plus faibles sacrifices, on ne pourrait pas remédier à l'état de souffrance où elle se trouve.

Lui fournir beaucoup d'eau pour peu d'argent nous paraît un problème insoluble.

Deux essais malheureux ont été tentés dans ce sens : —ce sont des applications incomplètes ou peu rationnelles de quelques-unes de nos idées ; — on ne saurait atteindre ainsi le but désiré.

Un autre projet vient de surgir tout récemment : *il s'agirait de dériver l'eau du Gardon à mille mètres en aval de Russan;*

D'ouvrir, *par un percé de onze mille mètres*, la chaîne de montagnes qui sépare la vallée du Gardon de celle du Vistre, et d'amener deux cents litres d'eau par seconde à la source de Némausus, au niveau de la plate-forme des hémicycles.

L'auteur se flatte d'obtenir ce résultat pour quinze cent mille francs.

Ce serait fort beau, si c'était possible.

Malheureusement, à l'étiage, il n'y a pas une goutte

d'eau dans le lit du Gardon au droit de Russan , ni
à plusieurs milliers de mètres en amont et en aval.

On suppose que le liquide filtre et glisse sous les
graviers, entre eux et le sous-sol rocheux de la vallée ;

On espère qu'on pourra trouver, en creusant, un
courant considérable, l'arrêter, le faire remonter
non-seulement à la hauteur de surface du lit actuel
de la rivière, — *mais encore à cinq mètres plus haut.*

Ce sont de pures hypothèses, et, pour arriver
à la démonstration de leur réalité, la ville, assurément, ne voudra jamais exposer une centaine de
mille francs sur des chances aussi aléatoires.

De plus, l'eau, ne pouvant arriver qu'au niveau de
la plate-forme des hémicycles, serait loin de la hauteur suffisante ; car la moitié des rues, vu leur altitude, resteraient en dehors du bénéfice de la distribution des eaux nouvelles, comme il arrive maintenant pour le produit de la source de Némausus.

L'exécution d'un projet, aussi incertain qu'inefficace, n'entraînera-t-elle pas d'ailleurs une dépense
de plus de quinze cent mille francs ?

Aucune compagnie ne se présente pour exécuter
à ses périls et risques : la ville renoncera-t-elle à une
condition que, dans le dernier concours, elle a placée
en première ligne ?

III.

Nous nous sommes demandé, dans les circonstances actuelles, s'il ne serait pas possible de trouver
mieux encore que tout ce qui a été proposé ;

Si , laissant pour des temps plus prospères celui de nos anciens projets que les juges d'un concours solennel avaient honoré de leurs suffrages, il n'y aurait pas moyen d'indiquer quelque chose , qui , tout en satisfaisant aux besoins incessants de la cité , se trouvât mieux en rapport avec la pénurie financière actuelle ?

Voici les conditions rigoureuses du problème spécial que nous nous sommes posé :

1° Fournir , au minimum , *à Nimes , un volume de six cents pouces d'eau ;*

2° *Que cette fourniture soit constamment irréprochable sous le rapport de la qualité ;*

3° *Que toute la ville puisse profiter de son bienfait ,* c'est-à-dire que le liquide atteigne aux quartiers les plus élevés , au pied de la citadelle, dans le bassin de distribution (*Castellum divisorium)* des Romains, à *neuf mètres* plus haut que *la plate-forme des hémicycles ;*

4° *Que cette fourniture coûte moins de deux millions.... ;*

5° *Que l'exécution de l'entreprise soit assurée par une compagnie sérieuse, qui s'en chargerait à forfait...*

Au point de vue des intérêts de la ville, nous regardons toutes ces conditions comme essentielles , indispensables :

Le problème des *Eaux* ne serait point complètement résolu en l'absence de l'une d'elles ;

Car les besoins de tous les citoyens ne seraient pas satisfaits ,

Ou la caisse municipale pourrait être compromise d'une façon désastreuse.

Si ces clauses sont *rigoureuses*, dans l'occurrence présente elles sont indispensables, et nous avons cru devoir nous renfermer volontairement dans un cercle aussi étroit.

Nous croyons avoir résolu le problème d'une manière satisfaisante, malgré ses difficultés.

Nos travaux antérieurs, la connaissance approfondie que nous avons maintenant des choses et des lieux, nous permettent d'être clair et succinct.

Neuf ans d'études opiniâtres et de recherches désintéressées nous donnent peut-être quelque autorité dans une question toute spéciale ; nos droits ont été trop péniblement acquis pour que nous les regardions tout-à-fait comme illusoires.

IV.

Si, pour amener les eaux des environs de Boucoiran, par une dérivation sans machines, il faut un canal de vingt mille mètres avec des tranchées profondes ou des percés de onze mille, s'il faut des ouvrages d'art considérables et nombreux ;

Si l'on doit dépenser quatre à cinq millions, soulever les résistances les mieux fondées, n'avoir que de l'eau mauvaise à l'étiage et de l'eau bourbeuse pendant les orages et les inondations ;

Si, pour se fournir, au contraire, du côté du Pont-du-Gard, il faut dépenser deux millions et demi pour six à huit cents pouces ;

Si l'on est dans la nécessité de détruire des usines importantes et coûteuses, d'élever les eaux d'une quarantaine de mètres...

Si, pour la dérivation de Russan, tout est incertain, hypothétique ;

Si le produit n'en peut arriver à Nimes qu'à un point beaucoup trop inférieur :

La recherche d'autres combinaisons est une chose d'une importance incontestable.

Nous nous sommes assuré qu'on pourrait, avec avantage, s'adresser au Gardon, bien en aval de Russan, de Saint-Nicolas même, mais en amont du Pont-du-Gard et de Collias, et c'est sur ce parcours que nous avons trouvé la solution du problème dont nous venons de mentionner les conditions étroites.

Ne voulant prendre de l'eau que là où elle se trouve d'une manière certaine, — mais là aussi où la dérivation ne blesse aucun intérêt public : *nous ne pouvons placer notre barrage* plus au nord, plus en amont que le moulin Labaume.

Désirant éviter les frais d'un canal d'amenée long et coûteux,

Epargner l'achat et la destruction des moulins Jolycler, Pérochel et de St-Privas : — notre prise d'eau ne doit pas être descendue au-dessous du village de Collias.

Entre Collias et le moulin Labaume, nous établirons donc un barrage plus élevé que celui de cette usine que nous supprimons après achat, ou nous

nous servirons de ce barrage lui-même en le consoli-
dant et l'élevant.

La chute d'eau que nous obtiendrons nous permettra, même pendant le débit le plus infime de la
rivière, d'en élever plus de six cents pouces au niveau de l'aqueduc romain, c'est-à-dire à trente on
trente-deux mètres au-dessus de notre bief supérieur.

L'appareil hydraulique étant construit sur les bords
du Gardon, il ne s'agira plus que de le joindre avec
le canal antique aux environs de St-Gervasy.

Un percé sera pour cela nécessaire ; mais l'étude
exacte des lieux nous a indiqué deux directions dans
lesquelles l'exécution sera tout à la fois moins pénible
et moins coûteuse que partout ailleurs.

Par l'une, à partir du Gardon, le canal suivrait
la *Combe* ou vallée la plus longue et la plus profonde,
celle qu'en langage du pays on appelle, pour ce
motif, la *Signora;* et, perçant le massif rocheux au
midi de Poulx, il aboutirait dans la vallée du Canabou pour atteindre l'aqueduc romain en traversant
le Fouze.

Le percé serait de six mille mètres dans cette direction.

, Suivant une autre étude, à partir du Gardon, le
canal suivrait la *Combe* aussi très-large et très-
profonde de *Beaumont*, percerait le milieu de la
chaîne au midi de Cabrières, et marcherait vers
l'aqueduc romain, par la vallée du ruisseau de la
Bastide.

Un détour, dans la partie inférieure, conduirait le percé au Canabou.

Dans cette direction, le souterrain ne serait que de cinq mille mètres.

Tels sont les délinéaments d'un nouveau projet que nous étudions d'une manière sérieuse, et ce simple exposé peut faire comprendre :

1° Qu'avec une chute de trois à quatre mètres et trois mètres cubes d'eau chutante (au minimum), on peut facilement élever six cents pouces d'eau dans l'aqueduc romain ;

2° Que, prise au moulin Labaume, où le Gardon, à l'état de source, s'échappe bruyamment des flancs de la montagne, la qualité de l'eau sera évidemment irréprochable, sauf pendant la courte durée des grandes inondations où le Fouze, alors abondant, nous fournira à son tour de l'eau de source ;

3° Que l'eau, arrivant à Nimes par l'aqueduc romain depuis St-Gervasy, elle coulera, comme dans l'antiquité, au pied de la citadelle, à neuf mètres au-dessus de la plate-forme des hémicycles ;

4° Que l'achat d'une seule usine, l'établissement d'un appareil hydraulique poussant l'eau à trente-deux mètres seulement, — un percé de cinq à six mille mètres, au lieu de dix à onze que réclament les autres projets, et la restauration de l'aqueduc romain du Canabou jusqu'à Nimes, doivent coûter moins de deux millions, comme des devis exacts l'établiront ;

5° Qu'une compagnie sérieuse sera facile à former

quand elle trouvera honneur et profit dans l'entreprise.

Il n'est donc pas impossible de résoudre le problème que nous nous sommes posé : d'avoir *pour
moins de deux millions*, *à un niveau suffisant*, *six
cents pouces d'eau potable*, *et de trouver une compagnie solvable pour l'exécution.* (1)

(1) Cet article a d'abord paru dans le *Courrier du Gard* du
11 novembre 1834.

CHAPITRE III.

Question des Eaux de Montpellier (1).

Lettre à M. le Rapporteur de la Commission municipale.

Anduze, le 12 novembre 1851.

Monsieur,

Le sujet dont vous m'entretenez m'intéresse beaucoup sans doute, mais il est grave et difficile ; je ne voudrais pas y revenir sans réflexion et mettre en avant des erreurs qui pourraient avoir une influence fâcheuse sur de légitimes intérêts.....

I.

Vous me dites que la commission d'enquête vient de donner un avis favorable à la *déclaration d'utilité publique* pour dériver, en faveur de la ville de Montpellier, une portion du produit de la source du Lez ; *mais en restreignant la prise à vingt-cinq litres par seconde, au lieu de trente-sept qui étaient réclamés au projet....*

(1) Voyez ce que j'ai déjà publié à ce sujet dans le tome III chapitre 5, pages 581, 607 et suivantes de cet ouvrage.

Cette décision m'étonne et m'afflige d'autant plus ,
que je trouvais déjà la quantité de trente-sept litres
insuffisante, ce que j'avais hautement exprimé en ré-
clamant une dérivation d'au moins cinquante litres.

Au nombre des avantages de son avant-projet ,
M. Duponchell avait eu grandement raison de mentionner le prix de l'eau qu'on pourrait vendre aux
particuliers, d'en faire état, et de réserver, en conséquence, un certain volume de la fourniture pour être
aliéné au profit de la ville. ... seulement, à mon avis,
ce système avait été adopté avec trop peu d'ampleur.

On ne saurait prétendre sans déraison qu'il n'y a
pas utilité publique à donner aux habitants de Montpellier le moyen d'avoir tous de l'eau à domicile.
L'utilité publique se trouve quand un grand nombre
de besoins réels peut être satisfait.

N'arrosât-on que les jardins qui entourent la cité ,
— si l'entreprise était réclamée par la plupart des
propriétaires, elle devrait être déclarée d'utilité publique. — Mais il y a bien mieux dans l'espèce ,
puisqu'il s'agit des besoins spéciaux et de la salubrité
de la ville elle-même , d'eaux publiques à conduire
dans l'intérieur, de concessions à domicile à faire à
tous les habitants qui le désireront. — Ici , les jardins
qu'on a mis en avant ne sont réellement qu'un accessoire ; ils n'auront la plupart du temps que le stillicide des fontaines publiques et privées ; cependant ,
on pourra leur donner de l'eau vierge si les propriétaires veulent la payer au tarif municipal. Ces jardins sont habités , ils touchent à la ville , ils contri-

buent à son agrément, à son approvisionnement ali
mentaire.

Il n'est pas douteux pour moi, qu'après les forma-
lités nécessaires pour constater l'utilité publique
Montpellier aura le droit de demander la dérivation,
non-seulement de vingt-cinq, de quarante, mais de
cinquante, cent, deux cents litres par seconde, qu'ils
proviennent de la source du Lez ou d'ailleurs..... et
je suis sûr que le gouvernement accordera ce que
demandera la ville.

Cependant, quatre intérêts, tous très-légitimes,
sont en présence sur les bords du Lez, — savoir :
les besoins de l'agriculture, ceux de l'industrie, ceux
de l'édilité et ceux de la navigation.

Dans toutes les grandes entreprises hydrauliques
l'antagonisme de quelques uns de ces intérêts se
présente inévitablement; mais deux ordres de prétentions, trois tout au plus se trouvent ordinairement en
conflit : il est bien rare que tous les quatre paraissent
dans l'arène à la fois. La discussion sera grave et
méritera une attention sérieuse si chaque intérêt est
convenablement défendu.

Tous les quatre sont respectables, sans doute, mais
ils n'ont pas le même degré d'importance. — S'effor-
cer de les satisfaire tous serait un beau problème à
résoudre, — mais enfin, si cela devenait impossible, si des sacrifices étaient inévitables, je pense
qu'en principe, et, toutes choses égales d'ailleurs, la
classification suivante placerait ces intérêts suivant
l'ordre équitable et naturel de leur prééminence :

Navigation ,

Edilité ,

Industrie ,

Agriculture.

La nation tout entière est intéressée dans une question de canaux ou de ports de mer.

Les droits sont aussi de l'ordre le plus relevé , et se comptent par milliers, quand il s'agit des besoins , de la salubrité , même du simple agrément d'une ville. Pas mieux que pour la navigation, rien ne peut remplacer l'eau pour les populations agglomérées.

Quant à l'industrie qu'un cours d'eau fait prospérer, ce n'est jamais qu'une question locale, essentiellement bornée ; car toute fabrication peut se déplacer ou se servir de forces motrices d'une autre nature que l'eau courante.

L'irrigation est , sans doute , d'un très-grand secours pour l'agriculture et celle-ci est la nourricière du genre humain ; mais, comme la terre se cultive partout, quelques entraves locales et restreintes sont sans influence générale appréciable, et, d'autre part, si la diminution d'arrosement nuit à la fécondité, elle ne la fait pourtant pas disparaître.

Au reste , nous le reconnaissons , cette classification théorique des intérêts peut et doit varier suivant les circonstances , les temps et les lieux ; ainsi , à Montpellier par exemple , la navigation du Lez inférieur peut être de si peu d'importance que les intérêts de l'édilité doivent prendre le premier rang.

L'activité industrielle sur le Lez supérieur peut

être telle que le second rang lui appartienne de droit.

Alors la navigation ne serait plus qu'en troisième ligne,

Et les irrigateurs des environs de Lattes resteraient à la quatrième.

On voit qu'ici la question se complique plus que partout ailleurs et que, par conséquent, elle doit être étudiée avec plus d'attention et de soin.

Dès que le conseil municipal eut abordé le projet de l'augmentation de la fourniture d'eau par l'aqueduc du Peyrou, cette entreprise parut prête à se réaliser; mais il n'en pouvait être ainsi : — les intéréts, les préjugés même n'ont pas tardé à se réveiller; ce qui suscitera, comme c'est l'ordinaire, une lutte longue et pénible; le conseil municipal doit s'y préparer.

Il serait même regrettable qu'elle n'eût pas lieu, car elle doit éclairer le public sur ses véritables intéréts, agrandir l'horizon de ses idées, et l'arracher à son indifférence sur des choses qui, à Montpellier, ont encore plus d'importance qu'ailleurs : car, je le répète, les intéréts municipaux, ceux de l'industrie, du commerce et de l'agriculture, sont simultanément en jeu pour un faible cours d'eau.

Il n'est pas douteux pour moi que la ville ne soit fortement intéressée à ce qu'on amène dans son intérieur la plus grande quantité de fluide possible.

Il en coûtera presque autant pour en conduire vingt-cinq litres, par exemple, que pour en dériver cinquante.

Mais, ce dernier volume obtenu, on pourrait en vendre la moitié aux particuliers, couvrir ainsi la dé-pense totale, et la portion qui resterait publique ne coûterait rien à l'édilité.

Je crois que si les usiniers, les irrigateurs, les pro-priétaires du canal de navigation ont des droits sur les eaux du Lez, il sera facile de les indemniser de la perte que leur causera la dérivation municipale, attendu qu'il ne s'agira jamais que d'une minime fraction des jouissances auxquelles ils prétendent.

Je pense que, d'autre part, Montpellier pourrait se procurer une alimentation suffisante, sans leur devoir aucune indemnité, c'est-à-dire en achetant des eaux privées, des sources non acquises au domaine public.

Mais je crois qu'on pourrait faire beaucoup mieux encore et que si l'édilité, les usiniers, les irrigateurs, les propriétaires du canal voulaient s'entendre, on pourrait décupler pour la ville la fourniture du Peyrou et doubler en même temps le débit du Lez pour le commerce, l'agriculture et l'industrie, sans que la dépense fût exorbitante.

Elle serait certainement bien au-dessous des avan-tages de l'entreprise, *et c'est alors que Montpellier pourrait devenir un port de mer.*

Je n'ai l'intention de traiter ces divers aspects de la question que d'une manière très-rapide.

Les deux articles *sur les eaux de Montpellier,* que j'ai publiés dans le *Courrier du Gard* des 29 avril et 13 mai derniers, étaient écrits sur de simples sou-venirs; avant que de m'engager davantage, j'ai

voulu revoir les lieux : et, le mois dernier, j'ai fait
une course spéciale à la fontaine Saint-Clément et
aux sources du Lez. J'ai pris sur place les notes convenables.

Le projet de conduire à Montpellier les eaux de la
source Saint-Clément avait été formé dès le treizième
siècle. Plusieurs fois reproduit, mais plus sérieusement en 1712, il fut pourtant rejeté *par la crainte
de priver d'eau les moulins situés sur le Lez dans
lequel cette fontaine se jetait.*

Cette opposition fut vaincue ; mais cependant la
première pierre de l'aqueduc ne put être posée qu'en
1753, par M. de Saint-Priest ; — la dernière le fut,
douze ans plus tard, par le fils et le successeur de cet
intendant de la province(1). Il est probable que, pendant bien longtemps, les intéressés étaient parvenus
à rendre impopulaire un projet si favorable à la cité.

Un des derniers seigneurs de Montferrier contri-
bua beaucoup à son exécution ; il fit, pour ainsi dire,
revivre l'idée de cette conduite d'eau, presque tombée
en oubli depuis les études sérieuses de Clapiès en
1712.

On discuta longtemps sur la possibilité de la réus-
site de l'entreprise, on parvint même à faire entendre à M. de Dillon, archevêque de Narbonne,
président des Etats, que l'eau n'arriverait pas au
Peyrou. Il fit donc venir l'architecte et lui dit : —
« *Monsieur* Pitot, *on assure que les eaux de Saint-*

(1) Renaud de Willack. — *Voyages en Languedoc*. p. 299

» *Clément ne monteront pas au Peyrou ; êtes-vous*
» *bien sûr de vos opérations ?...*
  » *Il est vrai, Monseigneur, répondit Pitot, elles*
» *ne monteront pas, elles descendront au Peyrou* (1).»

(1) Amelin.—*Guide du Vogageur dans l'Hérault*, p. 218 et 301.
Depuis le premier article que j'ai publié sur les eaux de Montpellier et sur Pitot (*Hist. des Eaux de Nimes*, tom. iii, chap. iii, p. 581, 607 et suiv.), M. Michel Nicolas, auteur d'une biographie spéciale des hommes distingués nés dans le Gard, a donné sur cet ingénieur quelques détails qui manquent à ma notice, et que je suis bien aise de consigner ici.

« M. Pitot, seigneur de Launay, naquit à Aramon, le 31 mai 1695. Sa famille était une des plus anciennes du pays. L'église paroissiale de sa ville natale renferme le tombeau d'un de ses ancêtres, portant la date 1012 : on peut y lire encore :

ARR........

MAISTRE PITOT

DICESSIT ANNO

MXII ET DIE

..... OCTOB.

» Pitot jouissait de la considération des savants et de l'estime des grands personnages de l'Etat. Le maréchal de Saxe, entre autres, était son protecteur et son ami. Pitot lui enseigna les mathématiques, au milieu de ses études continuelles et des grands travaux qui lui étaient confiés.

» Ce savant ingénieur cherchait à réparer les lacunes de son éducation première. A l'âge de 50 ans, il se fit enseigner par le précepteur de son fils les éléments de la langue latine, afin de se mettre en état de lire les ouvrages de mathématiques écrits dans cette langue.

» Il mourut le 27 décembre 1771 et fut inhumé à Aramon dans le tombeau de sa famille, dans l'église du couvent des Recollets. En 1837, lors des réparations qu'on faisait au châ-

Ainsi, les mêmes difficultés , les mêmes oppositions se retrouvent à toutes les époques, et les choses
les meilleures ont toujours des détracteurs intéressés,
ou des critiques qui ne peuvent les comprendre ; —
mais, heureusement, il se présente aussi des défen-
seurs intelligents , dévoués et quelquefois influents ,
comme l'était le marquis de Montferrier dont la reconnaissance publique doit enregistrer le nom à côté
de ceux de Pitot et de Clapiès.

II.

Je lis ce qui suit dans le rapport fait au conseil
municipal par l'honorable M. Dupin , au nom des
commissions des travaux publics et des finances
réunies :

« L'idée d'une prise d'eau à la source du Lez ,
pour accroître le volume fourni par celle de Saint-
Clément et donner ainsi à la ville de Montpellier
une abondance d'eau satisfaisante, n'est pas nouvelle. On s'en est déjà occupé à plusieurs reprises ,
notamment aux époques de grandes sécheresses, et
lorsque le produit de la source de Saint-Clément
était réduit de manière à faire craindre qu'il ne
devînt insuffisant pour les besoins d'une population

teau bâti sur les fondements de ce couvent, on retrouva ses
ossements en même temps que ceux de plusieurs autres personnes ensevelies dans le même lieu, et on le transporta dans
le cimetière commun de la ville. » (*Courrier du Gard* du 6 mars
1852.)

toujours croissante *et répandue dans de nouveaux quartiers manquant de fontaines...*

» Une des conditions du concours de 1854 était *l'augmentation du volume d'eau que recevait alors la ville de Montpellier,* et la commission d'examen déclara en 1857, — *qu'elle attachait un grand prix aux renseignements contenus dans le mémoire de l'un des concurrents...*

» Quinze ans sont passés sans qu'on ait fait autre chose que changer, dans l'enceinte de la ville, des tuyaux en poterie contre des tuyaux en fer coulé.... Mais les besoins nouveaux qui se sont produits dans l'intervalle *exigent réellement un approvisionnement d'eau plus grand pour la cité.*

» Des hommes compétents pensent que celles de Saint-Clément ont éprouvé une diminution sensible depuis quelques années. En effet, il résulte de jaugeages exécutés par les ingénieurs Pascal et Clapiès, au commencement et au milieu du siècle dernier, que leur volume s'élevait alors de soixante et dix à quatre-vingts pouces, tandis qu'elles ne présentent plus, dit-on, aujourd'hui une quantité égale dans des circonstances analogues.

» Suivant un mémoire produit par la ville, l'aqueduc qui, à l'époque de sa construction, conduisait quatre-vingt-cinq pouces d'eau au Peyrou, n'y en versait plus que quarante-sept, le dix mars 1852. Aux premiers jours d'octobre 1847, M. l'ingénieur Castagnol ne trouva que soixante pouces à la source et quarante-cinq au Peyrou. Dans l'automne de 1850,

on n'a trouvé que soixante pouces à la source, qui
au mois de novembre dernier (1850 aussi) n'en dé
bitait guère plus de quarante-cinq. — Cette réduction
ne peut-elle pas faire des progrès désastreux pour la
population.

» M. l'ingénieur Duponchell exprime des appré
hensions particulières : — « Il est à craindre , dit il,
» que la totalité de la source ne finisse , avec le
» temps, par s'ouvrir un nouveau débouché au-des
» sous de la prise d'eau de l'aqueduc , sans qu'il soit
» possible de porter remède à un pareil état de choses »

» Les faits passés , les appréhensions de l'avenir,
l'augmentation incessante de la population urbaine
exigent une augmentation dans la fourniture d'eau ;
la commission l'a reconnu à l'unanimité , en décla
rant que l'entreprise , d'ailleurs facile et peu coû
teuse , était réellement d'utilité publique.

» On peut demander un supplément d'alimentation
à la source du Lez ; — mais , ici , une crainte s'est
reproduite au sein du conseil municipal, *celle qu'en*
versant cent pouces d'eau , par exemple , venus du
Lez , dans le bassin d'origine de la source Saint
Clément , on n'exerçât sur les eaux de cette source
une pression assez grande pour les forcer à prendre
d'autres directions , — « ce qui , disait déjà M. Leu
» théric en 1857 , risquerait de faire perdre d'un
» côté ce qu'on se serait procuré à grands frais de
» l'autre.... »

» Mais l'objection a été prévue , et le rapport de
M. Duponchell y répond en ces termes :

« On ne doit pas craindre que le débit de la source
» de Saint-Clément diminue par suite de l'exhausse⁻
» ment des eaux d'une trentaine de centimètres, *car*
» *le niveau de cette source a été abaissé de plus d'un*
» *mètre lors de la construction de l'aqueduc et cette*
» *opération ne paraît pas avoir augmenté son débit.*
» Bien certainement, aujourd'hui, ce débit ne se res-
» sentira pas d'un surexhaussement qui sera loin de
» rendre à la source son ancienne hauteur…. »

Malgré cette assurance, très-rationnelle selon moi,
la commission énonce l'avis, que nul au reste ne
saurait blâmer, « de prendre à cet égard toutes les
» mesures conseillées par la prudence. »

Dans sa séance du 24 mars 1851, le Conseil municipal a adopté, sans opposition, les conclusions de
ses commissions réunies des travaux publics et des
finances, qui étaient :

1º *De reconnaître que le projet, présenté par l'ad-*
ministration, d'une nouvelle conduite de prise d'eau
poussée jusqu'à la source du Lez, intéresse éminem-
ment la prospérité de la ville et doit être déclaré
d'utilité publique;

2º *De charger l'administration de poursuivre l'or-*
donnance nécessaire à l'exécution de ce projet…

Ayant pris connaissance des deux articles que j'a-
vais publiés dans le *Courrier du Gard* sur la question
des eaux de Montpellier, la commission municipale
a bien voulu les mentionner de la manière la plus
flatteuse ; je suis très-reconnaissant de ses éloges,

mais je ne les accepte que comme un encouragement.

Je ne suis nullement disposé à attribuer la disparition de la Petite-Saint-Clément et du Boulidou à
l'obstruction de leurs conduits alimentaires souterrains par un dépôt de sels calcaires pareil à celui qui
s'est formé dans la cunette de l'aqueduc de Pitot ; la
suppression de l'écoulement de ces deux sources eut
lieu trop peu de temps après la construction de l'a-
queduc (en 1766), ce qui annonce l'action d'une
cause beaucoup moins lente.

La commission approuve le passage suivant de
mon écrit :

« Le danger de la surcharge de la source Saint-
» Clément par suite de l'adjonction de ce qu'on dé-
» riverait de la source du Lez me touche peu ; en
» effet, l'aqueduc fut, *dit-on*, construit pour débi-
» ter deux cents pouces. Comme il n'y en passe pas
» même quatre-vingts à présent, cette quantité mi-
» nime peut bien cheminer malgré l'incrustation
» qui, suivant M. Lenthéric, *avait rétréci la cunette*
» *de près de moitié.*

» Mais, si l'on veut avoir plus de quatre-vingts
» pouces en été, si l'on va chercher un supplément
» au Lez, et qu'on introduise deux cents pouces
» de liquide dans le canal Pitot, n'y aura-t-il pas
» danger ?

» Nullement, si l'on a soin de nettoyer préalable-
» ment l'aqueduc et de lui rendre les dimensions que
» son auteur lui avait données justement pour débi-

» ter cette quantité. Il ne faut pour cela qu'enlever le
» tuf qui s'est déposé depuis sa construction , et la
» source de Saint-Clément ne sera pas plus surchar-
» gée que ce qu'elle doit l'être... »

L'étiage de Saint Clément descendant maintenant
aux environs de cinquante pouces , et l'administration locale ne voulant pas dériver de la source du
Lez plus de cent soixante pouces , cet énoncé me paraissait parfaitement répondre à toutes les objec-
tions , et d'autant mieux maintenant que la commission dit :

« La réparation indiquée vient d'être accomplie
après plusieurs mois d'un pénible travail qui touche
à sa fin ; *il n'y a donc rien à craindre et le danger
signalé en 1837 par M. Lenthéric serait aujourd'hui
sans réalité.....* »

Cependant, un journal important de la localité ,
le *Messager du Midi* , a imprimé dans son numéro
du 27 août dernier : — « Nous devons signaler une
erreur assez grave que nous avons cru reconnaître
dans le rapport de la commission municipale......
M. Lenthéric a exprimé la crainte qu'en jetant dans
l'aqueduc Pitot cent pouces d'eau pris à la source du
Lez, on n'occasionnât un mouvement de remou , et
qu'on n'exerçât ainsi sur la source une pression assez
forte pour la déterminer à prendre d'autres directions.....

» La réfutation que M. Duponchell a faite de ce
passage n'a pu calmer toutes les craintes et il n'a pas
paru clairement démontré que le niveau d'une source

puisse sans inconvénient être relevé, par cette seule raison, qu'il y aurait près d'un siècle cette source aurait épanché ses eaux à une hauteur plus grande que le niveau actuel.

» Qui pourrait garantir que, pendant un laps de temps aussi long, l'action continue des courants n'a pas produit érosion dans l'intérieur des canaux souterrains, et qu'il n'en est pas résulté une dépression générale de leur niveau ? Une circonstance qui, dans le cas qui nous occupe, pourrait faire considérer comme possibles et même comme probables quelques modifications survenues dans la structure intérieure de ces boyaux souterrains, ce sont les observations recueillies par M. Duponchell lui-même sur la constitution géologique des terrains d'où s'échappe la source. Il paraîtrait que ces terrains sont loin d'être d'une nature fort consistante. Des fissures même auraient été remarquées, par lesquelles il semblerait que déjà la source tend à se frayer un passage sur des points inférieurs au niveau du plafond de l'aqueduc. S'il en est ainsi, comment ne pas craindre qu'une pression exercée sur la source ne détermine la direction des courants vers ces issues déjà entrouvertes ?

» La source Saint-Clément nous est représentée comme dans un état de débilitation et de caducité, et, au lieu de la traiter avec ménagement, on propose d'expérimenter sur elle comme on pourrait le faire sur une constitution saine et robuste.

» N'a-t-on pas l'exemple d'essais du même genre

tentés sur la *Fontaine* de Nimes ; et les résultats obtenus sont-ils de nature à nous attirer dans la même
voie ?

» Les appréhensions manifestées dans le sein du
conseil municipal se justifient donc aisément.....

» M. Teissier se prononce très-nettement sur les
craintes exprimées dans le temps par M. Lenthéric ,
*et son opinion est citée et acceptée dans le rapport
de la commission municipale.* Il importe donc d'examiner de près cette opinion qui a eu assez de poids
pour entraîner un des esprits les plus judicieux du
conseil....

» L'opinion de M. Teissier repose tout entière
sur un fait qui lui a été affirmé : — « Que l'aqueduc
» fut construit pour recevoir deux cents pouces...»
— Or, cette assertion est erronée.... Pitot éva-
luait seulement, *en moyenne*, à soixante-et-dix pouces les eaux qu'il devait contenir, et M. Duponchell
fait observer que la quantité d'eau débitée par la
source et celle que peut débiter la cunette de l'aqueduc se trouvent dans un rapport fort exact. Son mémoire établit également par des calculs que l'épaisseur de la lame d'eau amenée du Lez, d'après le
nouveau projet, et qui formera barrage pour la source
Saint-Clément, sera de trente centimètres.

» L'objection posée par M. Lenthéric subsiste
donc dans toute sa force et la question doit demeurer
posée en ces termes :

» *En l'état où se trouve la source Saint-Clément ,*

*peut-on, sans imprudence, opérer une pression sur ses
eaux par un exhaussement de trente centimètres ?*

» Nous demandons que cette question soit mûrement examinée par une commission d'hommes
spéciaux.

».... L'un des moyens d'empêcher une agglo-
mération d'eau, préjudiciable à la source de Saint-
Clément, *consiste dans l'élargissement de la cunette
proposé par M. Teissier*, et cet élargissement ne
présente pas les difficultés que cet auteur redoute ;
car les massifs qui forment les côtés de la cunette
ne sont point en pierre froide, mais bien en pierre
de taille ordinaire du pays (1)....

» Nous désirons que M. Teissier continue à éclairer de ses conseils la direction de nos intérêts hydrauliques..... »

Des lettres postérieures à la publication de cet
article sont venues me prouver que le conseil municipal, en partie, était toujours préoccupé de cette
crainte de *surcharger la source Saint-Clément*......
Ces sollicitudes m'engagent à reprendre aujourd'hui
la plume sur ce sujet, en m'excusant de la longueur
de l'exposition que j'ai dû faire pour bien préciser
l'état de la question. Ces citations, du reste, rendront,
je l'espère, la discussion plus rapide et plus facile.

J'écarterai d'abord tous les arguments déduits de
l'état de la fontaine de Nimes.

____

(1) Calcaire moellon, ou coquillier grossier, de formation tertiaire.

Entre la source de Saint-Clément et celle de Némausus, il n'y a aucune analogie.

Quand les Romains construisirent les rigoles du
Nymphée, ils relevèrent d'un mètre le point de dégorgement de la source.

Ils exhaussèrent d'un mètre encore la surface des
eaux, quand ils voulurent que le bassin pût se rem-
plir.

Non contents de ces deux mètres d'ancienne surcharge, nos contemporains ont construit sur la digue
antique un exhaussement qui porte, à peu près à
trois mètres, la perturbation dans le niveau de dégorgement des eaux qui avait été fixé par la nature.....

Mais il y a plus : — en même temps qu'on bâtis-
sait imprudemment des retenues aussi élevées, on
retrécissait plus follement encore les passages de
fuite par des voûtes et des ponts d'un débouché insuffisant à l'époque des grandes crues.

Ce n'est pas tout encore : on a fait des fouilles, des
puisards, des galeries à la poudre, à côté, au-dessous
de la source, — de sorte que celle-ci a été ébranlée
dans ses enveloppes, rehaussée à son émergence,
étranglée dans ses débordements, et c'est contre de
pareilles entreprises que j'ai réclamé à juste titre.

Il n'en est point ainsi de la source Saint-Clément.
Son niveau d'écoulement n'a point été rehaussé de
trois mètres ; *il a été abaissé d'un mètre au contraire,*
et si maintenant on relevait la ligne de flottaison de
trente centimètres par l'adjonction d'une partie des

eaux du Lez , *on aurait encore une marge de soixante-
dix centimètres avant que d'arriver à l'état ancien ,
à l'état primitif et naturel.*

Or , quand on remonterait même jusque-là , je n'é-
prouverais aucune crainte.

Quand les travaux de Pitot commencèrent , trois
sources coulaient aux environs de la tête de son canal :
— la Grande-Saint-Clément , la Petite-Saint-Clément
et le Boulidou ; ces deux dernières ont tari ; mais ,
depuis lors , la Grande-Saint-Clément donne autant
d'eau qu'en fournissaient autrefois les trois réunies.

Je ne crois pas qu'en si peu de temps , pendant la
seule durée des travaux , de 1755 à 1766 , les canaux éjecteurs des deux sources taries aient pu
s'obstruer : canaux qui étaient parfaitement libres ,
puisque , quand des bergers relevaient un peu avec
de la pierraille l'ouverture du Boulidou , il cessait de
couler et la Grande Saint-Clément augmentait d'autant. Ce qui me semble positif , c'est que Pitot , tout
en agissant autrement que les bergers , est arrivé au
même résultat. Les pâtres , en relevant la bouche du
Boulidou , augmentaient l'eau de Saint-Clément ; —
Pitot , en abaissant la bouche de dégorgement de
cette dernière source , a mis à sec la Petite-Saint Clément et le Boulidou. Comme on pouvait prévoir ce
résultat d'avance, il n'est nullement nécessaire, pour
expliquer un fait aussi simple, de recourir à des per-
turbations dans le sol , à de prétendues obstructions
des tuyaux intérieurs aquifères.

L'abaissement d'un mètre de la Grande-Saint-

Clément a fait tarir les deux sources qui étaient des voies naturelles et solidaires de dégorgement des mêmes affluents souterrains. Si l'on relevait la Grande-Saint-Clément d'un mètre les autres deux sources reparaîtraient.

Mais, si l'exhaussement des eaux n'est que de trente centimètres, il n'est pas probable que l'eau reparaisse encore aux branches d'émergence du Boulidou et de la Petite-Saint-Clément.

Dans tous les cas, il n'en résulterait aucun inconvénient, puisque l'aqueduc peut recueillir leur produit et qu'on serait encore loin d'avoir atteint le niveau où la Grande-Saint-Clément se trouvait lorsque les ouvriers de Pitot l'attaquèrent. L'ordre naturel est toujours le plus stable : j'aurais hésité peut-être à conseiller le ravalement pratiqué par Pitot ; mais le retour à l'état primitif ne saurait m'effrayer, et moins encore un rehaussement qui sera bien loin d'y atteindre.

Puisque j'en suis sur ce point, je dois indiquer, en passant, certains faits qui, pour l'avenir des eaux de Montpellier, peuvent n'être pas sans inconvénient.

Pendant que j'explorais le Boulidou, mon guide me dit que, depuis longues années, cette source ne coulait plus en temps ordinaire (c'est un fait connu), mais il ajouta que, comme elle donnait encore quelquefois après les grandes pluies, le propriétaire du champ voisin, que ce produit incommodait, fit jeter, pour s'exonérer de cette servitude un béton en chaux

hydraulique au fond du réservoir voûté où les surgeons se manifestaient. Ceci aurait eu lieu beaucoup
plus récemment que la disparition des eaux pérennes.

Je ne saurais garantir un fait que je n'ai pas vérifié moi-même ; mais l'édilité doit s'en préoccuper.
Certes, pendant la sécheresse, je ne vois aucun
inconvénient à l'obturation de l'ouverture de l'ancien
Boulidou à sec ; — mais, pendant les fortes eaux, les
ouvertures solidaires, nous le savons, de la Grande-
Saint-Clément, ne sont-elles pas des voies de dégorgement nécessaires, quand les eaux souterraines
affluent avec trop d'abondance ? — ne sont-elles pas
pour cette source des espèces de soupapes de sûreté
qu'on ne saurait sceller sans imprudence ?

*On craint un relèvement des eaux de trente centi-
mètres, qui n'est pas même un retour à l'état naturel,
tandis qu'en laissant boucher l'une des issues des
grandes eaux, il s'est produit un état contre nature
dont on ne peut calculer les conséquences.* Sur ce
point, il me paraît urgent de replacer les choses au
Boulidou dans leur état primitif, — et j'en dirais
autant de la Petite-Saint-Clément, si elle avait souffert
les mêmes entreprises.

L'occlusion totale du Boulidou amène une autre
usurpation de la propriété municipale.

Quand cette source fournissait un produit, on ne
voulait pas le laisser perdre et l'on avait fait une conduite en pierres de taille qui allait rejoindre le grand
aqueduc de Saint-Clément à une certaine distance.

Or, si le Boulidou doit être rouvert, la ville doit veiller à ce que ce canal de pierre ne soit pas détruit et cependant, sur certains points, on est en train de le démolir et d'en faire disparaître les traces.

D'ailleurs, Montpellier a d'autant plus d'intérêt à ce qu'il n'en soit pas ainsi, que, quand la conduite du Lez devra se faire, elle pourra passer dans la même direction, et que la propriété des matériaux et de l'emplacement ne seront pas à dédaigner.

J'arrive à un autre point. On suppose que j'ai été trompé par des renseignements erronés, quand j'ai dit *que le canal Pitot avait été construit de façon à pouvoir conduire deux cents pouces d'eau à Montpellier......*

On est sans doute exposé à recevoir des renseignements fautifs quand on écrit loin des lieux où les choses existent; cependant, je crois encore à l'exactitude de mon exposé, car j'en trouve la confirmation dans des faits avérés.

« La quantité d'eau que reçoit *moyennement* la » ville est de quatre-vingt-dix à cent pouces, » dit M. Lenthéric (page 49 de son mémoire)....

Or, quand un professeur de mathématiques indique une moyenne, il ne veut pas dire un *maximum*. La plus grande et la plus infime fourniture existent comme cette moyenne. L'état de plus bas étiage que nous connaissions est de quarante-cinq pouces. Si le maximum était autant au-dessus de la moyenne que le minimum est au-dessous, ce maximum serait de cent cinquante pouces au moins.

On ne l'a jamais mesuré, parce qu'on n'y avait aucun intérêt , mais le mémoire de M. Lenthéric nous prouve évidemment qu'il est des temps où le canal Pitot amène plus de cent pouces d'eau à Montpellier.....

Les mesures prises ne donnent pas le maximum que nous voudrions connaître ; elle suffisent cependant pour établir ce que nous avons avancé. — « Le » 17 février 1857 , il arrivait au Peyrou 101 pouces, » 3|10 d'après M. Lenthéric (page 22). » — Or, suivant le même auteur : — *« Dans certains endroits la* » *section perpendiculaire de l'axe de l'aqueduc pré-* » *sente une surface presque moitié moindre que celle* » *qui lui avait été donnée........ (page 11). »*

Or , si à une époque où les eaux ne sont pas le plus fortes , et par un aqueduc dont la section est réduite de moitié , il est arrivé plus de cents pouces d'eau au Peyrou , il me semble incontestable que l'aqueduc nettoyé , rendu à sa capacité primitive . peut en amener constamment deux cents pouces, *sans qu'une surcharge de la source Saint-Clément soit à craindre.*

Ce que je redoute beaucoup plus pour elle , c'est l'obturation de ses deux soupapes de sûreté , le Boulidou et la petite Saint-Clément.

La surcharge par cent et cent cinquante pouces d'eau du Lez ne serait nullement à craindre à l'étiage ; nous le voyons, puisque cette quantité, réunie au débit d'été de la source, atteindrait à peine deux cents pouces, volume que son débit d'hiver surpasse de beaucoup.

Dans cette saison-ci, on n'aura aucun motif de conduire à Montpellier les eaux du Lez qui y seraient inutiles ; alors celles de Saint-Clément sont plus que suffisantes. La charge de la source ne serait donc augmentée qu'en été, — et nul ne saurait y voir d'inconvénient ; car, pour les sources comme pour toutes choses, un régime constant vaut mieux que des états intermittents irréguliers.

Les règles convenables à établir seraient donc celles-ci :

Passage constant dans l'aqueduc de deux cents pouces d'eau pour Montpellier, se composant :

1° En été, de tout le débit de la source St-Clément, et du complément nécessaire pris à celle du Lez ;

2° Quand l'eau de la source Saint-Clément suffirait, elle serait seule amenée, et l'on fermerait la prise du Lez ;

3° Un épanchoir de surface *établi à la source même de Saint-Clément* empêcherait qu'il ne pût jamais entrer plus de deux cents pouces dans l'aqueduc, et, par conséquent, que la source ne fût surchargée aux époques de fortes pluies où l'aqueduc ne peut recevoir tout son produit, surtout lorsque le tuf le rétrécit et l'encombre.

De larges épanchoirs de toute émergence dépassant deux cents pouces seraient le meilleur soulagement pour la source, et une grande amélioration, *même sur l'état actuel.*

Avec cet ensemble de précautions , en nettoyant l'aqueduc tous les ans pour empêcher que son aire ne se rétrécisse , on n'aurait assurément rien à craindre pour l'avenir, *et la fourniture constante de deux cents pouces pour Montpellier aurait d'immenses avantages, sans aucune espèce d'inconvénient....*

Enfin, s'il existait encore quelques esprits timorés à ce point où la raison ne peut plus commander à la peur ; si le mot seul de *surcharge de la source* était pour eux un épouvantail persistant , on pourrait cependant les rassurer encore par l'indication d'un remède infaillible au relèvement des eaux , si redouté.

Ce moyen, la commission de 1837 l'indique suffisamment :

« Il ne faut pas se borner, dit M. Lentheric, à en» lever les dépôts qui obstruent la cunette , il con» vient de lui donner une plus grande largeur en la » portant à quarante centimètres : elle en a trente » maintenant. — L'élargissement de la cunette ne » donnera lieu à un surcroît de dépense que dans les » endroits où il n'y a pas de dépôt, car il sera peut» être plus facile d'entailler la pierre que le tuf.... » — (*Rapport de la commission* de 1837 , page 15).

Or, le *Messager du Midi* est aussi de cette opinion, nous l'avons vu : — que l'élargissement est facile , et nous ajoutons — que l'aqueduc de Pitot ayant au moins 1 m. 60 c. hors d'œuvre, si l'on portait la largeur de la cunette à 0 m. 60 c. il resterait encore aux jambages 0 m. 50 d'épaisseur de chaque côté , ce qui serait bien suffisant ; l'aqueduc du Gard , les aqueducs de Lyon n'en ont pas davantage , et dans ce cas, la charge sur la source, au lieu d'augmenter, serait singulièrement diminuée ; car la cunette de Pitot n'a que 0 m. 30 c. de large. Pendant longtemps les incrustations l'ont réduite à 0 m. 15 environ ; elle aurait désormais quatre fois plus de largeur , n'ayant à transmettre que *le double du débit moyen ancien* , *et nullement le double de l'ancien débit maximum, ce qui est bien différent.*

Enfin , ce qui serait une amélioration immense , *le débit maximum et le débit moyen ne seraient plus qu'une seule et même quantité par suite des précautions les plus convenables.*

Si l'on n'altère en rien le régime naturel de la source Saint-Clément ; — si on lui rend ses anciens évents de sûreté ; — si, par des épanchoirs larges et bien établis , on empêche toute accumulation d'eau sur son bassin ; — si l'on prohibe autour toute entreprise imprudente, —je ne crois nullement à la détérioration, à la caducité de cette fontaine.

Je ne crois nullement qu'elle soit en danger de disparaître , comme l'ont fait ses deux voisines , qui n'ont cessé de couler, *à son profit, nous dit-on*, que par suite de l'approfondissement d'un mètre qu'a subi son point d'émergence.

Par l'effet du déboisement et de la dénudation des montagnes , la source Saint-Clément a pu diminuer comme toutes les autres , mais pas davantage assurément (1).

(1) On doit se rappeler que, d'après la manière dont on me-

La diminution par cette cause est, en général, trop faible et trop lente pour qu'il y ait à se désespérer : — mais enfin , pour ceux qui ne rêveraient qu'aridité et cataclysmes , si je ne pouvais les rassurer autrement, je leur dirais :

Si vous craignez que la source de Saint-Clément ne périclite , — raison de plus pour amener à son secours celle du Lez.

Vous n'encombrerez pas l'aqueduc , car vous n'y mettrez, de l'une, que la quantité dont l'autre sera en déficit ; — mais rappelez-vous bien que ce sont les eaux d'hiver de Saint-Clément , les eaux de cette source en pleine fourniture qui remplissent votre aqueduc , et qu'il faut pour cela deux cents pouces.

Donc , si , par cause de caducité , de dépérissement , ou plutôt, à mon avis, de sècheresse , Saint-Clément ne donne plus que quarante-cinq pouces; vous pouvez, sans lui nuire en rien, et vous devez, dans l'intérêt des habitants de Montpellier, introduire dans l'aqueduc Pitot cent soixante pouces tirés de la source du Lez.....

Plus les craintes sont grandes et plus on doit se presser...

Nous allons examiner s'il convient de se borner à une quantité aussi faible.

III.

Montpellier n'a que l'embarras du choix des moyens pour se procurer l'eau qui lui manque.

surait les eaux du temps de Pitot, il faut retrancher un cinquième environ du produit obtenu.

Mais, qu'on ne s'y trompe pas, une condition fatale se rencontre presque toujours en pareille circonstance.

Avec peu de dépense on ne peut se procurer que peu d'eau....

Plusieurs sources, propriété privée, surgissent aux environs de Restinclières ; on pourrait les acquérir de ceux dans les fonds desquels elles naissent ; on pourrait exproprier au besoin.

Là, point d'antagonisme *d'intérêts publics* : — là, ne se présenteraient pas en conflit les prétentions de la navigation, de l'industrie, de l'agriculture, si ce n'est au point de vue privé, et les besoins municipaux auraient facilement raison de toute résistance.

D'ailleurs, pour peu qu'on mît à la source à dériver un prix au-dessus de sa valeur, on en obtiendrait sans difficulté la cession de son propriétaire.

J'ai vu, par exemple, en allant à la source du Lez, une eau courante assez considérable qui venait du côté de Restinclières, qui traversait la rivière sur un pont-aqueduc au-dessous du moulin de Lafoux et qui arrosait des prairies sur la rive droite.

Cette eau est donc une eau privée, employée à des usages privés. Si le propriétaire a le droit de la consommer pour l'irrigation, il a celui de la vendre ; elle n'est nullement passée dans le domaine public ; les riverains du Lez n'ont rien à y prétendre, et la ville de Montpellier peut traiter sans obstacle avec celui dans l'héritage duquel elle surgit.

Ce que je dis de cette eau s'applique à toute autre

pareille ; celle-ci m'a paru considérable; elle est voisine de l'aqueduc, elle pourrait y être conduite sans difficultés.

Il faut pour l'irrigation quatre pouces d'eau par hectare; sur un grand ténement, l'arrosage peut augmenter le produit de cinquante à cent francs pour chacun de ceux-ci; le produit pécuniaire d'un pouce d'eau est donc, au plus, par an *et loin des villes*, de vingt-cinq francs. Montpellier aurait donc au maximum cinquante mille francs à dépenser pour cent pouces.

Mais, quand la ville serait obligée de payer le double, elle ferait toujours un excellent traité.

Il sera bon d'étudier à ce point de vue les ressources hydriques des environs de l'aqueduc.

Je lis dans le journal le *Languedocien*, du 14 septembre dernier : — «La sècheresse est si grande dans
» le midi de la France que presque toutes les villes
» dont les fontaines ne sont pas alimentées par des
» rivières manquent d'eau, ou sont sur le point d'en
» manquer. *Le conseil municipal de Montpellier*
» *vient de voter une somme de quatre cents francs*
» *pour faire venir dans ses murs M. l'abbé Para-*
» *mèle qui, il y a quelques années, indiqua dans le*
» *voisinage de la source Saint-Clément, aujourd'hui*
» *insuffisante, l'existence de grands courants d'eau*
» *succeptibles d'être utilisés à peu de frais.* Le con-
» seil désire obtenir du savant géologue de plus ca-
» tégoriques explications, avant que d'en venir à la
» grande dépense que nécessiterait la déviation des

» eaux du Lez devant laquelle la ville ne peut guère
» reculer aujourd'hui.....»

Si les faits ainsi annoncés sont exacts, le conseil municipal se préoccuperait donc, comme nous en ce moment, d'un procédé de fourniture d'eau économique et ne touchant à aucun intérêt public antagoniste....

Il y a longtemps que nous avons rendu à M. l'abbé Paramèle la justice qui lui est due, et nous n'avons garde de le confondre avec les jongleurs qui s'affublent du titre d'hydroscopes, devenu depuis longtemps plus que ridicule.

Mais c'est précisément parce que M. Paramèle, mettant à l'écart tout charlatanisme et toute prétention à des facultés surnaturelles, ne juge de l'existence *probable* des cours d'eau à découvrir que par l'étude du sol environnant et par les données analogiques que lui fournit une observation intelligente de vingt années dans les lieux les plus divers, — qu'il résulte que ses indications ne sont que des renseignements dont il ne garantit nullement la certitude.

La ville de Montpellier fera donc mieux, à mon avis, d'acheter les sources connues, que de se livrer à des fouilles coûteuses sur des indications quelconques. D'ailleurs, la correspondance prouvée de la fontaine Saint-Clément et de ses deux voisines : — la solidarité qui, dans le terrain néocomien, peut exister à de grandes distances entre les boyaux aquifères qui le traversent, me font toujours redouter des recherches imprudentes autour d'une magnifique source déjà trouvée ; les ouvertures de dégorgement sont souvent fonction l'une de l'autre, et je me rappelle involontairement l'histoire de la *Poule aux œufs d'or.*

En résumé , par le premier moyen que j'indique , on aurait à payer :

1° L'achat de cent pouces d'eau , soit   100,000 f.

2° On aurait à faire quatre mille mètres d'aqueduc à 30 fr. , ci............. 120,000

3° Pour dispositions accessoires et dépenses imprévues..................... 80,000

    TOTAL de la dépense........... 300,000 f.

Certes , cent pouces d'eau rendus à Montpellier vaudraient le double de cette somme. Je persiste au reste à proscrire, comme indignes de l'aqueduc Pitot et de la ville de Montpellier, les tuyaux adducteurs en tôle bitumée et même en fonte ; le type d'un noble monument doit être respecté , et je ne saurais accepter le parallèle de moyens dont les uns durent et fonctionnent depuis plus de vingt siècles, comme les aqueducs de Rome , tandis que les autres n'ont pas encore vingt années d'expérience comme les tuyaux de tôle Chameroi....

IV.

Après le moyen modeste d'approvisionnement que je viens d'indiquer, que je n'accepterais seul qu'en

désespoir de cause , mais qui peut être un complément très-utile pour tout autre, — se présente naturellement le projet de dérivation d'une partie de la
source du Lez, que je vais fixer, dans ce paragraphe,
à deux cents pouces par condescendance.

Les usiniers , les propriétaires du canal , les irrigateurs de Lattes ont-ils des droits sur cette rivière ?

J'accepte la chose comme prouvée pour simplifier
la discussion.

Mais ces droits les autorisent-ils à s'opposer à ce
que, DANS L'INTÉRÊT DE LA VILLE DE MONTPELLIER ,
on dérive une portion de ce cours d'eau?

Je ne le crois nullement.

D'abord , ils élevèrent la même prétention quand
on voulut dériver la source Saint-Clément ; — ils
succombèrent , et c'était justice.

Mais il s'agissait alors d'une source privée et nullement d'un cours d'eau public ; — la différence est
grande , je le reconnais ; — je dois donc m'occuper
de la question à ce dernier point de vue.

*A l'État appartienent la surveillance et la police
des cours d'eau.*

Certes, en ce qui concerne l'usage de ce liquide
comme force motrice et moyen de fertilisation, les
riverains doivent être préférés aux propriétaires qui
ne le sont pas ; car, attendu que les premiers éprouvent les inconvénients et les dommages des fortes
eaux, les profits, en temps convenable, sont pour eux
un droit naturel.

Mais si le volume d'une rivière est tel qu'il dépasse

les besoins des riverains, — alors, sans violer en rien la justice, l'Etat peut autoriser pour l'usage d'autres localités, la dérivation de l'excédant de liquide.

En équité, l'irrigation actuelle, l'irrigation possible même des fonds riverains, doivent être respectées. Les usines existantes doivent être conservées aussi ; car elles n'ont pu être faites sans l'assentiment des riverains et de l'autorité à laquelle appartenait lors de leur construction la police des rivières ; — il y a droit acquis, pour peu surtout qu'elles soient anciennes ; car il y a jouissance d'une part, consentement, au moins tacite, de l'autre, — possession de bonne foi.

En respectant à cet égard ce qui existe, l'Etat doit même tenir compte de la possibilité pour les riverains d'établir des usines nouvelles et de leur intérêt éventuel à le faire ; — du droit virtuel, pour ainsi dire, qu'ils ont dans tous les temps par suite de leur position.

Telles sont les règles de la justice ; — mais là aussi se trouvent les limites *des droits privés*, sur un cours d'eau.

En effet, la faculté exclusive d'usine et d'arrosement ne sont au fond qu'une sorte d'indemnité, d'équivalent du danger et des pertes que produit le voisinage d'un torrent ou d'une rivière. Toutefois, ceux-ci n'appartiennent pas aux riverains ; ils n'appartiennent à personne; c'est le *res nullius* du droit romain; ils coulent et doivent couler dans l'intérêt du plus grand nombre.

Dès-lors, si pour la mise en activité d'un canal de

navigation utile au pays tout entier ; — si pour créer
un canal d'arrosage qui fertilise de grands espaces ; —
si pour obtenir des forces motrices d'une haute importance ; — enfin et surtout, si pour les besoins indispensables ou seulement d'utilité ; je dirai plus,
*si pour le pur agrément d'une population nombreuse,
agglomérée, il est nécessaire ou seulement convenable
de dériver, d'amoindrir ou de supprimer un cours
d'eau, — l'Etat le peut, il en a le droit inconstes-
table.*

Et même, quand la masse des intérêts à satisfaire
l'emporte de beaucoup sur celle des intérêts à léser,
— son devoir est de le faire ; — car l'Etat doit gou-
verner dans l'intérêt du plus grand nombre.

Mais, à côté de ce devoir, se place la justice, et
celle-ci exige une chose dans le cas où l'on prendrait
une quantité d'eau utile aux riverains : — *c'est que
ces riverains, usiniers ou autres, soient convenablement indemnisés de la perte réelle qu'ils éprouveront
et cela, par ceux qui doivent profiter du cours d'eau,
à leur préjudice.*

Ces principes incontestables posés, si nous en venons à l'application en ce qui concerne Montpellier,
que trouverons-nous ?

Suivant le rapport de la commission municipale :
« Lorsque les propriétaires des usines situées sur
» le Lez et ceux du canal de navigation furent ins-
» truits de la dérivation projetée par Pitot, ils élevè-
» rent des plaintes sur le décroissement de volume

» d'eau qui allait réduire leur force motrice et nuire
» au mouvement de la navigation.

» C'est alors que les Etats de Languedoc, représen-
» tés par leurs syndics, MM. de Montferrier et de
» Guilleminet, firent procéder par Pitot lui-même,
» ingénieur de la province, à un jaugeage des eaux
» de la rivière, le 21 septembre 1751, *après un été*
» *très-sec.*

» Pitot ayant trouvé dans ces plus basses eaux *douze*
» *cent quarante litres par seconde* (5557 pouces), —
» les plaintes cessèrent et le détournement des sour-
» ces Saint-Clément ne se fit sentir d'une manière fà-
» cheuse ni pour les usines, ni pour la navigation....

» Il y a plus, M. Maillebiau, ingénieur, trouvait,
» en 1827, *dix sept cent vingt litres*, et M. Dupon-
» chell *treize cent quarante litres* en 1851 (1).

» Le 20 octobre dernier, après une très-forte et
» très-longue sécheresse, le Lez débitait environ onze
» cent quatre-vingts litres, soit cinq mille cinquante-
» sept pouces. »

Prenons cinq mille en nombre rond, et supposons
pour Montpellier une dérivation de deux cent cinquante pouces; ce ne serait que le vingtième de ce que
les usines, le canal et les irrigateurs ont maintenant
à leur disposition.

Supposons qu'il y ait sur le Lez, de sa source au

______

(1) Rapport de M. Dupin, p. 9 et 10. — Lettre du 30 octobre 1851.

Pont-Juvénal , vingt usines , valant ensemble un million ;

Que le produit procuré par l'eau aux irrigateurs et aux propriétaires du canal de navigation soit représenté par un million de capital aussi, ce qui est certainement exagéré , si la première estimation risque d'être faible :

Qu'arrivera-t-il par suite du projet ?

C'est que la ville prendra sur l'ensemble des intéressés le vingtième d'un élément dont la valeur pour eux tous est de deux millions ;

Qu'elle leur ôtera, *dans un intérêt public plus important à lui seul que ne le sont en bloc tous ceux qu'ils représentent*, le vingtième de deux millions , soit une valeur de cent mille francs ;

Qu'il est d'intérêt public , *supérieur à tout autre* ; que deux cent cinquante pouces d'eau soient conduits à Montpellier, et que, par conséquent, l'Etat ne peut en refuser l'autorisation moyennant une juste , suffisante et préalable indemnité donnée par la ville.

Nous devons faire remarquer ici, pour les irrigateurs inférieurs au Pont-Juvénal , qu'ils auront probablement encore assez d'eau pour l'usage qu'ils en font, avec les dix-neuf vingtièmes du débit actuel du Lez ; — que, d'ailleurs , sur les deux cent cinquante pouces dérivés , la moitié au moins leur reviendra, chargée de principes fertilisateurs , et que, dès-lors, ils n'ont droit, à vrai dire , à une indemnité d'aucune espèce.

Tout canal de navigation touche sans doute à l'intérêt national et, par suite, doit être, en général, placé au premier rang; mais rappelons-nous cependant que M. de Vilback nous a représenté celui du Lez comme à peu près sans activité, et que, plus récemment encore, dans son travail très-remarquable publié en 1846 sur la possibilité de prolonger jusqu'à Montpellier le canal de navigation qui s'arrête au Pont-Juvénal, M. Pagézy dit : — «Le Lez est alimenté » par une magnifique source *qui fournit une quan-* » *tité d'eau supérieure à celle qu'exigerait le service* » *des écluses du canal ancien et nouveau....*

» En effet, tandis que cette rivière débite lors de » ses plus basses eaux, aux époques des plus grandes » sècheresses, quatre-vingt-six mille quatre cents » mètres cubes en vingt-quatre heures, le célèbre ca- » nal des deux mers, cette merveille du Midi, qui » réunit l'Océan à la Méditerranée, ne dépense jour- » nellement que cinquante-sept mille sept cent cin- » quante-deux mètres cubes, c'est-à-dire un tiers de » moins, et cela sur ses deux versants réunis..... »

Il n'y aurait donc nul dommage pour la naviga- tion du canal du Lez inférieur, si l'on amoindrissait d'un vingtième la masse de ses ressources.

Les droits de chacun ainsi fixés, il est facile d'éta- blir approximativement la dépense de l'entreprise. Pour une fourniture d'eau de deux cent cinquante pouces, *au lieu de cent que donnait le premier projet,* elle serait à peu près ce qui suit :

Indemnité à ceux qui profitent actuellement des

eaux du Lez...................... 100,000 f.

Quatre mille mètres d'aqueduc, de St-Clément à la source du Lez , à trente francs chaque..................... 120,000

Elargissement de la cunette de l'aque-duc Pitot...................... 50,000

Eventualités quelconques........... 80,000

Total. .... 350,000 f.

Quand même , comme nous l'avions supposé en commençant, ce projet ne nous donnerait que deux cents pouces d'eau au lieu de deux cent cinquante, taux sur lequel nous avons fixé les indemnités, — nous le trouverions encore préférable au premier , *à celui d'acquérir des eaux privées.*

Cependant, en combinant l'un avec l'autre comme nous l'avons déjà dit, il serait facile d'augmenter les ressources dans une progression plus forte que n'augmenterait la dépense elle-même. Pour cela, on n'aurait qu'à jeter dans le même aqueduc les deux cent ou deux cent cinquante pouces d'eau dérivés du Lez avec ce qu'on pourrait acheter de divers particuliers.

On pourrait ainsi , pour quatre cent cinquante mille francs, ajouter trois cent cinquante pouces d'eau à ce que la fontaine Saint-Clément débite à l'étiage , et Montpellier recevrait , sans épuiser ses ressources financières, quatre cents pouces d'eau , en nombre rond, pendant les plus grandes sécheresses.

V.

Mais, sortons enfin de ces projets à courte portée ; indiquons quelque chose de plus large et de plus productif tout à la fois.

Si, connaissant ses intérêts comme je les comprends moi-même, la cité voulait se livrer à une entreprise en rapport avec sa population, son industrie, sa richesse et sa haute intelligence , voici ce que je lui dirais :

L'eau est une chose bienfaisante et précieuse dont les villes, celles du Midi surtout, n'ont jamais assez : plus on en a, plus on en veut ; — il ne faut donc pas borner ses ressources futures; car, lorsqu'on est dans la pénurie, on en désire cent pouces; mais, cette quantité obtenue, on en veut encore et toujours davantage.

Lorsque Béziers se fut donné des fontaines au moyen d'une machine à vapeur, il voulut bientôt un supplément de fourniture d'eau par un appareil hydraulique.

Gray commença par élever de l'eau de la Saône à grand frais par une pompe à feu ; il en cherche maintenant en fouillant les montagnes voisines. Voirons, Besançon, Grenoble, prolongent leurs aqueducs pour augmenter le volume de leurs eaux ; Gênes en a fait autant plusieurs fois, et Toulouse va doubler le nombre de ses machines élévatoires sur une dérivation nouvelle de la Garonne.

5

Le tableau de la quantité d'eau nécessaire aux villes, que contient le rapport de la commission municipale de Montpellier de 1850, pris dans le rapport de 1857, est incomplet et fautif. J'ai traité ce point avec développement dans mon ouvrage sur les eaux de Nimes et je crois avoir fourni un résumé moins imparfait (1).

« L'idée d'une prise d'eau à la source du Lez n'est » pas nouvelle » nous dit le rapport de M. Dupin ;— c'est tout simple.

Quand Montpellier n'avait que de mauvais puits, ou les sources insignifiantes de la porte de Lattes, de Jacques-Cœur, du Pyla-St-Gély, de la rue du Poids-de-l'Huile ou de Sainte-Anne (2), ses habitants devaient jeter des regards avides vers la source de St-Clément dont l'adduction dans la cité devint iné -

(1) Voyez mon ouvrage *Sur les eaux de Nimes*, tom. II, c. 2, p. 341 à 397.

(2) « Dans le sixain actuel de Sainte-Anne, au Plan-de-l'Huile » et autour de la chapelle de cette sainte, dédiée primitivement » à Saint-Arnaud, évêque et restaurateur de Maguelonne, il y » avait une fontaine d'eau fraîche ; ce qui, dit Gariel, ne se trou- » vant pas en tout le reste de la ville, passait pour une rareté et » pour une grâce obtenue par les prières de ce saint.

» Il y a longtemps qu'il n'en existe plus aucun vestige. » (Gariel. — 3e partie, p. 72. — Amelin, — *Indicateur pour la ville de Montpellier*, p. 27.)

Il est étonnant, en effet, qu'il y eût de l'eau jaillissante surtout à cette hauteur (42 à 44 m.) et qu'elle ait disparu.

Le point culminant de la ville est à environ 51 mètres au-dessus de la mer et le point inférieur à 17 mètres.

vitable aussitôt que celle-ci eut pris un certain développement.

Avec les progrès du luxe , de la civilisation et de
l'industrie, avec l'augmentation surtout de la population et de la surface de la cité , la source St-Clément étant loin de suffire à la satisfaction de tous les
besoins, les idées ont dû se tourner vers la dérivation de la source du Lez, fontaine magnifique, cent
fois plus forte que l'autre et qui pourtant ne sera
pas plus coûteuse à conduire.

Cette source peut produire la prospérité et la splen-
deur d'une ville de quarante mille âmes et des cam-
pagnes suburbaines.

Qu'y aurait-il à faire pour cela ?

Un canal de quatre mille mètres de la source du
Lez à la fontaine St-Clément ; puis un canal de douze
mille mètres collatéral à l'aqueduc Pitot, depuis
cette dernière jusqu'à la naissance des arcades du
Peyrou ; enfin , à partir de ce point, une conduite
en fonte qui passât dans les portiques d'évidement
qui traversent les jambages de toutes les petites arcades.

Supposons que, par ce projet , on dérive environ
un mètre cube (4,320 pouces) de la source du Lez.
Le canal adducteur des eaux les distribuera successivement sur son parcours , de manière à arroser
mille hectares de terrain. Ce canal pourra donc s'a-
moindrir peu à peu ; — enfin , après avoir réparti
quatre mille pouces, soit dans l'aqueduc Pitot, soit
pour les propriétés rurales du parcours, soit dans le

réservoir qui se trouve à l'extrémité occidentale de l'arcature du Peyrou , — les derniers trois cents pouces (en nombre rond) entreront dans le tuyau de fonte et iront jaillir sur la place consacrée à Louis XIV, dans le bassin des Cygnes au pied du Château-d'Eau.

Ainsi, Montpellier recevra constamment cinq cents pouces d'eau :

Deux cents par la cunette Pitot ; trois cents par les tuyaux de fonte placés sur l'extrados des grands arceaux au travers des jambages des petits de l'arcature du Peyrou. — Ces cinq cents pouces d'eau vaudront au moins *deux millions et demi.* Et par là la fourniture nécessaire de la ville sera toujours assurée ; car deux aqueducs distincts pourront séparément être mis en chômage et réparés. Cet avantage est immense pour une cité populeuse.

Ainsi les jardins, les propriétés de rapport, de luxe et d'agrément du parcours de l'aqueduc et des environs de la ville pourront recevoir quatre mille pouces d'eau, qui, au prix infime et moyen de mille francs le pouce , donneraient encore un produit de quatre millions ?

Qu'en coûterait-il maintenant pour arriver à de pareils résultats ?

Pas plus assurément que n'a coûté le monument de Pitot ; parce que si, d'une part, l'aqueduc est plus long, de l'autre, on n'aura pas la grande arcature à refaire, qui fut certainement la portion la plus dispendieuse de l'entreprise.

Mais enfin, supposons que, vu l'augmentation de la

main d'œuvre, la dépense fût plus forte et qu'au lieu de douze cent mille francs que Pitot employa, il fallût en sacrifier quinze cent mille.... *il n'en résulterait pas moins que la ville de Montpellier échangerait cette somme contre une recette probable de quatre à six millions, sans compter la sûreté et la continuité de son service hydraulique.*

Actuellement, chaque pouce d'eau de St-Clément rendu au Peyrou revient *à treize mille trois cent trente-trois francs*;

Dans notre système, quand on ne réunirait en tout que quatre mille pouces et qu'il faudrait pour cela dépenser deux millions, *l'eau ne reviendrait en définitive qu'à cinq cents francs le pouce*, ce qui est un prix très-infime à l'intérieur et autour d'une ville riche....

Mais, dira-t-on, que deviendront dans ce système les usiniers du Lez, les arrosements de Lattes, le canal du Pont-Juvénal à la mer ?

Nous répondons que les arrosements et le canal ne perdront pas la moitié de leurs ressources, — puisqu'on ne prendra pas toute l'eau du Lez ; — qu'une portion notable de celle qu'on aura dérivée leur reviendra de plus.

Mais il n'importe, supposons que les usiniers, les irrigations et le canal perdent tout ou presque tout dans la saison sèche ;

Qu'on les prive pendant trois mois de l'année d'un mètre cube d'eau par seconde nécessaire à leurs intéréts, — n'y aura-t-il pas moyen de leur rendre ce qu'on leur prendra ?

Je crois la chose facile en recourant à la création de grands réservoirs dans les vallées supérieures.

Un mètre cube par seconde, c'est par jour quatre-vingt-six mille quatre cents mètres cubes ,— et, pour trois grands mois ou cent jours, *huit millions six cent quarante mille mètres cubes* : un peu plus que ce que contient le bassin de St-Ferréol. Mais certainement, on peut compter que ceux que nous proposons, alimentés par les pluies d'hiver, recevront au moins, du 20 juin au 1er octobre, un volume d'eau de pluie, de sources ou de ruisseaux égal à leur capacité : de sorte qu'il suffira qu'ils soient moitié moins grands que nous ne venons de l'énoncer.

Si l'on ne trouvait pas pour un seul réservoir aussi grand un emplacement favorable, il serait toujours facile d'en établir plusieurs petits au-dessus de la source du Lez, dans les vallées du Liron ou du Terriou, dans des terrains déserts et sans produit. Outre l'augmentation du Lez à l'étiage, l'eau qu'on emprisonnerait dans ces bassins, en hiver, fournirait encore à l'industrie un nombre de chutes motrices égal à celles qui existent déjà.

Ainsi, la pente étant de trente-deux mètres, depuis le Triadou, par exemple, jusqu'à Montferrier, et chaque chute , d'un mètre cube par seconde et d'un mètre de hauteur , produisant la force de plus de treize *chevaux-vapeur,* on aurait une force hydraulique totale de six cent soixante-et-seize chevaux, dont la valeur couvrirait seule les frais des réservoirs.

La ville de Dijon est certainement une des mieux pourvues d'eau qui soient en France ; cependant le conseil général et le comité central d'agriculture de la Côte-d'Or viennent d'approuver un projet de M. Collin, ingénieur en chef du service hydraulique et du canal de Bourgogne, ayant pour but :

1° D'arroser trois mille hectares de terre entre Thil-Châtel et Dijon ;

2° D'alimenter abondamment pour la navigation le canal de Bourgogne, entre Dijon et la Saône ;

3° De faire que le port de cette ville puisse être ouvert à toutes les époques aux embarcations de cette rivière ;

4° De diminuer la hauteur, la durée, les dommages des inondations de la Tille ;

5° De contribuer à l'assainissement de la ville de Dijon ;

6° De créer des usines hydrauliques et des industries manufacturières autour de la ville.

On voit que ce sont des besoins pareils exactement à ceux dont on peut se plaindre à Montpellier.

Pour y satisfaire, M. Collin propose la construction d'un grand réservoir *devant contenir dix-sept millions quatre cent mille mètres cubes d'eau* et coûter douze cent cinquante-cinq mille francs, ou bien trois millions avec tous les canaux et rigoles d'arrosage dont on n'aurait ici nul besoin.

Une somme à valoir de trois cent trente mille francs est encore comprise dans ce total.

M. Collin ne doute pas que cette entreprise ne rapporte cinq pour cent des capitaux engagés.

Une autre œuvre de moindre importance , et qui se rapproche mieux, par suite, de celle qui nous occupe, *c'est le réservoir de l'Armançon*, qui doit contenir 5,850,000 mètres cubes et ne coûter que 504,639 fr. Le projet s'élève bien à neuf cent mille francs, mais c'est avec deux longs canaux d'irrigation et près d'un dixième du total pour dépenses imprévues.

Cette entreprise doit rapporter huit pour cent.

En admettant , dit M. Collin à la fin de son mémoire, que les estimations de dépenses pussent être dépassées et que les revenus dussent rester au-dessous des prévisions , il n'en est pas moins certain que l'affaire serait encore magnifique et que celui qui la réaliserait , gouvernement, département , association ou simple particulier, ferait une spéculation excellente.

Dans sa dernière session, le conseil général de la Côte-d'Or, approuvant de la manière la plus honorable les projets de M. Collin, *a déclaré qu'ils présentaient tous les caractères d'utilité publique* et a émis le vœu que, dans le plus bref délai, ils soient mis aux enquêtes prescrites par l'ordonnance du dix-huit février 1834.

Il a de plus alloué des frais complémentaires d'étude :

Tel est le dernier état de la question (1).

On trouverait difficilement dans le Midi autant d'ampleur dans les vues et de résolution que dans l'ancienne capitale de la Bourgogne ; mais cela s'explique facilement : il existe dans cette province plusieurs grands réservoirs qui fonctionnent dans l'intérêt de l'industrie, de l'agriculture et de la navigation ; — ce n'est plus là une expérience à faire.

VI.

Il est des gens qui se défient de toutes les choses qui leur paraissent nouvelles, fussent-elles, comme les grands reservoirs d'irrigation, rappelées (de beaucoup plus loin que les Grecs) des Assyriens et des premiers rois de l'Egypte.

Ceux-là ne croient que quand ils ont vu, et malheureusement un essai fâcheux a été fait à Montpellier : il est vrai dans les plus mauvaises conditions. —Terrain perméable, eau d'alimentation insuffisante, trop grande déclivité du terrain et surtout défaut d'espace, tels sont les vices du bassin de la Paillade. Mais le principe ne peut souffrir de l'inhabileté de celui qui l'applique, et les environs de Montpellier ne manquent pas certainement d'emplacements favorables.

(1) *Etudes sur quelques canaux d'irrigation dans le département de la Côte-d'Or*, par M. Collin, ingénieur en chef du service hydraulique et du canal de Bourgogne, Dijon 1851, in-8°.

Enfin , si , répudiant toute construction de réservoirs , on regardait la dérivation d'un cours d'eau ,
même éloigné , comme une chose préférable, c'est à
l'Hérault qu'il faudrait s'adresser.

Une portion du volume de ce fleuve peut être
amenée avec succès au chef-lieu du département
qui porte son nom, — comme une dérivation du Gard
ou de l'Alzon viendra, je l'espère, un jour , traverser
et embellir la ville de Nimes.

Au nord de St-Mathieu-de-Triviès , et de Saint-
Martin-de-Londres, les affluents originaires du Lez se
rapprochent de l'Hérault;

Un massif peu considérable sépare les racines de la
rivière de Lamalou et du Rieutor, affluents de l'Hérault, de celles du Lirou et du Terriou, affluents du
Lez.

Or, l'Hérault se trouve à Ganges à cent quarante
mètres au-dessus de la mer, environ. A son confluent
avec la rivière de Lamalou, il est encore à cent-dix mètres d'altitude, et Saint-Mathieu-de-Triviès se trouvant à cent, à peu près; il en résulte qu'on peut tenter,
avec une pente plus que suffisante , un percé entre la
vallée de l'Hérault et celle du Lez, et trouver dans la
première un approvisionnement d'eau surabondant
pour les usines, pour les irrigations autour de Montpellier, pour la navigation, tout en accumulant, depuis
SaintMathieu-de-Triviès jusqu'à Montferrier , des
chutes d'eau utiles , ayant ensemble cinquante-deux
mètres de hauteur.

Au moyen d'un barrage sur l'Hérault on pourrait

encore augmenter cette chute de plusieurs mètres ; ce qui aurait en outre l'avantage de diminuer la longueur du percé nécessaire entre les deux vallées.

Malheureusement, quoi qu'on fasse, ce percé sera toujours long et difficile à exécuter. Il aura douze mille mètres au moins, ce qui, vu la nature de la roche de calcaire oxfordien et néocomien et la profondeur inévitable des puits, coûterait au moins cent cinquante francs par mètre d'avancement, — *soit dix huit cent mille francs pour le tout, et, avec les cas imprévus, deux millions.*

C'est une somme considérable, sans doute, mais, si l'on pense qu'au moyen de ce sacrifice et des quinze cent mille francs nécessaires pour amener toutes les eaux de la fontaine du Lez vers Montpellier, cette ville aurait pour trois millions et demi, soit quatre millions, si l'on veut :

1° Sur le Peyrou, quatre cent cinquante pouces de plus qu'elle n'a, qui, à 5,000 fr. le pouce, valent .... 2,250,000 f.

2° Quatre mille pouces d'eau pour l'irrigation de terrains plus ou moins rapprochés de la ville, à 500 fr. le pouce en moyenne, ci. 2,000,000

3° Une force motrice pouvant aller à soixante mètres de chute, et d'un mètre cube de volume par seconde, soit la force de 800 chevaux-vapeur, qui, à

A reporter .... 4,250,000 f.

Report............... 4,250,000 f.

2,000 fr. seulement en moyenne (1),
produisent ....,........... 1,600,000

Il en résulte une valeur pécuniaire

de .... 5,850,000 f.

Il en résulte de plus l'avantage peu appréciable en argent, mais cependant très-important pour la ville, d'être desservie par deux aqueducs au lieu d'un ;

L'avantage, pour les usiniers et les irrigateurs du Lez, de recevoir, en augmentation d'approvisionnement, les colatures du canal d'irrigation supérieur ou le stillicide du mètre cube d'eau dérivé de la source du Lez ;

L'avantage aussi, pour les propriétaires du canal de navigation et les irrigateurs de Lattes, de profiter du dégorgement fertilisant de toutes les eaux amenées à Montpellier.

Il y aurait encore un moyen de doubler les avantages sans augmenter de beaucoup la dépense, et ce moyen serait de construire à la fois la dérivation de l'Hérault et les grands réservoirs alimentaires. On pourrait avoir ainsi, sans dépenser plus de quatre millions ou quatre millions et demi, au maximum, le double de l'eau ci-dessus énoncée et des résultats bien plus considérables en argent, aussi bien qu'au

(1) Aux environs de Dijon, M. Collin estime les chutes d'eau que produira son réservoir à 5,000 fr. par force de cheval-vapeur.

point de vue du commerce, de l'industrie, de l'agriculture, de la salubrité, de l'agrément.

Ce serait une opération magnifique et en même
temps bienfaisante et lucrative.

Le nombre des usines actuelles pourrait être triplé;

Deux mille hectares de terrain recevraient le bienfait de l'irrigation ;

La ville aurait décuplé le volume de ses eaux ;

Le canal aurait vu tripler ses moyens d'action ;

Sous l'influence de chasses plus puissantes , les
Graus s'approfondiraient peut-être ;

Enfin, il deviendrait facile de prolonger le canal
maritime , et un port pourrait être établi sous les
murs de Montpellier.

Y aurait-il quelque opposition, quelque empêche-
ment à de pareils projets ?

Nullement, puisqu'ils seraient dans l'intérêt de tout
le monde.

L'Hérault roule trente-cinq mètres cubes, suivant
le rapport de la commission municipale , qui me
semble pourtant exagéré ; mais son étiage ne serait-
il que du quart, ce serait assez , sans doute , pour
que le gouvernement autorisât la dérivation d'un
mètre cube vers Montpellier : — ce sont là de ces entreprises où un règlement d'eau , qui fait tourner au
profit d'une population tout entière un élément que
quelques localités possèdent en surabondance , est
une mesure d'une incontestable justice.....

Suivant M. Garella , cité par M. Dupont , l'un et
l'autre ingénieurs des mines , le débit de l'Hérault à

l'étiage est de onze mètres cubes mesurés à la hauteur de Saint-Guillem-le-Désert (1). Or, depuis ce lieu, en remontant jusqu'au confluent du fleuve avec la rivière de Lamalou, on ne trouve aucun affluent notable, tandis qu'au-dessous de Saint-Guillem l'Hérault reçoit les rivières de Lergue, de Boyne, de Peyne, de Tangue ; aussi débite-t-il vingt mètres cubes à Agde.

La dérivation pour Montpellier ne serait donc que le dixième environ du volume de l'Hérault supérieur ou le vingtième à la partie inférieure de son cours.

S'étonnerait-on de la dépense ?

Mais, sans se procurer de plus nombreux avantages, Marseille ne se soumet-elle pas en ce moment à une dépense décuple ?

« La ville de Marseille, dit le rapport de la commission municipale lui-même, a donné l'exemple » des plus grands sacrifices, dans une circonstance » analogue. Le nouveau canal, destiné à amener dans » cette ville les eaux de la Durance, est une véritable » merveille. Il aura coûté plus de trente millions; » son parcours est de quatre-vingt-deux kilomètres » dans un terrain très-accidenté. On y trouve trente- » six tunnels ou galeries creusés dans le roc ; douze » ponts aqueducs à plusieurs arches, parmi lesquels » on remarque celui de Roquefavour, ayant une hauteur de plus de quatre-vingts mètres. La prise d'eau » est de dix mètres cubes par seconde et les produits » obtenus sont :

(1) *Etude comparative de deux projets d'approvisionnement d'eau pour la ville de Cette*, in-4º, 1845, p. 10.

» Une force motrice de quatre mille cinq cents
» chevaux ;

» L'irrigation de cinq mille hectares ;

» De nombreuses fontaines, sans compter huit
» mille concessions en faveur de particuliers.

» Ainsi Marseille a dépensé des sommes énormes
» pour accroître le volume d'eau nécessaire à ses ha-
» bitants...... *Mais le luxe* en pareille circonstance
» serait-il chose blâmable (1) ?....

Après ce passage qui me semblait d'un si bon
augure, j'ai été affligé, je dois le dire, de trouver
celui-ci, quatre pages plus loin :

« Nous rendons hommage au travail de M. Teis-
» sier (2), mais nous ne saurions penser comme lui
» que la ville de Montpellier doive sacrifier un mil-
» lion pour ajouter deux cent cinquante pouces à sa
» provision d'eau actuelle ; ce serait une prodigalité
» véritable, sans résultat utile, sans nécessité...

» Le premier devoir du conseil municipal est de
» persister dans le système qu'il a suivi, qui consiste
» à assurer l'extinction graduelle de la dette de la
» ville, sans cesser de pourvoir, comme par le passé,
» aux nombreux services du budget municipal......»

Eh ! bien, je vais me permettre, en terminant, quelques réflexions dans l'intérêt, je le crois, d'une ville
que j'affectionne.

Je suis loin de blâmer la prudence de ses édiles :

(1) *Rapport de M. Dupin,* page 14.

(2) Je supprime ici des éloges que je ne saurais accepter et
un titre honorable qui ne m'appartient pas.

— dans des temps voisins de nous, le système des dépenses exagérées a perdu le gouvernement et ruiné les particuliers.....

Toutefois, il est assurément des cas, et le sujet qui nous occupe en est je crois un exemple, où le système des anticipations, des emprunts si l'on veut, est un mode salutaire, un moyen de prospérité.

Sous le rapport du commerce, Montpellier a perdu ce que Lunel, Cette et d'autres localités voisines ont gagné ;

La prépondérance de sa faculté de médecine a dû céder, par la force des choses, à celle de Paris ;

Nos docteurs toujours habiles, notre soleil toujours bienfaisant n'attirent pourtant plus un aussi grand nombre d'étrangers.

Les cours exceptionnelles et privilégiées, l'école de droit n'existent plus à Montpellier où ne se tiennent plus les Etats de la province, et sa prospérité va relativement déchoir, si les habitants n'avisent. Pour la soutenir, pour la relever, ils doivent se tourner du côté de l'industrie.

L'industrie est intimément liée à l'abondance des eaux, que l'agriculture réclame aussi partout sur un sol embrasé.

Les deux grands projets que je viens d'exposer seront renvoyés, je le crains, aux soins de l'avenir :

Si l'état des finances municipale l'exige, je me résigne ;

Mais si j'ai seulement apporté quelque lumière

utile sur un point obscur de cette grande question des eaux, je m'en réjouirai.

Quoi qu'il en soit, que les tuteurs de la cité ne perdent pas de vue — *que tôt ou tard on amènera la source entière du Lez dans l'intérieur et sous les murs de Montpellier.....* ce que je demande dans cette conviction, c'est que les constructions nouvelles soient faites en vue de ce but définitif; — *qu'un canal maçonné, large et solide, joigne, même en attendant mieux, la source du Lez à celle de Saint-Clément;*

Mais, surtout, qu'on repousse le misérable emploi des tuyaux de fonte ou de tôle, pour servir de prolongement au noble aqueduc de Pitot! ....

CHAPITRE IV.

De la reprise des sources d'Eure.

I.

Considérations générales.

Nimes sera bientôt inondé complètement..... non pas d'eau , — mais de projets destinés à lui en fournir....

Au milieu de ce déluge d'idées , plus ou moins étranges , ou raisonnables , — personne n'a jamais mis en doute que l'entreprise la plus sûre, *puisqu'elle a été une fois réalisée ;*

La plus fructueuse et la plus économique, *puisque la moitié de l'œuvre première , au moins , se trouve encore sur pied ,*

Ne fût la restauration complète de l'ancien aqueduc romain.

Ah ! sans les usiniers de l'Alzon ;

Ah ! si les sources d'Eure nous appartenaient encore, rien, dit-on de tous côtés, *ne serait aussi noble, avantageux et facile que la réalisation de ce magnifique travail.....*

Mais on ne possède plus l'eau dont on pouvait disposer autrefois, et la perte de ce trésor est comme un écueil à tout jamais, comme un obstacle insurmontable qui refroidit l'opinion sur le rétablissement du canal antique. On renonce sans réflexions à la ressource la plus précieuse, et puis, pressé par la nécessité, Nimes demande de l'eau à tous les points de l'horizon.

Cette reprise des sources d'Uzès est-elle donc réellement impossible ?

Je n'en crois rien, et je vais consacrer ce chapitre à l'examen de cette question fondamentale.

Pour que mon travail soit complet, je rappellerai rapidement ce que j'ai dit ailleurs,

Sur l'intérêt et les droits vrais ou supposés de la ville d'Uzès, des usiniers, des riverains de l'Alzon ;

Sur l'antique possession, les droits respectables et toujours subsistants de la ville de Nimes ;

Sur l'éclatant succès de celle de Dijon dans une occurence bien moins favorable, le détournement de la source de Rozoir, *que la capitale de la Bourgogne n'avait jamais possédée* ;

Enfin, j'examinerai, au point de vue de la législation actuelle, *si les propriétaires du fonds où surgissent les fontaines d'Eure n'ont pas le droit absolu d'en disposer selon leur volonté ; s'ils ne pourraient pas, par exemple, les vendre de gré à gré à la ville de Nimes, sans que nul y pût faire obstacle.*

Si j'établissais ce point capital d'une manière incontestable ;

Si je prouvais après : — que la restauration com-

plète de l'aqueduc romain et le rachat des sources
d'Eure ne s'élèveraient pas ensemble à deux millions
de dépense, j'aurais certainement fourni, *après dix
ans d'études opiniâtres*, la meilleure de toutes les
solutions à la question *des eaux de Nimes.*

« La reconstruction de l'aqueduc romain par por-
» tions successives, et en vue d'une restauration dé-
» finitive à laquelle on arriverait peu à peu, ne de-
» vrait pas effrayer la ville de Nimes après l'estimation
» consciencieuse des dépenses que j'ai faite avec l'aide
» de M. le capitaine Bernard ; — après le beau tra-
» vail de vérification de M. l'ingénieur Dombre, qui,
» pour les deux premiers tiers de l'entreprise, a déjà
» prouvé l'exactitude de mes supputations. J'ai plu-
» sieurs fois réclamé le même contrôle pour ce qui
» n'a pas été officiellement exploré, c'est-à-dire pour
» la partie de l'aqueduc qui s'étend depuis le Pont-
» du-Gard jusqu'à Uzès, et je verrais avec un grand
» plaisir que M. Dombre fût chargé de cette opéra-
» tion nouvelle (1). »

J'écrivais ceci en novembre 1845, et maintenant
M. l'ingénieur Dombre, chargé de la direction du
Service hydraulique dans le Gard, a bien voulu me
promettre, dans l'intérêt de l'entreprise que je re-
commande depuis si longtemps et qui a toutes ses
sympathies, d'achever l'étude de vérification et de
contrôle que je sollicite depuis sept ans. Il fera donc

-----

(1) *Etudes sur les Eaux de Nimes et sur l'aqueduc romain du
Gard*, t. ɪɪ, première partie, p. 32.

pour l'aqueduc romain, depuis le Gardon jusqu'a Uzès, ce qu'il a si utilement accompli, en 1844, depuis Nimes jusqu'au Pont-du-Gard.

II.

Des droits de la ville d'Uzès, des usiniers et des riverains de l'Alzon.

Je disais encore en 1845 :

« Le motif principal de l'hésitation de certaines » personnes pour l'adoption, *en principe*, de la res- » tauration totale de l'aqueduc, c'est la difficulté » présumée de la reprise de eaux de la fontaine » d'Eure et du ruisseau d'Airan. Je ne puis que ré- » péter ici que les difficultés seront moindres qu'on » ne le craint; j'ai déjà traité à plusieurs reprises » cette importante question. » On me permettra de me citer moi-même pour que mon travail soit complet, et je crois convenable de rappeler mes anciennes idées, avant que d'examiner les choses sous de nouveaux points de vue.

On peut lire ce qui suit à la page 944 du premier volume de cet ouvrage :

« La ville d'Uzès me paraît complètement désintéressée dans la question de la reconstruction totale de l'aqueduc romain, pourvu qu'on lui laisse la jouissance de la moitié ou des trois quarts des eaux de la rivière d'Alzon, c'est-à-dire, pourvu que la ville de Nimes n'en dérive qu'une partie.

» En effet, Uzès est bâti sur une colline , la rivière est à quatre-vingts mètres en contre-bas , et si l'on n'en détournait que la moitié ou le quart , pris sous le parc de l'Evêché , il resterait toujours aux habitants le cours d'eau qui existe en amont de ce point , anciennement appelé rivière d'Airan , et les fontaines d'Eure à leur origine ;

» Il leur resterait, au-dessous de la dérivation pour Nimes, la moitié ou les trois quarts des eaux d'Eure et d'Airan réunies, puisqu'on n'introduirait dans l'aqueduc romain que la fraction complémentaire ;

» Il leur resterait , à proximité , la rivière de Seynes.

» Beaucoup de villes ne sont pas aussi bien partagées.

» Qu'on ne craigne pas que la mouture des grains puisse en souffrir.

» L'eau surabonde les trois quarts de l'année; il y a des moulins à blé sur la rivière d'Airan au-dessus de la source d'Eure ; — il y en a sur la rivière de Seynes, — et, quant à ceux qui se trouvent sur celle d'Alzon, leur force serait bien réduite de la moitié ou d'un quart jusqu'au confluent du Seynes; mais , en réduisant proportionnellement le nombre de ces artifices, *aujourd'hui trop considérable* , la puissance resterait la même pour ceux qui seraient conservés. Les moulins placés depuis le confluent du Seynes jusqu'au Gardon ne perdraient guère qu'un huitième de leur puissance ; —

les besoins de la contrée seraient encore largement satisfaits.....

» Quant aux manufactures : — celle de M. Roussel ne recevrait aucune atteinte, — et pour celles de MM. Silhol et Terraube, on remédierait à la perte qu'elles auraient à souffrir dans leur volume d'eau en doublant la hauteur de chute au moyen de la destruction de quelques moulins à blé ou artifices de peu de valeur. Les usines importantes continueraient donc à subsister ; et, quant aux moulins à blé, ils surabondent dans la contrée. On voit que, la population d'Uzès et celle des environs étant sans intérêt dans l'affaire, il ne reste à débattre que les droits des propriétaires voisins.

» Les simples riverains n'auraient nullement à se plaindre : — ils n'emploient l'eau que très-peu pour l'arrosement de leurs fonds, et la moitié ou les trois quarts suffiraient certainement, aussi bien que le tout, pour entretenir la fraîcheur sur les rives. En supprimant une portion des écluses ou barrages existants, on remédierait à une cause réelle d'insalubrité, on préviendrait une portion des ravages des débordements, qui sont favorisés et accrus par ces obstacles au libre cours de l'eau.

» D'Uzès à Montpezat, où la rivière d'Alzon se perd dans celle du Gard, il existe dix-neuf moulins à blé ou usines quelconques (1). Nous ne donnerons

(1) Voyez la note G, p. 907 du premier volume de cet ouvrage, quatrième livraison.

pas en détail ici l'estimation de chacun de ces artifices, nous nous bornerons à dire qu'ils valent en
bloc ou ensemble huit cent mille francs.

» Si la ville de Nimes en poursuivait l'expropriation pour cause d'utilité publique, il serait possible
qu'une estimation élevée et les frais accessoires por-
tassent cette somme à un million ; — nous ferons
état de ce chiffre par prudence. Mais, assurément,
quand la dérivation serait opérée, ces usines auraient
encore une valeur, ne serait-ce que comme bâtiments ruraux. D'ailleurs, Nimes ne prendra jamais,
au maximum, que la moitié de l'eau de la rivière,
et, selon nous, le quart pourrait lui suffire, de sorte
qu'en détruisant la moitié ou le quart de ces usines,
et en conservant le reste avec une chute d'eau qu'on
augmenterait proportionnellement, l'action des artifices qui resterait serait la même que par le passé.

» Comme nous l'avons déjà dit : — ceux qui se
trouvent au-dessous du confluent de l'Alzon et du
Seynes perdraient proportionnellement beaucoup
moins de leur force motrice ; on conserverait les
établissements les plus importants, et ce n'est pas
trop préjuger que d'admettre : — que la moitié des
bâtiments sans usines, et la moitié des usines à modifier convenablement, conserveraient une valeur
de quatre cent mille francs, qui monterait sans doute
à six cent mille, si on se contentait de dériver le
quart de l'eau.

» Le déboursé de la ville de Nimes pour cet objet
ne serait donc, en définitive, que de quatre ou six

cent mille francs qui, joints aux deux millions que coûteraient au plus la restauration de l'aqueduc antique et les eaux du parcours, *portent à deux millions six cent mille francs la dépense totale nécessaire pour ramener à Nimes la moitié de l'eau de la rivière d'Alzon ; — et à deux millions quatre cent mille francs seulement, si l'on se contente du quart de ce que ce cours d'eau débite* (1). »

Sept mois plus tard, je revins encore à ce projet, en disant :

« La ville d'Uzès est sans intérêt, à cause de sa distance verticale au-dessus de la rivière dont la jouissance lui serait conservée encore par le point le plus abordable, la route de St-Esprit. Ses fabriques, ses moulins ne périraient pas, puisqu'il lui resterait encore la rivière de Seynes et la jouissance de l'Alzon ou Airan, sur toute la partie en amont de la prise d'eau des Romains. *Enfin, l'on ne dériverait sur ce point, vers Nimes, que la moitié de l'eau, et l'on s'arrangerait de telle manière, qu'Uzès conserverait tout le courant pendant les douze heures du jour, tandis que Nimes ne prendrait rien que pendant les douze heures de nuit* ; partage équitable qui donnerait aux uns et aux autres une quantité d'eau suffisante et concilierait heureusement les droits antiques avec les jouissances modernes.

» L'eau, partie d'Uzès le soir, arriverait à Nimes

(1) Nimes, le 20 avril 1845, t. 1, quatrième livraison de cet ouvrage, p. 941 à 944.

le lendemain matin ; elle serait donc apparente tout le jour pour chaque ville ; de plus , la quantité à prendre étant au moins de douze mille mètres cubes , pour chacune d'elles pendant ses douze heures de jouissance , on pourrait rendre l'écoulement continu à Nimes , au moyen d'un réservoir qui contiendrait la fraction de ce volume qu'on voudrait conserver aux fontaines pour la nuit, mais qui serait rationnellement bien moindre que ce qu'on ferait apparaître le jour.

» Je ne doute pas que notre cité n'indemnisât convenablement les usiniers d'Uzès de leur perte , bien que leur droit fût, à la rigueur, contestable ; mais, comme ils ont pour eux l'équité et la bonne foi , Nimes serait généreux ; car c'est bien ici que s'applique l'adage : *summum jus, summa injusticia.*

» Toutefois , à ceux qui élèveraient des prétentions déraisonnables, il serait facile de prouver que leurs droits ne sont rien moins que certains !

» J'ai donc fait entrer dans mon estimation de la restauration de l'aqueduc *l'indemnité comme élément de dépense , tant pour la reprise des eaux que pour celle du canal, parce que je la crois équitablement due.*

» Certainement Nimes la paiera largement , mais il peut être utile que le droit rigoureux soit une arme puissante entre ses mains, pour se défendre contre des exigences immodérées.... On n'en fera jamais d'autre usage (1). »

(1) *Etudes sur les Eaux de Nimes*, t. II , première partie , p. 52 à 54 , écrites le 15 novembre 1845.

III.

*Des droits anciens et encore subsistants de la ville
de Nimes.*

Ceux dont les restes de l'aqueduc traversent encore
l'héritage , — les possesseurs actuels des fontaines
d'Eure et d'Airan , — les riverains de l'Alzon dont
ces sources augmentent les moyens d'arrosage ou la
force motrice des usines qu'ils exploitent , ne doivent
pas perdre de vue que les droits de la ville de Nimes
sont loin d'être réduits à néant.

« Depuis quand , dit M. l'architecte Flacheron ,
» les débris des monuments antiques appartiennent-
» ils aux propriétaires des champs voisins ? Où sont
» leurs titres d'achat !

» D'après le célèbre jurisconsulte Dupin : — il est
» urgent d'exproprier, pour cause d'utilité publique ,
» les *excroissances* que le temps a attachées aux
» monuments, ou qui se sont élevées sur leurs ruines,
» entre leurs parois ; — il y a même plus de raison
» d'exproprier des usurpateurs pour dégager ce qu'ils
» ont souillé que de s'adresser à un propriétaire sans
» reproche , pour élever à neuf un monument sur
» son sol.

» *Si l'on ne consultait que la rigueur des principes,*
» je dis que ceux qui se sont ainsi logés dans les mo-
» numents publics comme les rats et les oiseaux de

» proie, *n'ont pu acquérir aucun droit par pres-*
» *cription.*

» 1º Parce que ces monuments étaient évidemment
» du domaine public qui autrefois était imprescrip-
» tible ;

» 2º Parce que, si une possession a jamais été de
» mauvaise foi, c'est celle qui s'établit daus l'inté-
» rieur d'un cirque ou sur le proscenium d'un théâ-
» tre, quand des ruines gigantesques sont là pour
» réclamer sans cesse en faveur de leur origine et de
» leur destination : *Titulus perpetuò clamat.* »

Examinant quelle était, *en droit*, la situation de
la ville de Nimes, au sujet de la propriété de l'aqueduc romain, une réunion de jurisconsultes distingués, MM. de Sibert, Roussellier, Alphonse Boyer,
Casimir Michel, posa les principes suivants :

« 1º Dans les parties où l'aqueduc est resté entier
et apparent, aucune prescription n'a pu faire acquérir des droits contraires à ceux de la ville, propriétaire de cet aqueduc.

» 2º Dans les portions où l'aqueduc a été dété-
rioré, et où des constructions ou des puisages d'eau
ont été établis, il n'y aurait à exproprier que les
servitudes acquises ou la valeur des constructions.

» 3º Dans les portions où le terrain recouvrant le
canal a été l'objet d'actes de possession par des cul-
tures, il n'y aurait à exproprier le possesseur que
de ce droit attaché à la superficie.

» 4º Il ne peut y avoir des droits acquis et com-
plets à la propriété du sol que l'acqueduc aurait an-

térieurement occupé , que sur les points où ses vestiges auraient disparu depuis plus de trente ans.

» *La ville a des droits respectables à la propriété
de l'aqueduc...* »

Mais , dès-lors , les sources qui l'alimentaient
doivent évidemment suivre le même sort ; car elles
faisaient partie du même tout , et , sans elles , il est
bien positif que l'aqueduc n'eût jamais été construit.

Dans un mémoire spécial , que nous avons ailleurs publié tout entier (1) , M. Causse , avocat et
jurisconsulte , dit :

«La ville de Nimes , propriétaire originaire de
l'aqueduc, a conservé son droit jusqu'à ce jour , et
ce droit n'a pas été emporté par la prescription.

» Dans le droit romain , les choses sacrées , les
choses saintes , *les choses publiques* appartenant au
peuple romain *et aux villes* ne sont pas susceptibles
de prescription. *Usurpationem recipient maximè res
corporales, exceptis sacris , sanctis ,* PUBLICIS *populi
romani* ET CIVITATUM (Loi 9 , au Digeste *de usurpa-
tionibus*).

» Les lois 6 , 9 et 10 , an code (*De aquæductu*),
considèrent les aqueducs comme des ouvrages publics
que la plus longue prescription ne peut atteindre.

» Dans la première de ces lois , l'empereur Zénon
dit : — « Nous avons ordonné de rechercher avec soin

(1) *L'aqueduc du Pont-du-Gard a-t-il été prescrit par ceux
dont il traverse les propriétés?* Nimes, 1848, brochure in-8° ,
insérée dans le tome II, quatrième livraison , page 953, de cet
ouvrage.

» LES FONTAINES *qui , dans l'origine, ont été consacrées*
» *aux usages publics* , ou qui , après avoir appartenu
» à des particuliers , auraient été incorporées au
» domaine public, et qui seraient tombées au pouvoir
» des particuliers , soit en vertu d'un décret du
» prince obtenu par surprise , *soit , à plus forte rai-*
» *son , par une usurpation illicite ; de manière à res-*
» *tituer à la cité des droits qui lui appartiennent :*
» LA PRESCRIPTION LA PLUS LONGUE NE POUVANT ÊTRE
» D'AUCUNE UTILITÉ POUR S'EN EMPARER.

» *Viam publicam populus non utendo amittere non*
» *potest* (Digeste, loi II, *De viâ publicâ*)» c'est l'analogue naturel de ce qui a été énoncé touchant les
aqueducs et les fontaines.

On lit dans Plutarque, que Thémistocle , pendant
qu'il avait à Athènes la surintendance des eaux , fit
faire une statue de bronze des amendes auxquelles
il avait condamné ceux qui divertissaient l'eau publique (1).

Nous trouvons dans le savant ouvrage de Dubreuil
les paragraphes suivants qui viennent à l'appui des
opinions de M. Causse :

« Les expressions — *Longi temporis præscriptione,*
et celles de la loi 4 au même titre, *usum aquæ ve-*
terem singulis manere civibus sancimus , avaient fait
penser à quelques auteurs que la possession immémoriale devait au moins mettre les concessionnaires
à l'abri de toutes recherches ; mais Godefroi , sur la

____

(1) Garnier, *Régime des Eaux* , t. I , p. 380.

loi ii du code Théodosien, lib. 15 , tit. 2, *De aquæ-ductu*, a repoussé cette erreur ; il a prouvé que la jouissance, quelque ancienne qu'elle fût, n'était jamais un titre absolu et irrévocable : « *Desinant* » *doctores*, dit-il, *ex hâc lege colligere, jus aquæ* » *publicæ, ex publico aquæductu ducendæ, præs-* » *cribi posse tempore, cujus memoria non exstat.* »

» Le nouveau Brillon (*Verbo* aqueduc, n° 18), professe la même doctrine, et, au n° 24, il observe que ce fut sur ce principe que Charles vi , par ses lettres-patentes du 13 octobre 1392 , révoqua toutes les concessions des eaux de Paris, attendu les besoins des habitants (1).

» Pecchius décide deux fois qu'il y a constamment, dans la concession faite d'une eau publique, cette condition sous-entendue, *tacitam conditionem*, que la concession ne porte aucun préjudice aux besoins du public, et que, s'il a été fait concession d'une eau prise à l'aqueduc d'une ville , il faut toujours entendre que ce n'est que pour le temps où il y a dans celui-ci un volume d'eau suffisant à tous : *quando aqua sufficiat omnibus*. Les particuliers à Rome ne pouvaient jouir que du trop-plein du réservoir des aqueducs publics.

» *Si quis per divinam liberalitatem meruerit jus* » *aquæ, non viris clarissimis rectoribus provincia-* » *rum, sed tuæ precellentissimæ sedi celestes apices*

(1) *Ordonnances du Louvre*, t. vii , p. 511. — *Pratique des torriers*, t. iv , chap. 4 , quest. 39, p. 504. - Jeanety , 1776 , p. 528. — San-Léger, cap. 48, num. 18 et 20.

» *intimare debebit... Et amplissimâ tuâ sede dis-*
» *positurâ quid in publicis thermis , quid nymphœis*
» *pro abundantiâ civium conveniat deputari ; quid*
» *his personis , quibus nostra serenitas indulsit , ex*
» *aquâ superfluâ debeat impartiri* (1).

Le célèbre capitulaire de l'an 844 , donné par
Charlemagne aux Espagnols , dit : « *Liceat eis , se-*
» *cundum antiquam consuetudinem aquarum ductus*
» *pro suis necessitatibus ubicumque pervenire potue-*
» *rint , nemine contradicente , juxta priscum morem*
» *semper deducere.* » (Baluze, tom. 11, p. 28, n° 8.)
Voulait-il effacer le souvenir de la dévastation que
Charles-Martel avait faite de ceux d'Arles et de
Nimes ?...

Suivant M. Causse, — « Les règles salutaires posées
par les Romains se retrouvent aussi dans notre ancien
droit français, et l'ordonnance de Blois voulait que
tous les grands chemins fussent remis à leur ancienne
largeur , *nonobstant toutes usurpations, par quelque*
laps de temps qu'elles pussent avoir été faites. Le
principe ainsi posé s'applique évidemment à toutes
les dépendances du domaine public.

» Ainsi, la cour de cassation a jugé qu'une place
de guerre ne perd pas sa destination par le non
usage : *qu'elle demeure imprescriptible , tant qu'il*
n'y a pas eu de déclassement formel.

» Enfin , selon notre législation actuelle , *on ne*

_____

(1) Dubreuil, *Analyse de la législation sur les Eaux* , t. i ,
p. 212.

peut prescrire ce qui n'est pas dans le commerce (1),
et tout monument de quelque importance se trouve
placé dans cette catégorie. »

D'après d'Argentré : « *Publicarum usus non solum*
» *ex commodo sed ex ornatu et facie estimatur ;* »
et d'après Troplong : « *Les monuments de toutes*
» *les époques de notre histoire sont désormais dans le*
» *domaine public ; la barbarie ne peut pas les at-*
» *teindre , elle ne prescrit plus contre la civili-*
» *sation.* »

« Quant aux conduites souterraines, » écrivait en
1844 M. le procureur-général Dupin à l'honorable
M. Causse , « par le fait de leur existence matérielle,
» *elles se sont possédées elles-mêmes* , si l'on peut
» s'exprimer ainsi, et *elles n'ont pas cessé de grever*
» *d'une véritable servitude les héritages qu'elles tra-*
» *versent et sur lesquels elles ont été primitivement*
» *établies.*

» Il n'y aurait d'indemnité à payer que pour le
» dérangement qu'occasionneraient les fouilles, pour
» les travaux que les fonds servants seront obligés
» de supporter. »

» Que conclure de tout ceci? dit M. Causse en
terminant.

» Que la ville de Nimes n'a jamais cessé d'être
propriétaire de son antique aqueduc , et qu'elle
n'a pas besoin de recourir à l'expropriation forcée
pour cause d'utilité publique.....

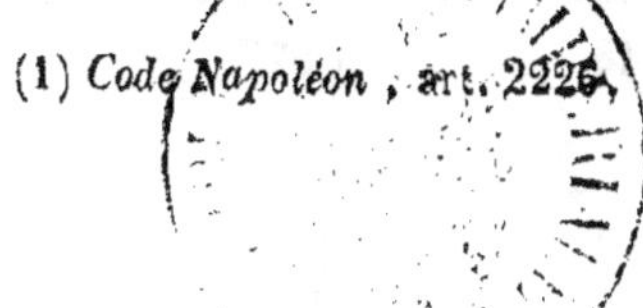

(1) *Code Napoléon* , art. 2226.

» Mais faut-il en conclure qu'aucune espèce d'indemnité ne sera due ?... Non, sans doute, ce serait
aller au-delà de notre but. Ceux qui auront fait des
établissements agricoles, industriels ou autres, sur
les ruines de l'aqueduc seront indemnisés, non pas
eu égard à la dépossession du sol qui ne leur a jamais
appartenu, mais dans la proportion du préjudice porté
à leur industrie...

» Un sentiment d'équité commande cette restriction
à la rigueur du droit; il ne peut entrer dans les vues
d'une grande et noble cité de s'élever sur le malheur
de qui que ce soit; le droit sera comme une barrière
contre les prétentions injustes, pour réduire cette
ténacité de l'intérêt privé, contre laquelle ont si
souvent échoué les grandes entreprises d'utilité publique. »

Cette troisième section n'est que l'analyse, avec
quelques additions, du septième chapitre du second
volume de cet ouvrage (1), et l'on voit que les conclusions de M. Causse sont identiques à celles que
j'avais prises moi-même, soit dans l'introduction du
volume cité, soit dans la dernière livraison de celui
qui précédait, et que j'ai rappelées dans la première
et la seconde section du présent chapitre.

J'avais jusqu'ici cherché à prouver :

1° Que la ville d'Uzès n'a aucun intérêt dont elle
puisse légalement exciper dans la question ;

(1) Voyez le chapitre septième de la quatrième partie du second
volume de cet ouvrage : *Marche administrative de la question
des Eaux de Nimes*, écrit en mai 1848, p. 949 à 976.

2° Que pour les usiniers , menacés comme simples particuliers dans leurs jouissances actuelles , il est possible de prendre à leur égard des mesures d'adoucissement ou de compensation à leurs pertes ;

3° Que des droits absolus pour eux sur les eaux de l'Alzon et des sources d'Eure sont au moins très-contestables en présence de ceux de la ville de Nimes; et que les détenteurs des sources , ceux qui jouissent du cours d'eau et des restes de l'aqueduc doivent être très-modérés dans leurs prétentions , s'ils ne veulent pas que la cité fasse rigoureusement valoir contre eux des droits qui subsistent encore.

Maintenant , je dois entrer dans un autre ordre d'idées , et prouver : 1° Que les propriétaires des sources d'Eure sont libres de les vendre de gré à gré à la ville de Nimes ; — 2° que les riverains et usiniers de l'Alzon ne peuvent y mettre aucun obstacle ; — 3° qu'ils n'auront même le droit de réclamer aucune indemnité, si l'on dérive ces sources et qu'on les conduise de nouveau à Nimes par la reconstruction de l'aqueduc romain.

Mais avant de traiter , d'après les règles du droit actuel , cette question importante , je crois utile , pour préparer les esprits et pour ne laisser aucune place au doute sur ce point, de rappeler une entreprise analogue , qui a été accomplie dans les mêmes circonstances et conduite à bien , de nos jours , malgré des oppositions d'intérêt tout-à-fait pareilles.

Les exemples ont souvent plus de force que les préceptes pour déterminer les convictions.

IV.

Conduite de la source du Rozoir dans la ville de Dijon.

« L'aqueduc par lequel la ville de Dijon se proposait d'amener les eaux de la fontaine du Rozoir dans son enceinte était près d'atteindre cette source, lorsqu'il survint un incident que rien ne faisait présager.

» La fontaine du Rozoir, enclavée dans la forêt nationale qui couvre le coteau d'où elle sort ; semblait dépendre de ce bois, et, à ce titre, elle avait été cédée par l'Etat moyennant une faible somme. La commune de Messigny, spéculant sur les embarras qu'elle pourrait causer à la ville, se prétendit en jouissance de l'emplacement du bassin, et s'en fit maintenir en possession à l'aide de titres et de faits ignorés jusque-là. *Force fut alors de recourir à la voie de l'expropriation pour cause d'utilité publique, qui fut admise par un jugement du 26 août 1839, inutilement attaqué en cassation.*

» Le premier août 1840, cette décision fut suivie d'une déclaration du jury qui fixa l'indemnité réclamée à dix-huit mille francs, dans la moitié de laquelle, au surplus, la ville parvint à rentrer plus tard, au moyen d'un nouveau procès qu'elle poursuivit au nom de l'Etat.

» L'ordonnance du Roi du 19 septembre 1838

fixe ainsi la quantité d'eau *à laisser à chaque commune* :

» Un vingt-cinquième à Messigny ;

» Un cent quarante-unième à Vantoux ;

» Et un trente-septième à Ahuy ;

» Ou, pour les trois ensemble, environ deux vingt-
septièmes : moins du treizième du total.

» Le puissant intérêt que, par l'effet de cette at-
tribution, les communes dont il s'agit ont à la conservation de l'aqueduc qui leur procure l'eau dont
elles manquaient auparavant, est pour la ville la
plus sûre garantie qu'il n'y sera causé aucun dommage ni aucune dégradation.

» Par un traité spécial, on a cédé à un particulier
quatre pouces d'eau pour prix des droits qu'il ac-
cordait dans un vaste enclos.

» La quotité de ces distributions perpétuelles, les
seules qui existent et qui n'équivalent pas à un on-
zième du total, est compensée et bien au-delà par des
sources trouvées, à quelques mètres en aval de la
fontaine du Rosoir, dans un héritage de trente-huit
ares acquis en pleine propriété par la ville en 1841,
et dont le volume, évalué à vingt ou vingt-cinq litres
par seconde (environ cent pouces), peut être intro-
duit à volonté dans l'aqueduc (1).

» La ville de Dijon, investie de la pleine propriété
de la source du Rozoir, par le jugement du 25 août

____

(1) *Etudes sur les Eaux de Nîmes*, quatrième livraison du
tome I, p. 1004 à 1006.

1839 rendu en conformité des arrêtés du préfet des 24 novembre 1838 et 13 août suivant ;

» Fut, par ordonnance du magistrat directeur du jury, du 1er août 1840, envoyée en possession contre l'Etat, et au besoin contre la commune de Messigny, dans le cas où ses prétentions seraient accueillies, — tant de cette source que d'un petit espace de terrain, espèce de franc-bord à l'entour.

» En 1839, le juge de paix du canton avait maintenu ce village en possession de la totalité de la source ; et le tribunal de première instance avait confirmé ce jugement.

» En 1841 et 1842, la cour royale décida que la source du Rozoir était située moitié sur la forêt de l'Etat et moitié sur la commune de Messigny qui n'obtint, en définitive, que neuf mille francs et le vingt-cinquième de l'eau pour le règlement de ses droits.

» *Indépendamment de ces procès, la ville en soutint quatre avec les propriétaires des moulins du Rozoir, de Messigny, de Vantoux et avec celui d'un réservoir et d'un verger*. Les trois premiers demandaient vingt-cinq mille francs chacun, et le dernier quinze mille, *à raison du dommage qu'ils prétendaient résulter pour eux du détournement de la source du Rozoir.*

» *Devant le tribunal civil trois demandeurs se départirent de leur action, et la prétention du dernier fut déclarée mal fondée par jugement du* 17 *février* 1842.

» Le pourvoi de la commune de Messigny contre

le jugement d'expropriation du 26 août 1859, fut rejeté avec amende et indemnité à sa charge, par arrêt de la cour de cassation du 4 février suivant (1840) (1). »

Ces diverses péripéties de la question des eaux de Dijon sont, pour ainsi dire, une histoire anticipée des obstacles qu'éprouvera la ville de Nimes pour la reprise des sources d'Eure ; *mais, en même temps, les moyens d'une facile et légitime victoire ne peuvent pas nous être plus clairement indiqués.*

La position de la ville de Nimes est d'ailleurs bien plus favorable que celle de Dijon, car celle-ci n'avait jamais possédé les eaux qu'elle voulait dériver, tandis que notre cité a joui des eaux d'Uzès pendant plusieurs siècles et que des vestiges de ses travaux, sur tout le parcours et jusqu'au bord des sources d'Eure, sont des témoins précieux et irrécusables de ses droits.

Les eaux pérennes qui portent le nom de sources d'Eure surgissent de la terre en deux points différents.

La première naît dans le jardin de M. Vincent, au pied d'une montagne, sur le côté nord-est d'un grand bassin qui en reçoit et en accumule les eaux à volonté. Ce réservoir quadrilatère est solidement construit en pierre de taille et beaucoup plus grand que celui de la source de la fontaine de Nimes. De

____

(1) *Etudes sur les Eaux de Nimes*, quatrième livraison du t. I, p. 1010 et 1011.

là l'eau est, à volonté , dirigée par son propriétaire, soit du côté du sud-est pour le service d'un lavoir et pour l'irrigation d'une prairie , soit du côté du sud-ouest, vers la rivière d'Alzon où se trouve un moulin, appartenant aussi à M. Vincent , dont le barrage élève les eaux de la rivière après que celles de la source privée s'y sont déjà réunies.

L'autre source d'Eure, qui est, dit-on , la plus considérable et à l'origine de laquelle se trouve une blanchisserie, naît dans l'héritage de M. Albin Roussel.

Dès son origine, elle peut être rejetée dans la rivière d'Alzon au-dessous du moulin Vincent , si on lui fait traverser une prairie au sud-ouest ; ou bien, elle peut être retenue dans un bief artificiel formant écluse , destiné à mettre en mouvement un moulin à blé dont M. Albin Roussel est aussi propriétaire.

A quelque distance en aval de ce moulin, M. Roussel possède encore une filature qui peut prendre pour moteur les eaux de l'Alzon, où se trouvent réunies celles des deux sources d'Eure dans le cas où M. Vincent n'emploie pas le produit de la première pour son lavoir ou sa prairie, et alors que M. Roussel lui-même n'utilise pas ce que fournit la seconde pour sa blanchisserie ou son moulin à blé.

Ce n'est donc qu'au-dessous des héritages de MM. Vincent et Roussel que les eaux des sources d'Eure se confondent définitivement avec la rivière d'Alzon , que ces eaux cessent d'être une propriété privée, et que les riverains de l'Alzon acquièrent la

faculté, par leur position , de s'en servir à leur passage le long de leurs héritages, soit pour l'irrigation ,
soit pour mettre leurs usines en mouvement.

Tant que le produit de ces sources n'est par sorti
des fonds ruraux de MM. Vincent et Roussel , il est
la propriété exclusive de ces deux particuliers , propriété incontestable vis-à-vis de tous : sauf cession
par titre aux riverains inférieurs ; prescription con-
tradictoire de ceux-ci; destination du père de famille,
*ou mieux encore peut-être, sauf les droits préexistants
de la ville de Nimes.*

Quelques autres sources naissent et bouillonnent
au fond du bief artificiel ou écluse du moulin à blé
de M. Albin Roussel ;

Une autre sourd du rocher voisin et s'appelle
le *Boulidou* ; mais celle-ci n'est pas pérenne.

Au reste, quant à la propriété de ces sources diverses et peu importantes , elle est régie par les
mêmes principes que les deux sources majeures dont
nous venons de parler.

La ville d'Uzès a récemment établi un lavoir sur
le produit du Boulidou ; elle avait sans doute titre ou
droit à cet égard ; quoi qu'il en soit , voici les traits
généraux de la circonscription de la vallée ou bassin
de l'Alzon , à l'effet de rendre plus évident ce qui
précède et ce qui doit suivre.

Au nord-est d'Uzès, la rivière d'Alzon prend naissance aux environs de Bagnères. Faible encore, elle
parcourt la vallée de Castelnau , recevant les ruis-

seaux et les sources de Valabrix, de St-Victor, de St-Hippolyte-de-Montaigu vers l'est ;

Et du côté de l'ouest, les sources d'Avron, d'Avedon, de St-Quentin, d'Airan.

Tous ces cours d'eau, épars ou réunis, font tourner plusieurs moulins avant que d'entrer dans le vallon où naissent les sources d'Eure. — A proximité d'Uzès, et sous la route de St-Esprit se trouve le moulin Chambon.

Ouvert du nord au midi, le vallon d'Eure est profondément encaissé. Il se trouve borné à l'est par une masse étendue de montagnes néocomiennes, en général arides et dénudées ; à l'ouest par le coteau néocomien de Sarbonnet ; puis par celui, néocomien à la base, tertiaire au sommet, sur lequel se trouve bâtie la ville d'Uzès, à quatre-vingts mètres d'altitude au-dessus des belles sources qui nous occupent. Comme, à partir du point où elles surgissent, la vallée de l'Alzon est, vers l'aval, étroite et encaissée ; *qu'il ne s'y trouve aucun village ou hameau ;* les eaux de l'Alzon et celles des fontaines d'Eure ne peuvent servir que de forces motrices pour usines, ou bien à des arrosages de très-peu d'importance. Elles n'ont à fournir à aucune commune, village ou hameau, l'eau qui leur serait *nécessaire* et qu'on devrait leur conserver suivant les prescriptions de l'article 643 du Code Napoléon.

Si, en amont ou en aval des sources d'Eure, les eaux d'Airan et de l'Alzon sont des eaux courantes dont les riverains peuvent user à leur passage sur les bords de leurs propriétés pour leur irrigation, comme l'article 644 du Code civil les y autorise ;

D'autre part, les fontaines d'Eure sont des sources privées, et ceux dans les fonds desquels elles naissent, peuvent en user à leur volonté. Ils ont la faculté d'en changer le cours, *sauf les prérogatives anciennes de la ville de Nimes*, ou tous droits réguliers des propriétaires inférieurs, acquis par titres ou par prescription, ainsi que les articles 641 et 643 du Code civil l'énoncent formellement.

On conçoit maintenant la grande analogie qui existe entre la position de la ville de Nimes relativement aux sources d'Eure, et celle de la ville de Dijon relativement à la fontaine du Rozoir.

On croyait que la source du Rosoir appartenait entièrement à l'Etat, qui l'avait cédée à la ville de Dijon moyennant une faible somme ;

Je pense que les sources d'Eure n'ont pas cessé d'appartenir à la ville de Nimes, qui a le droit absolu de les reprendre, mais qui jugerait équitable, sans doute, d'accorder une indemnité gracieuse à ceux dans les fonds desquels elles naissent, et aux usiniers inférieurs qui profitent depuis longtemps de leurs eaux.

Mais, à Dijon, la commune de Messigny prétendit avoir des droits sur la source du Rozoir : elle le prouva ; il fallut l'exproprier pour cause d'utilité publique. Elle obtint en définitive neuf mille francs pour ses droits de co-propriétaire, et le vingt-cinquième de l'eau de la source *comme nécessaire à l'existence de ses habitants, suivant l'article 643 du Code civil.*

Quant aux sources d'Eure, nulle commune ne peut s'en prétendre propriétaire, et nulle ne peut avancer qu'une fraction de leurs eaux soit nécessaire à son existence; car, dans le bassin de l'Alzon, elles ont toutes des ressources suffisantes, tant en amont qu'en aval du point où ces sources surgissent.

Il n'y a donc de réclamations possibles que de la part des propriétaires des fonds dans lesquels naissent ces sources; propriétaires qui seraient maîtres d'en détourner le cours ou d'en user à leur volonté, *si les droits antérieurs de la ville de Nimes étaient complètement éteints par la prescription, ce que je ne suis nullement disposé à admettre.*

Ces propriétaires ne sont qu'au nombre de deux : MM. Roussel et Vincent. Or, comme le profit qu'ils retirent de ces superbes sources est de peu d'importance par suite de l'exiguité de leurs domaines, — il est problable que la ville de Nimes s'entendrait facilement avec eux, pour prévenir toute opposition relative à la reprise de ces sources; — mais, dans tous les cas, il resterait à Nimes, — comme Dijon l'obtint à l'encontre de la commune de Messigny, — la ressource de l'expropriation pour cause d'utilité publique, ce qui ne pourrait souffrir aucune difficulté ;

Et Nimes rentrerait positivement dans l'antique possession de ses eaux plus nécessaire aujourd'hui que jamais, tout au plus en payant à MM. Vincent et Roussel ce que leurs propriétés pourraient perdre sur le produit de l'irrigation ou la force motrice de leurs usines.

On n'aurait plus à s'occuper après que des arrosants et des artifices qui profitent des eaux de l'Alzon en aval des sources.

Voyant les moyens d'arrosage et les forces motrices diminuer, les propriétaires ne manqueraient pas, sans doute, de réclamer, comme le firent à Dijon ceux des moulins du Rozoir, des moulins des villages de Messigny, de Vantoux, et les possesseurs de réservoirs et autres moyens d'irrigation.

Mais, à Dijon, le premier de ces réclamants fut judiciairement condamné, et, après réflexion, les autres se désistèrent prudemment de leur demande. Il est infiniment probable que, vis-à-vis de la ville de Nimes, les oppositions n'iraient pas plus loin que la simple demande d'une indemnité, et même d'une indemnité gracieuse ; car la ville de Dijon fut autorisée par jugement à ne rien donner, et il est évident qu'à l'encontre des usiniers de l'Alzon les droits de la nôtre sont bien plus étendus que ne l'étaient ceux du chef-lieu de la Côte-d'Or sur la fontaine du Rozoir.

Il est évident que Nimes a même plus de droits incontestables qu'il ne prétendrait actuellement en exercer.

En effet :

Ou ses droits anciens ont prescrit, — ou ils subsistent encore ;

S'ils sont encore en vigueur, non-seulement Nimes pourrait reprendre les eaux de la source d'Eure de M. Roussel, des débris d'aqueduc reconnaissables le démontrent ;

Il pourrait prendre aussi, comme le faisaient les Romains, les eaux de la source de M. Vincent, car l'aqueduc d'amenée est encore presque intact, enfoui dans sa prairie ;

Mais les Romains prenaient de plus, quand ils le voulaient, toutes les eaux de l'Alzon, ainsi que l'indique une tête d'aqueduc qui se trouve vis-à-vis du coin nord-est du parc de l'ancien Evêché, entre la filature de M. Roussel et le moulin à blé dit de *la Tour* appartenant à M. Gandin, mais beaucoup plus près de la filature (1).

Si donc les droits de la ville de Nimes ne sont pas frappés de caducité, *non-seulement les sources d'Eure, mais toutes les eaux de l'Alzon lui appartiennent.*

Si ces droits ont prescrit au contraire, Nimes rentre dans le droit commun ; mais alors, une fois qu'il aurait traité de gré à gré avec MM. Roussel et Vincent, ou qu'il les aurait expropriés pour cause d'utilité publique :

(1) Voyez tome I de cet ouvrage, seconde livraison, p. 264, et, même tome, quatrième livraison, p. LXXXVII.

Alors les usiniers seraient sans action pour réclamer de continuer à jouir des eaux de ces sources dont Nimes, redevenu propriétaire, pourrait de nouveau changer le cours et jouir à sa volonté comme MM. Roussel et Vincent auraient le droit de le faire aujour-d'hui ; — car il n'y a que deux cas où le propriétaire de la source puisse être restreint et gêné dans l'exercice de ses prérogatives absolues :

« Celui qui a une source dans son fonds, dit l'arti-
» cle 641 du Code civil, peut en user à sa volonté,
» sauf le droit que le propriétaire inférieur pourrait
» avoir acquis *par titre ou par prescription.....* »

Or existe-t-il à ce sujet des titres valides, une prescription ayant les caractères qu'exigent la jurisprudence et la loi ? — Nous ne le croyons nullement. Nous allons finir ce chapitre par une revue rapide de notre législation actuelle sur les points spéciaux que nous venons d'indiquer.

V.

Examen de la législation sur les sources (1).

Les eaux courantes se divisent en trois grandes classes :

1° Celles qui font partie du domaine public et dont l'Etat a la disposition en vertu de l'art. 538 du Code

---

(1) Cet article est principalement extrait de l'ouvrage de MM. Dumont, sur l'*organisation légale des cours d'eau.*

Napoléon (1) : ce sont les eaux qui coulent dans les fleuves et rivières navigables et flottables ; elles ne peuvent être dérivées qu'avec l'autorité du gouvernement ;

2° Celles dont la jouissance est dévolue aux propriétaires riverains par l'art. 644 de ce Code (2), c'est-à-dire les eaux des ruisseaux ou petites rivières qui ne sont ni navigables, ni flottables, ou flottables seulement à bûches perdues ;

3° Celles qui appartiennent exclusivement au propriétaire du sol en vertu de l'article 641 dudit Code (3), sauf les droits que les tiers auraient acquis *par titre ou par prescription* ; ce sont les eaux de source naissant sur son terrain, celles qu'il reçoit au moyen de réservoirs et de barrages, celles enfin qu'il fait jaillir, par le sondage artésien, des couches

---

(1) Art. 538. — « Les chemins, routes et rues à la charge de » l'Etat, *les fleuves et rivières navigables ou flottables*, les rivages, » lais et relais de la mer, les ports, les havres, les rades et » généralement toutes les portions du territoire français qui ne » sont pas susceptibles d'une propriété privée, sont considérés » comme des dépendances du domaine public. »

(2) Art. 644. — « Celui dont la propriété borde une eau cou- » rante, autre que celle qui est déclarée dépendante du domaine » public par l'article 538, au titre *de la division des biens*, peut » s'en servir à son passage pour l'irrigation de ses propriétés.

» Celui dont cette eau traverse l'héritage peut même en user » dans l'intervalle qu'elle y parcourt ; mais à la charge de la » rendre, à la sortie de ses fonds, à son cours ordinaire. »

(3) Nous avons déjà donné (page 111) le texte de l'art. 641.

inférieures de la terre et auxquelles on donne le nom d'artificielles (1).

Une source est la propriété exclusive de celui sur le fond duquel elle jaillit ; il en use d'une manière absolue comme du fonds lui-même ; il peut faire serpenter les eaux sur ses terres, *en changer le cours*, les recueillir dans des étangs ou réservoirs , les absorber, *les étouffer même* ; les voisins se plaindraient vainement d'en être privés.

Dumoulin dit : « *Dominum posse suo commodo di-* » *vertere, vel retinere aquam quæ oritur , vel labitur* » *in fundo suo, in prejudicium vicini* (2).

D'après Duval : « *Aqua quæ in meo orta est, vel* » *quæ profluit ex fonte vicini in meum, statim atque* » *ingressa est fundum meum, mea est* (3). »

Au reste, ces auteurs n'avaient pas plus innové que le Code actuel ; car la loi romaine dit : « *Aqua viva est pars fundi ,* » et les anciens jurisconsultes français n'ont fait que copier les jurisconsultes romains. Notre ancien droit disait : « *L'eau qui passe* » *par l'héritage d'aucun lui est propre* (4). »

Cependant, la loi a apporté certaines restrictions à cette jouissance, et les unes se justifient par la nécessité de pourvoir aux besoins d'une commune, d'a-

(1) Voyez Dumont , *de l'organisation légale des cours d'eau* , p. 133 et 134.

(2) Tome v, sur le soixante-neuvième conseil d'Alexandre.

(3) *De rebus dubiis , Tractat.* 8 , n° 6.

(4) Voyez Championnière, *de la Propriété des eaux courantes* , Paris , 1846 , Hingray, in-8°, p. 631 et 758.

limenter les canaux de navigation (1). — les autres résultent du droit que les tiers auraient acquis soit *par titre*, soit *par prescription.*

Mais, en l'absence de l'une ou de l'autre de ces circonstances diverses, les propriétaires de la source en conservent la disposition la plus entière. — L'article 645 (2), qui, comme on le sait, donne aux juges un pouvoir discrétionnaire pour concilier l'intérêt de l'agriculture avec le respect dû à la propriété, *ne s'applique qu'à l'usage des eaux courantes, et non pas à celles qui proviennent des sources.*

Il est vrai qu'un arrêt du parlement de Paris du 16 juillet 1605, recueilli par Henrys, a jugé que les tribunaux sont appelés à modérer ce que le droit du propriétaire d'une source a de trop absolu ; — que celui-ci ne peut pas, par malice *et sans profit pour lui,* priver les héritages inférieurs de l'usage des eaux ;

Il est encore vrai que, dans le cours de la discussion au conseil d'Etat, M. Tronchet prononça quel-

---

(1) Art. 643 du Code civil. — « Le propriétaire d'une source » ne peut en changer le cours lorsqu'il fournit aux habitants » d'une commune, village ou hameau, l'eau qui leur est *néces-* » *saire* ; mais si les habitants n'en ont pas acquis ou prescrit » l'usage, le propriétaire peut réclamer une indemnité, laquelle » est réglée par experts. »

(2) Art. 645. — « S'il s'élève une contestation entre les proprié- » taires auxquels les eaux qui bordent leur héritage ou le traver- » sent peuvent être utiles, les tribunaux, en prononçant, doivent » concilier l'intérêt de l'agriculture avec le respect dû à la pro- » priété ; dans tous les cas, les règlements particuliers et locaux » sur le cours et l'usage des eaux, doivent être observés. »

ques paroles, qui, n'ayant pas été contredites, semble-
raient autoriser à penser que l'article 645 du Code
modifie l'article 641 et que le droit de propriété
d'une source ne va pas jusqu'à permettre d'en
retirer les eaux sans nécessité alors qu'elles sont
utiles au propriétaire inférieur (1) ; mais ce serait
nier dans l'application le principe de l'article 641
que de le soumettre au pouvoir discrétionnaire du
juge, et c'est du reste dans ce sens que s'est pro-
noncée la cour de cassation le 29 janvier 1840.

« Attendu, porte en substance son arrêt, qu'aux
» termes de l'art. 641 du Code civil, celui qui a une
» source dans son fonds peut en user à volonté ; —
» qu'il n'est apporté aucune restriction à cette jouis-
» sance exclusive que dans le cas où le propriétaire
» du fonds inférieur pourrait avoir acquis un droit
» contraire *par titre* ou *par prescription* ; — attendu
» que l'article 645 n'attribue une sorte de pouvoir
» discrétionnaire aux tribunaux, en leur donnant
» celui de concilier les intérêts de l'agriculture avec
» le respect dû à la propriété, *que dans les cas où il*
» *s'agit d'eaux courantes, et sans préjudice des dispo-*
» *sitions de l'article 641* (2), etc. »

Le propriétaire d'une source peut donc disposer
des eaux comme il l'entend, les retenir et même les

(1) Dumont, *de l'Organisation légale des cours d'eau*, p. 210
et 211. — Dubreuil, t. i. — Garnier, t. ii, n° 55.

(2) Arrêt de la Cour de cassation, du 29 janvier 1840. —
Sirey, v, 40, 1-207. — *sic* Proudhon, *Dom. public*, n°s 1346
et 1419. — Duranton, t. v, n°s 174 et suiv.

absorber au préjudice du propriétaire inférieur. Cependant, les intérêts particuliers doivent toujours être subordonnés à l'intérêt public ; c'est pourquoi le propriétaire de la source ne peut en changer le cours lorsqu'il fournit aux habitants d'une commune, village ou hameau, l'eau qui leur est nécessaire (1). *Toutefois, le législateur n'a eu en vue que les besoins des personnes et non ceux de l'agriculture et de l'irrigation des fonds*, soit qu'ils appartiennent à l'être moral qu'on appelle commune, soit qu'appartenant à des individus, ils forment l'ensemble du territoire de la commune ou du hameau (2).

Le gouvernement peut aussi s'emparer des sources dans le but d'alimenter les canaux de navigation, mais à la condition de payer une juste et préalable indemnité, en se conformant à la loi du 3 mai 1841 sur l'expropriation pour cause d'utilité publique (3).

Le droit absolu du propriétaire de la source se trouve encore modifié dans certains cas, *par des titres, par la prescription et par la destination du père de famille.*

Les titres revêtent des formes variées ; mais il est une règle qui, en matière de servitude, devient applicable à tous : c'est qu'ils doivent être interprétés dans un sens restrictif. Nul n'étant présumé faire l'abdication de ses droits de propriété, une servitude qui en est un démembrement devra toujours être

(1) Art. 643 du Code civil, déjà cité.
(2) Pardessus, *Traité des Servitudes*, n° 83.
(3) Proudhon, *Traité du Domaine public*, n° 795.

renfermée dans les limites les plus étroites. Dans le doute, dit M. Daviel, il faudrait supposer que le propriétaire supérieur a imposé à son voisin la charge de supporter le cours d'eau, *sans s'interdire à lui-même le droit de le détourner s'il y trouvait ultérieurement son avantage* (1).

Il ne serait pas exact de dire que lorsque l'article 640 du Code Napoléon (2) impose au propriétaire du fonds inférieur l'obligation de recevoir les eaux qui s'écoulent naturellement des terrains supérieurs, ce soit là une servitude tout à la fois active et passive; elle n'a évidemment que ce dernier caractère pour le propriétaire inférieur. Le droit du propriétaire de la source d'en disposer à son gré n'est modifié par les articles 641 et suivants que dans le cas où la source d'eau est nécessaire aux besoins d'une population agglomérée, et dans celui d'un titre concédé ou d'une prescription acquise au propriétaire inférieur (3).

A défaut de titres, les propriétaires inférieurs peuvent invoquer la prescription ; mais celle-ci ne s'acquiert que par une jouissance non interrompue

(1) Pratique des cours d'eau, n° 766.

(2) Art. 640. — « Les fonds inférieurs sont assujettis envers » ceux qui sont plus élevés à recevoir les eaux qui en découlent » naturellement sans que la main de l'homme y ait contribué.

» Le propriétaire inférieur ne peut point élever de digue pour » empêcher cet écoulement ;

» Le propriétaire supérieur ne peut rien faire qui aggrave la » servitude du propriétaire inférieur. »

3, Discussion de la loi d'Angeville.

pendant l'espace de trente années, à compter du moment où le propriétaire du fonds inférieur a fait et terminé des ouvrages apparents, *destinés à faciliter la chute et le cours de l'eau dans sa propriété* (1).

Ainsi, plusieurs conditions sont exigées ;

Il faut : 1° que les ouvrages aient été faits en vue de l'établissement de la servitude ; — 2° qu'ils soient apparents ; — 3° qu'ils existent depuis trente ans au moins.

Les deux premières conditions sont, le plus souvent, abandonnées à l'appréciation des tribunaux ; la vue des lieux, la nature des travaux et d'autres circonstances seront autant d'indices qui les aideront à reconnaître si elles sont accomplies. Il a été jugé, par exemple, qu'un aqueduc souterrain doit être considéré comme un ouvrage apparent, s'il se révèle par des signes extérieurs tels que des regards (2).

Il ne suffit pas que ces ouvrages soient apparents, il faut aussi qu'ils aient été établis d'une manière permanente, c'est-à-dire qu'ils constituent une contradiction énergique aux droits du propriétaire de

____

(1) Art. 642 du Code civil. — « La prescription, dans ce » cas, ne peut s'acquérir que par une jouissance non inter-» rompue pendant l'espace de trente années, à compter du » moment où le propriétaire du fonds inférieur a fait et terminé » des ouvrages apparents destinés à faciliter la chute et le cours » de l'eau dans sa propriété. »

(2) Arrêt de la Cour de cassation, du 12 avril 1830. S. v, t. ix, 1-489.

la source ; ainsi, des barrages faits avec des branches d'arbre et d'autres objets mobiles ne seraient pas toujours des actes assez caractérisés (1).

Il est encore de toute nécessité que ces ouvrages soient appuyés sur le fonds supérieur. Cette condition-ci ne se trouve pas écrite textuellement dans la loi, mais elle résulte de son esprit, et ce point, qui a été l'objet de vives controverses, est aujourd'hui consacré par une jurisprudence constante (2).

Ainsi, la base, la condition première de la prescription, *c'est que des travaux apparents soient faits sur le fonds même où naît la source.* Peut-on dire que cette condition est accomplie lorsque les travaux, *s'appuyant sur ce fonds*, ne sont autre chose qu'un barrage pratiqué au travers d'une rivière dans laquelle viennent se jeter les eaux de la source ? Y a-t-il dans ce cas une contradiction suffisante à l'égard du propriétaire supérieur ?

Cette question s'est présentée dans l'espèce suivante :

« Les eaux dites du *Germe*, dont la source se

(1) M. Pardessus, n° 100.

(2) Voyez dans ce sens, Cassat. 5 juillet 1837. S. v, 57, 1, 556.—6 juillet 1825. S. v, t. xxvi. 1-406.—25 août 1812, t. xii, 1,350. — Bordeaux, 1er juillet 1834. S. v, 34, 2, 648. — *Sic* MM. Troplong, prescript. n° 114. — Proudhon, n° 1372. — Garnier, n° 48. — Toullier, t. v, n° 655. — *Contrà*, — Delvincourt, t. i, p. 559 et 540. — Favard de Langlade, *Verbo*, servitude, section 2, § 1er, n° 2. — Pardessus, n° 110.

trouve dans l'héritage du sieur Chauvet, se jettent dans le ruisseau du *Furon*. Depuis un temps immémorial , le sieur Béranger jouissait par lui-même ou par ses auteurs , pour l'arrosement de ses propriétés et les besoins de ses usines, des eaux du Furon qu'un barrage en pierre assis sur le milieu du ruisseau à environ cent mètres au-dessous de l'embouchure du Germe *et portant par une de ses extrémités sur la rive droite appartenant au sieur Chauvet,* dérive sur la rive gauche dans un canal creusé sur sa propriété.

» Par suite d'un accord avec le sieur Chauvet, *la commune de Sassenage détourna une portion des eaux dites de Germe, à l'aide de travaux faits au-dessus du point où elles se réunissent au Furon.* Le volume du ruisseau ayant ainsi diminué, le sieur Béranger assigna la commune de Sassenage pour lui faire défenses de continuer ses prises d'eau. Le sieur Chauvet étant intervenu dans l'instance, le tribunal de Grenoble ordonna que, par experts , il serait vérifié si la quantité d'eau détournée par la commune pouvait causer le chômage des moulins et nuire à l'irrigation des prairies du sieur Béranger ; mais son jugement fut, avec raison, infirmé par la cour royale.

» *En effet, le sieur Béranger n'avait construit son barrage que sur le ruisseau, qui constitue une propriété différente de celle des sources ; — il n'avait fait aucun ouvrage apparent sur le fonds du sieur Chauvet pour faciliter la chute et le cours des eaux de la source ;* la circonstance que le barrage s'appuyait sur l'héritage de ce dernier à cent mètres au-dessous de l'affluent, était d'autant plus insignifiante que cet ouvrage n'était pas de nature à appréhender les eaux des sources avant qu'elles fussent sorties des fonds du sieur Chauvet. *Aussi, la cour de cassation a-t-elle rejeté le pourvoi dirigé contre cet arrêt* (1). »

Changeons quelques noms seulement : — que M. Chauvet devienne MM. Vincent et Roussel ; que les sources du Germe soient celles d'Eure ; que la commune de Sassenage soit celle de Nimes ; M. Béranger les usiniers de l'Alzon , et nous aurons exactement la fixation des prétentions , la délimitation de droits qui nous occupent; sauf pourtant, et nous ne devons pas oublier de le mentionner ici, que la position de la ville de Nimes est bien plus favorable encore que ne l'était celle de Sassenage ; car : 1° Nimes a d'anciens droits à faire valoir, dont on s'est emparé à son détriment ; — 2° les usiniers de l'Alzon n'ont appuyé aucun barrage sur les fonds de MM. Roussel et Vincent , comme l'avait fait M. Béranger sur ceux de M. Chauvet.

Il est un cas où les propriétaires acquièrent des droits sur l'usage des eaux de la source, bien que les ouvrages soient établis depuis moins de trente ans ; c'est lorsqu'il est prouvé que les deux fonds , actuellement

---

(1) Voyez arrêt de la Cour de cassation , du 30 novembre 1841. S. v, 41. — 1 , 806.

divisés, ont appartenu au même propriétaire, et que c'est par lui que les choses ont été mises dans l'état duquel résulte la servitude. Alors, il y a destination du père de famille, et la disposition des lieux antérieure au partage entre communistes ou cohéritiers doit être rigoureusement maintenue. Le tribunal de Rouen avait jugé en sens contraire, mais son jugement a été cassé par les motifs suivants (1) :

« Vu les articles 641, 642, 688, 689, 690, 692 du Code Napoléon, et l'article 23 du Code de procédure ;

» Attendu qu'il résulte de la combinaison des articles 688 et 689 du Code Napoléon que les conduites d'eau qui s'annoncent par des ouvrages extérieurs peuvent constituer des servitudes apparentes et continues ;

» Que, suivant l'article 692 du même Code, la destination du père de famille vaut titre pour les servitudes apparentes et continues, lesquelles peuvent d'ailleurs s'acquérir par prescription aux termes de l'article 641 ;

» Que ce dernier mode d'acquisition relatif aux eaux de source, et qui est spécialement réglé par les articles 641 et 642 (2), n'exclut pas, pour lesdites eaux, la destination du père de famille ;

» Qu'en effet, l'article 692 est général, et qu'on n'aperçoit pas de raison qui puisse s'opposer à son

(1) Arrêt de cassation, du 30 juin 1841. S. v, 41-1, 638.

(2) Art. 642 du Code civil. — « La destination du père de » famille vaut titre à l'égard des servitudes continues ou appa- » rentes. »

application , lorsque le propriétaire de deux héritages , sur l'un desquels il existe une source , a fait ou maintenu des travaux apparents pour en transmettre utilement les eaux à l'autre héritage ;

» Attendu qu'il est de principe que l'action en complainte autorisée par l'article 23 du Code de procédure peut être exercée par celui qui est troublé dans sa possession annale , publique , paisible , à titre non précaire d'une servitude apparente et continue ;

» Attendu , en fait , que l'action possessoire intentée par Lévesque au sieur Néron et aux sieurs Fauque frères , ses locataires, avait pour objet de faire cesser le trouble à sa jouissance des eaux provenant d'une source qui existait sur le fonds du sieur Néron , *où avait été établi un canal apparent par lequel s'écoulaient les eaux qui alimentaient la buanderie du sieur Lévesque ;*

» Que le demandeur a constamment articulé, et que les sieurs Fauque n'ont pas méconnu *que ce canal existait lorsque leurs propriétés respectives ont été réunies, en l'an* III, *dans les mains de l'Etat ;*

» Attendu, sans méconnaître les faits articulés par Lévesque et formellement admis par la sentence du juge de paix du canton de Maremmes , du 3 février 1836 , que le jugement attaqué a déclaré que toute complainte était impossible de la part du demandeur, et a jugé, en conséquence, son action non recevable, par le motif que, lorsqu'il est question de l'usage à titre de servitude des eaux d'une source , on ne peut invoquer la destination du père de famille, parce qu'il y a seulement alors lieu à l'application des articles 641 et 642, suivant lesquels les ouvrages apparents établis sur le fonds supérieur pour amener les eaux de la source sur le fonds inférieur, doivent avoir été faits par le propriétaire de ce dernier fonds ;

» Qu'en jugeant ainsi, le tribunal de Rouen a faussement appliqué les articles 641 et 642 du Code civil, et a expressément violé les articles 688, 689 et 692 du même Code et l'article 23 du Code de procédure :

» Casse, etc. »

Lorsque le propriétaire du fonds inférieur a acquis, soit par prescription, soit par destination du père de famille, l'usage des eaux d'une source, il ne jouit pas d'un droit de propriété sur ces eaux, mais seulement d'une servitude ; ainsi, il n'est pas devenu maître de prendre les eaux à telle époque et en telle quantité que bon lui semble. Conciliant son droit de servitude avec ceux du propriétaire de la source, les tribunaux peuvent décider qu'à l'avenir il n'usera des eaux que dans la mesure qui, à défaut de convention amiable, sera réglée par experts (1).

La propriété du sol emporte celle du dessus et du dessous (article 552 du Code civil) : c'est par application de ce principe que le propriétaire d'un fonds est autorisé à faire toutes les fouilles et tous les travaux

____

(1) Arrêt de la Cour de cassation, du 20 mai 1828. S. v, t. ix, 1. 100.

qu'il juge convenable, quand même ils auraient pour résultat de couper les veines d'eau souterraines qui alimentent une source dont profite le propriétaire inférieur (1).

La cour de cassation a même étendu cette faculté

(1) Voyez arrêts de la Cour de cassation, du 29 novembre 1830. S. v, 31 , 1-110; — du 15 janvier 1835 , 35 , 1-957 ; — du 26 juillet 1836 , 56, 1-819. — *Sic*, MM. Pardessus, n° 76, — Toullier , t. III, n° 328 ; — Duranton , t. v, n° 456.

Art. 552 du Code civil. — «La propriété du sol emporte la pro-» priété du dessus et du dessous.

» Le propriétaire peut faire au-dessus toutes les plantations et » constructions qu'il juge à propos, sauf les exceptions établies » aux titres *des Servitudes et services fonciers*.

» Il peut faire au-dessous toutes les constructions et fouilles » qu'il jugera à propos, et tirer de ces fouilles tous les produits » qu'elles peuvent fournir, sauf les modifications résultant des » lois et règlements relatifs aux mines , et des lois et règlements » de police. »

Art. 688. — « Les servitudes sont continues ou discontinues. » — Les servitudes continues sont celles dont l'usage est ou peut » être continuel, sans avoir besoin du fait actuel de l'homme , » tels sont : les conduites d'eau, les égouts, les vues et autres de » cette espèce. Les servitudes discontinues sont celles qui ont » besoin du fait actuel de l'homme pour être exercées, tels sont : » les droits de passage, puisage, pacage et autres semblables. »

Art. 689. — « Les servitudes sont apparentes ou non appa-» rentes. — Les servitudes apparentes sont celles qui s'annoncent » par des ouvrages extérieurs, tels qu'une porte , une fenêtre , » un aqueduc. — Les servitudes non apparentes sont celles qui » n'ont pas de signe extérieur de leur existence, comme, par » exemple, la prohibition de bâtir sur un fonds ou de ne bâtir » qu'à une hauteur déterminée. »

au cas où les fouilles pourraient compromettre l'existence d'établissements thermaux appartenant à l'Etat,
et elle a refusé à l'autorité administrative, au maire
de Vichy, le pouvoir de prendre des arrêtés pour
interdire ces fouilles.

Son arrêt du 13 avril 1844 est ainsi conçu :

» Attendu que les articles 544 (1) et 552 du Code
civil donnent au propriétaire la faculté de faire
des recherches et des fouilles sur son propre fonds...

» Attendu qu'aucune loi ne confie à l'autorité administrative, ni à l'autorité municipale, le pouvoir de
faire des règlements, tendant à interdire les fouilles
et recherches dans les terrains voisins des eaux mi-
nérales.....

» Rejette. »

Le conseil-d'Etat a également consacré les mêmes
principes dans une espèce toute récente (2).

Toutefois, la faculté naturelle qu'a tout propriétaire de faire ce que bon lui semble sur son terrain et d'en user à son gré n'est pas absolue; elle se
trouve quelquefois restreinte par un acte émané de

(1) Art. 544 du Code civil. — « La propriété est le droit de
» jouir et de disposer des choses de la manière la plus absolue,
» pourvu qu'on n'en fasse pas un usage prohibé par les lois ou
» par les règlements. »

Art. 712. — « La propriété s'acquiert par accession ou incor-
» poration et par servitude. »

Art. 690. — « Les servitudes continues et apparentes s'acquiè-
» rent par titre ou par la possession de trente ans. »

(2) Voyez arrêt du conseil-d'Etat, du 30 janvier 1843. — Gui-
bert et Gravier.

sa volonté (1), aussi la Cour de cassation a-t-elle jugé que la renonciation au droit de pratiquer des fouilles peut résulter d'une convention intervenue entre deux propriétaires, dans l'objet de régler leur jouissance respective des eaux d'une source qui jaillit sur le fonds de l'un d'eux (2).

En Lombardie, les droits des propriétaires du sol sur les sources qui y naissent ne sont pas aussi absolus qu'en France ; ainsi, il est bien permis à chaque particulier d'extraire des sources de son propre fonds et de les diriger sur son sol, « *à moins qu'elles ne* » *soient à une très-petite distance des fleuves et des* » *canaux, et que leur détournement ne puisse nuire,* » *d'après l'avis de l'expert nommé à cet effet, soit à* » *ces fleuves ou canaux, soit aux ouvrages construits* » *sur leurs rives* (3). »

(1) Arrêt de la Cour de cassation, du 15 janvier 1835. S. v, 1835, 1-95.

(2) Arrêt de la Cour de cassation, du 20 juin 1842. S. v, 45, 1, 321.

(3) *Décret du gouvernement de la République cisalpine, du* 20 *avril* 1804. Art. 55. — « Il est défendu de creuser ou d'ou- » vrir des sources ou têtes de fontaines, des conduits, des fossés » comme aussi d'agrandir ou approfondir les excavations ou » sources actuellement existantes, dans les voisinages des fleuves » ou des canaux, à une distance telle, qu'au jugement des » hommes de l'art, ces changements puissent nuire aux fleuves, » aux canaux ou à leurs ouvrages défensifs.

Règlement d'Eugène Napoléon, vice-roi, pour les irrigations, du 20 mai 1806.

Art. 12. — « Il est permis à chacun de chercher des sources » dans son propre fonds et de conduire l'eau sur la surface de ce

En résumé :

Le propriétaire d'une source est libre de donner à ses eaux la direction qui lui convient, et les tribunaux ne doivent opposer à l'exercice de cette faculté d'autres limites que celles qui résultent de la loi, de la prescription, ou des titres particuliers dont se prévaudraient des tiers.

L'intérêt public est assez puissant pour apporter des restrictions aux droits du propriétaire d'une source : —c'est pourquoi celui-ci ne peut en changer le cours lorsqu'il fournit aux habitants d'une commune, village ou hameau, l'eau qui leur est nécessaire; — de même, le gouvernement est autorisé à s'emparer des sources dans le but d'alimenter les canaux de navigation, à la condition de se conformer aux règles protectrices déterminées par la loi du 5 mai 1841.

Dans l'un et l'autre cas, le propriétaire doit recevoir un dédommagement proportionné à l'étendue des pertes que lui occasionne cette dépossession ; — les habitants d'une commune, village ou hameau, ne seraient affranchis du paiement de cette indemnité qu'autant qu'ils auraient déjà acquis ou prescrit l'usage de ces eaux.

Les titres qui confèrent des droits sur les sources jaillissant dans les fonds des propriétaires supérieurs doivent toujours être interprétés en faveur de ces derniers. Dans le doute, il sont censés avoir voulu

» dernier, sauf la disposition de la loi du 20 avril 1804, art. 55,
» et sauf l'intérêt des tiers. »

imposer à leur voisin la charge de supporter le cours des eaux , plutôt que de s'interdire à eux-mêmes le droit de les détourner , s'ils y trouvaient ultérieurement leur avantage.

La prescription n'est acquise au profit des propriétaires inférieurs que par une jouissance non interrompue pendant l'espace de trente années , à compter du jour où ils ont fait et terminé des ouvrages apparents destinés à faciliter la chute et le cours de l'eau dans leur héritage , *et encore faut-il que ces ouvrages soient appuyés sur le fonds supérieur.*

Cette dernière condition n'est pas accomplie , lorsque les travaux, *quoique s'appuyant sur ce fonds, ne constituent qu'un barrage pratiqué en travers d'une rivière, dans laquelle viennent se jeter les eaux de la source.*

Il est un cas, toutefois , où des travaux, même exécutés depuis moins de trente années , sont de nature à attribuer des droits sur l'usage des eaux de la source ; c'est lorsqu'il y a destination du père de famille ; — en d'autres termes, toutes les fois qu'il est prouvé que les deux fonds, actuellement divisés , ont appartenu au même propriétaire et que c'est par lui que les choses ont été mises dans l'état duquel résulte la servitude.

La prescription et la destination du père de famille peuvent restreindre le droit du propriétaire de la source, mais non pas l'anéantir, en sorte qu'il appartient à l'autorité judiciaire de concilier les divers intérêts qui se trouvent en présence.

Enfin, la propriété du sol emporte la propriété du dessus et du dessous ; aussi, chacun est-il autorisé à faire des fouilles sur son fonds, quoiqu'elles eussent pour résultat de couper les veines d'eau souterraines qui alimentent une source jaillissant dans l'héritage inférieur ; — cette faculté, qui ne cesse pas d'exister lors même qu'elle compromettrait par son exercice des établissements thermaux, peut, cependant, se trouver restreinte et même anéantie par un acte émané du propriétaire qui l'invoque (1).

VI.

Moyens de conciliation.

Nous avons dit plusieurs fois que, quelle que fût d'ailleurs la légitimité de ses droits, la ville de Nimes serait assurément généreuse envers ceux dont elle aurait à amoindrir les avantages anciens exercés de bonne foi.

Au lieu d'une indemnité en argent, que les intéressés trouveraient toujours insuffisante, il serait, à mon avis, plus facile, plus économique et plus avantageux de rendre aux irrigateurs et aux usiniers de l'Alzon beaucoup plus d'eau qu'on ne leur en prendrait.

Ils auraient alors plutôt à remercier la ville de

(1) *De l'organisation légale des cours d'eau*, par Adrien Dumont et A. Dumont. — Chapitre quatrième : *des droits de propriété sur les sources*, p. 209 à 224, in-8o. Paris, Mathias, 1845.

Nimes qu'à se plaindre, et voici comment la chose est possible :

A partir des sources d'Eure, l'Alzon roule pendant neuf mois de l'année environ trois quarts de mètre cube d'eau ; mais, pendant les trois mois restants, le débit diminue peu à peu, et, aux époques où l'eau serait la plus précieuse, il se réduit à quinze cents et jusqu'à mille pouces.

Le moindre débit connu, pendant les étiages les plus arides a été de huit cents pouces, et cela durant un temps très-court.

Nimes prendrait mille pouces ; exceptionnellement, si l'on veut, huit cents pouces seulement,

Et, pour moins de cinq cent mille francs, il pourrait rendre dans le lit de l'Alzon plus du double de ce premier volume, pour l'industrie et l'agriculture locales. Certes, personne n'aurait plus à se plaindre :

Car, pour qninze cent mille francs que lui coûterait la restauration de son antique aqueduc, notre cité retrouverait ses eaux de source pures et primitives ;

Et pour les cinq cent mille francs que Nimes consentirait à dépenser de plus, les usiniers actuels de l'Alzon, au lieu d'une force motrice variable, incertaine, inconstante, faisant défaut précisément au moment où les commandes sont les plus nombreuses et à plus haut prix, — les usiniers de l'Alzon, disonsnous, obtiendraient une force régulière, égale, et modifiable à volonté, selon les besoins du sol et du commerce.

Je m'explique :

Pendant neuf mois de l'année ; l'Alzon débite naturellement au moins trois mille pouces d'eau , Nimes en prendrait mille, et deux mille resteraient dans le lit de la rivière au service de ceux qui en jouissent actuellement.

Mais, à l'étiage , rien ne serait plus facile que de conserver le même débit.

Pour cela il n'y aurait qu'à construire un réservoir d'une dimension suffisante, aux origines de l'Alzon.

Si l'on veut un demi-mètre cube de débit par seconde :

Il faudra trente mètres cubes par minute ;

Dix-huit cents par heure ;

Quarante-trois mille deux cents par jour ,

Et pour trois mois ou quatre-vingt-dix jours , trois millions huit cent quatre-vingt-huit mille ; — un peu plus de la moitié de ce que contient le bassin de St-Ferréol , — un peu plus que ne peut emmagasiner le bassin de Lampy. D'ailleurs, la journée de travail des usines de l'Alzon n'étant que de douze heures, on pourrait réduire de moitié la capacité du réservoir.

Or, les emplacements les plus favorables pour un pareil bassin se trouveraient dans les vallons de Castelnau , de Valabrix, et surtout de l'étang de la Capelle qu'on veut dessécher à grands frais dans un but d'assainissement et pour en donner le fonds à la culture. A mon avis ; il serait bien plus avantageux

de changer un marais malsain en un réservoir salubre (1) ;

De profiter, pour l'amendement des terres voisines,
des dépôts vaseux que les siècles ont accumulés au
fond, et d'utiliser, pour l'industrie et pour l'irrigation des vallons inférieurs, l'eau qu'on y rassemble-
rait en masse au temps des pluies.

Je ne puis qu'indiquer ici ce projet, et je termine
en me résumant par les propositions suivantes.

Conclusion.

Je demande au conseil municipal de Nimes de
nommer, dans son sein ou en dehors, une commission composée de jurisconsultes, d'industriels et
d'agriculteurs, lesquels examineraient :

1° Quels sont les droits que la ville possède encore
sur l'antique aqueduc romain et les eaux qui l'alimentaient.

2° Au cas où nos droits auraient périmé, en tout

(1) On remédie à toute insalubrité des grands réservoirs, soit
en pérayant l'intérieur, soit en le taillant en gradins horizon-
taux, de manière à ce que la couche d'eau ait toujours sur les
bords au moins un mètre d'épaisseur. Les étangs et marais ne
sont insalubres que parce que leurs bords, étant peu inclinés, ne
se dessèchent que lentement ; que les végétaux y croissent et se
décomposent, ou que le soleil peut agir sur le fond vaseux, au
travers de flaques d'eau d'une minime épaisseur. Couper les
bords à angle droit, à une profondeur suffisante, tel est, selon
moi, le secret de l'assainissement des étangs.

ou en partie, on verrait quels moyens la cité aurait à prendre pour reconquérir les eaux qui lui sont nécessaires et les débris de l'aqueduc :

3° *S'il ne conviendrait pas de traiter avec les propriétaires actuels du rachat des sources d'Eure, ou de solliciter un réglement des eaux de l'Alzon ;*

4° Quelle indemnité il serait équitable d'accorder à ceux qui en jouissent maintenant ;

5° S'il ne vaudrait pas mieux augmenter par la construction d'un réservoir le débit d'été de l'Alzon, que de concéder une indemnité pécuniaire.

6° Enfin, pour que la commission puisse décider tous les points en parfaite connaissance de cause, je demande que M. l'ingénieur du service hydraulique soit prié :

De terminer l'étude et l'estimation de la reconstruction de l'aqueduc romain, qu'il a déjà faite de Nimes jusqu'au Pont-du-Gard ;

Puis, d'étudier un projet de construction de réservoir propre à donner à l'Alzon (la fourniture de Nimes déduite) un débit constant de deux mille pouces ; ledit réservoir à établir soit sur l'emplacement actuel de l'étang de la Capelle, soit dans les environs.

Anduze, le 31 mars 1852.

CHAPITRE V.

—

Principes du droit sur les Sources.

I.

Considérations générales.

L'homme est le roi de la nature, et toutes les choses qui la composent sont destinées à son usage, mais il est loin d'exercer sur toutes le même degré de puissance.

Il en est qui, par leur immensité, ne peuvent être renfermées dans les bornes étroites de son domaine : telles sont l'air, la lumière, les astres, la mer et l'eau courante, qui sont des choses communes au genre humain et qui n'appartiennent à personne en particulier (1).

Il en est d'autres qui peuvent être soumises à la possession privée de l'homme, et appartenir à l'un plutôt qu'à l'autre, comme sont les champs, les prés, les maisons, les fruits et les meubles : cette seconde

____

(1) *Naturali jure communia sunt aër, aqua profluens, mare et littora maris.* — *Instit. de rer. divis.* § III, lib. 2, tit. 1.

classe de biens constitue l'objet du domaine de propriété.

Enfin, il y a un troisième genre de choses qui, dans l'état de civilisation où nous sommes placés, sont mises par l'autorité publique en dehors de toute possession privée : tels sont les ports de mer, les routes, les chemins publics de toute espèce, les remparts des places de guerre, les fleuves et rivières navigables ou flottables, les canaux de navigation intérieure, etc., etc. (1).

L'eau considérée comme élément, abstraction faite du fonds où elle est contenue, n'appartient à personne. La nature l'a destinée à l'usage de tous. Elle est, comme dit M. Pardessus, du nombre des choses restées dans la communauté relative (2).

Considérée comme un accessoire du fonds, elle en fait partie ; elle est, comme le fonds lui-même, une véritable propriété. *Portio agri videtur aqua viva* (3). *Nihil differt à cœteris locis privatis flumen privatum* (4).

De là, la loi accorde au propriétaire la libre disposition de l'eau qui naît dans son fonds et ne permet pas de l'en détourner contre son gré (5).

Mais de là il suit qu'elle cesse de lui appartenir hors

(1) Proudhon, *Traité du domaine public*, t. I, p. 3.
(2) Pardessus, *Des servitudes*, p. 135.
(3) Lex II, ff. *Quod vi aut clam.*
(4) *De fluminibus*, lib. 1, § IV.
(5) Lex 4. Codex, *De servit. et aqu.*

de son fonds, lorsqu'il l'en a laissé sortir sans en avoir disposé (1).

L'eau privée, dit Pecchius, est celle *quæ privatorum commodis inservit*, lorsque, née dans un fonds privé, elle est, comme le fonds, la propriété de celui qui la possède, ou que, dérivée d'une eau même publique, elle a été légitimement amenée pour l'utilité de ce fonds (2).

L'eau publique est celle dont la propriété n'appartient à personne et dont l'usage est commun à tous ;

Il est indifférent qu'elle naisse dans un fonds public ou de propriété privée : on ne considère que les lieux qu'elle parcourt.

Ainsi, l'eau née dans un fonds public devient privée quand elle entre dans le fonds d'un particulier, à moins qu'elle y emprunte simplement le passage pour rentrer dans un autre lieu public.

Au contraire, née dans un fonds privé, elle devient publique dès qu'elle arrive dans un fonds public : *Non inspicimus*, disent les auteurs, *principium aquæ undè decurrit, sed alveos et meatus undè transit in vetustissimum aquarum cursum* (3).

(1) Pecchius, lib. 1, cap. ii, n. 10, 11 ; — et t. ii, *quæst.* 4, n. 61. — Gobius, *quæst.* 13, n. 24. — Pardessus, *loc. cit.*, n. 76. 77, 79, 105.

(2) Dubreuil, *Analyse de la législation sur les eaux*, — édition de Tardif et Cohen. — Paris, 1842, 2 vol. in-8°, t. i, p. 2 à 5.

(3) Lex 1. § viii, ff. *De fluminib.* — Pecchius, lib. i, cap. 2.

Il faut cependant excepter de cette règle l'eau qui, bien que née dans un fonds de propriété privée , forme la source d'un ruisseau qui coule dans des lieux publics , *si sit principium et caput fluminis*. Le propriétaire du fonds ne pourrait, dans ce cas , la détourner de son cours habituel. C'est ce qu'explique Cancerius ; et Pecchius , qui a aussi posé cette exception , l'établit sur les titres du Code *De fluminibus* : — *Ne quid in publico flumine*, etc. (1).

Ainsi l'eau , privée dans son origine , devient publique dans cette première hypothèse;

Elle le devient encore quand elle s'est confondue avec des eaux publiques (2).

Elle le devient également , sous certains rapports :

Soit, comme le dit l'article 643 du Code civil, qu'elle fournisse aux besoins des habitations ;

Soit , quand il a été établi des ouvrages dans le fonds du propriétaire , pour la dériver et la conduire.

Au reste, il serait inexact de dire que l'eau qui est nécessaire aux habitants d'une commune tombe dans le domaine public. Le propriétaire du fonds où naît la source ne cesse pas d'en être maître ; il est seulement soumis à une servitude au profit de la com-

n. 4 et 12 ; — cap. VII, *quæst*. 3, n. 2. — Cæpolla, *De servit.* n. 24. — Gobius, *quæst.*, 5 , n. 15, 24.— Julien, *Stat*, t. II , p. 551. — Pardessus , *loc. cit.*

(1) Pecchius , lib. I, cap. VII , *quæst.* 4, n. 35. — Tom. II, *quæst.* 16, n. 9.— Cancerius , pars 3, cap. IV , 230.

(2) Duval , *De reb. dub.*, cap. XXVIII, n. 7.

mune. — Une restriction est apportée à son droit de propriété dans un intérêt général , mais ce droit subsiste toujours.

La raison en est en ce que l'eau dont il s'agit ici n'est nullement mentionnée dans la classe des biens qui font partie du domaine public ou de celui de l'Etat ; mais est comprise dans la classification *des servitudes qui dérivent de la situation des lieux.* C'est donc bien une servitude , soumise à tous les droits et à toutes les obligations qui naissent de ce démembrement de la propriété ; servitude qui ressemble assez à celle résultant de l'enclave, en ce que, comme cette dernière, elle est forcée et se compense par une indemnité (1).

De là , il résulte que le propriétaire de l'eau peut en user à sa volonté, pourvu toutefois qu'il ne nuise pas aux droits de la commune (2).

Mais on conçoit que cette limite mise au droit du propriétaire doit être basée *sur une impérieuse nécessité* ; une utilité passagère ne serait point une cause suffisante à la servitude (3).

De même aussi, un seul particulier ne pourrait prétendre à l'exercice des droits d'usage des eaux , en soutenant que ces droits sont exercés de temps

(1) *Code Napoléon* , art. 682.

(2) *Code Napoléon*, art. 640. — Duranton, t. v, n. 190.—Pardessus , *Des servitudes* , n. 138. — Dalloz Alph. 12 , 17 , n. 23.

(1) Favart , *Repert.* Verbo *Servitude* , sect. 1 , nº 8. — Pardessus , *loc. cit.* — Touiller , tom. III. nº 134.

immémorial par les habitants de la commune dont il fait partie , si cette commune elle-même ne vient pas les revendiquer (1).

Mais toujours l'établissement de cette servitude donne droit, en faveur du propriétaire de l'eau , à une juste indemnité , laquelle doit s'apprécier , non pas par l'avantage retiré par la commune , mais par le dommage causé à ce propriétaire (2).

On peut acquérir les eaux à titre de propriété ;

On peut y acquérir simplement des droits à titre de servitude.

Ce fluide est compris , comme le fonds , sous la dénomination *héritage* employée par l'art. 637 du Code Napoléon , pour désigner les objets sur lesquels on peut imposer une servitude.

On peut donc acquérir , à titre de servitude , le droit de dériver l'eau de la source de son voisin , de l'y puiser , d'y abreuver les bestiaux , etc.

Sous le double rapport de propriété , comme de servitude , les droits sur les eaux dérivent de trois origines :

La situation des lieux ;

Le titre ;

La prescription (3).

(1) Colmar , 5 mai 1809 ; — Dalloz Alph. 12, 17 , no 2 ; — Duranton , tom. v , no 187.

(2) *Code Nap.* art. 643 ; — Pardessus , no 138 ; — Dalloz Alph. 12 , 18 , no 28 ; — Dubreuil , *Analyse de la lég. sur les eaux*, tom. I , p. 9 à 11.

(3) Dubreuil , *loc. cit.* , tom. I , p. 124.

II.

Droits spéciaux des propriétaires des sources.

« *Celui*, dit l'art. 641 du Code civil , *qui a une
» source dans son fonds , peut en user à sa volonté.* »

Cette règle est de tous les temps : elle est la
conséquence naturelle du droit de propriété. On la
trouve établie dans le droit romain (1). « On ne peut
» mettre en question , disait-on au conseil d'Etat,
» lors de la discussion sur l'art. 641 , si une source
» est une propriété, et , par une conséquence né-
» cessaire , on ne peut refuser au propriétaire le droit
» d'en disposer à son gré (2). »

La source appartient par droit d'accession à celui
dans le terrain duquel elle existe ; il a la faculté d'en
disposer comme il le veut , sans qu'on puisse rechercher si les dispositions prises sont dictées par un intérêt réel bien entendu et sans que les inférieurs
soient fondés à s'y opposer , sous prétexte qu'ils en
éprouveront un dommage, ou que la seule envie
de nuire a été la cause déterminante des change-

(1) Lex. 4 et 6 Cod. *De servit. et aq.* — Lex 8 ff. *De aq. et
aqu. pluv. arcend.* Lex 26 ff. *De damn. infect.*

(2) *Discussion du Code* par Jouanneau , etc. , sur l'art. 641 ,
tom. i p. 626. — San Léger cap. 48, n° 31. — De Luca, *De
servit.* disc. 31. — Pecchius , lib. i, cap. 7, quæst. 4 , n° 34 —
quæst. 6 , n° 1. — Cap. 9 , quæst. 18 , n° 5; quæst. 33 , n° 2 et
tom. ii , quæst. 4. Gobius , quæst. 13. , n° 15. — Julien sur
le statut, tom. ii , pag. 548 — Malleville , sur l'art. 641.

ments. Le respect pour le droit de propriété, dit M. Garnier, la nécessité de prévenir des contestations si difficiles à juger par l'embarras de démêler les motifs réels du propriétaire, ne permettent pas d'admettre l'opinion contraire de M. Proudhon.

Lors de la rédaction du Code, on réclama contre ce privilége absolu : on prétendit que la propriété des eaux était d'une espèce particulière ; que la nature les avait destinées à l'usage de tous, et que, sans doute, celui dans le fonds duquel une fontaine surgit a le droit de s'en servir le premier pour ses besoins et de préférence à tous autres ; mais que, ces besoins une fois satisfaits, l'intérêt public et la destination même de l'eau ne permettent pas qu'il en prive arbitrairement les autres propriétaires auxquels ces eaux peuvent être utiles.

On convint que l'ancienne jurisprudence autorisait le propriétaire de la source à la retenir dans son héritage, quand même pendant mille ans elle aurait coulé ailleurs et aurait servi à l'irrigation des fonds voisins, et au mouvement des moulins et usines construits sur la foi de l'existence du cours d'eau (1) ; — mais on soutint que cette jurisprudence était mauvaise ; qu'elle avait été blâmée par MM. de Lamoignon dans ses arrêts, Brétonnier et autres juriscon-

(1) Cette ancienne jurisprudence est attestée par Basnage, par Godefroi, par Henrys, qui cite un arrêt du 13 août 1664. Elle était conforme à la décision des lois romaines, ainsi que le démontrent Basnage, à l'endroit cité, et Cœpolla, *De servitutibus,* tract. 11, cap. IV. nos 51 et 59.

sultes : que tous ces auteurs pensaient que le propriétaire de la fontaine ne pouvait en intervertir le cours, lorsqu'elle avait servi pendant trente ans à l'irrigation d'autres fonds ou à l'exploitation de moulins qui, privés de l'arrosement ou du moteur destiné à les mettre en activité, perdraient beaucoup de leur valeur. On réclama plus fortement encore une exception en faveur des fontaines consacrées aux usages publics.

Cette dernière exception ne souffrit pas de difficulté, sauf l'indemnité due au propriétaire de la source ; elle motiva l'art. 643. Mais, quant aux particuliers, la majorité se décida en faveur de l'ancienne jurisprudence et pensa que le propriétaire de la source était toujours le maître de disposer de l'eau, à moins que le propriétaire inférieur n'en eût acquis l'usage par titre ou par une jouissance de trente ans à compter du moment où il aurait fait des travaux apparents pour s'en servir : ce qui nécessita l'exception posée à l'art. 641. et la disposition de l'art. 642.

Ainsi donc, la propriété étant le droit de disposer des choses de la manière la plus absolue, il résulte que le propriétaire de la source peut retenir l'eau dans son fonds lors même que, de tout temps, il l'aurait laissé couler dans le fonds inférieur ; — ou qu'il peut l'y faire couler lors même qu'il n'aurait jamais usé de cette faculté. Cette tolérance ne confère aucun droit au propriétaire inférieur, comme le décide l'art. 2232 du Code Napoléon. Il peutchercher l'eau dans son héritage ; y creuser une source, un

puits, lors même que par là il coupe l'eau à l'inférieur ;
il peut non-seulement l'utiliser dans son fonds, y faire
des canaux, des réservoirs, des jets d'eau, mais encore
la détourner dans ses autres terres, *la vendre*, *la
céder à un tiers.*

Il peut même, si telle est la convention faite avec
le propriétaire du fonds immédiatement inférieur, la
diriger, à la sortie de ce fonds, sur un autre héritage que celui qui devrait naturellement la recevoir,
lorsque le propriétaire y consent (1).

En principe, celui qui, sans dessein de nuire à
autrui, et pour son propre avantage, use d'une faculté qui lui appartient, ne peut être poursuivi par
celui qui en souffre quelque préjudice. Les lois 25,
26 et 27 ff. *de Damno infecto*, en offrent plusieurs
exemples, et notamment le cas d'un propriétaire qui,
en creusant un puits dans son héritage, fait tarir
le puits de son voisin. *Nemo damnum facit, nisi qui
id facit quod facere jus non habet* (2).

Il en serait de même du cas où le propriétaire,
faisant des fouilles pour améliorer son fonds, chan-
gerait la direction souterraine des eaux.

Mais celui qui, par envie de nuire, *sans utilité pour
lui-même*, sans intention d'améliorer son fonds,
coupe les veines d'une source existant dans un fonds
voisin et la détruit ou en change le cours, est tenu
de rétablir autant que possible les choses dans leur

---

(1) Granier, *Du Régime des eaux*, tom. III, p. 40 à 47.
(2) *Lex*, 151, ff. *de Regulis juris.*

ancien état, et de payer les dommages qu'il a occasionnés ; car : *malitiis non est indulgendum.*

Le propriétaire d'une source, avec le consentement d'un propriétaire voisin, peut diriger chez lui le cours de sa source et cela, même au préjudice du propriétaire inférieur vers lequel ses eaux se dirigeaient naturellement, à moins que celui-ci n'ait acquis le droit d'en jouir par titres ou par prescription.

D'après l'article 645 du Code Napoléon, les juges doivent concilier l'intérêt de l'agriculture avec le respect dû à la propriété ; ils sont juges souverains du fait, mais ils doivent apprécier et reconnaître quand l'intérêt bien entendu du propriétaire de la source et la nécessité du mode de culture sont l'excuse du dommage causé au fonds inférieur (1).

La propriété du sol emportant celle du dessus et du dessous, il est manifeste que les veines d'eau et la source doivent appartenir à celui dans le fonds duquel elles existent. Celui qui a une source dans son fonds peut user à volonté des eaux qui la forment ou en découlent, de quelque nature qu'elles soient ; l'article 641 du Code Napoléon est formel à cet égard.

Le propriétaire inférieur, assujetti à souffrir l'écoulement de l'eau, n'acquiert par là aucun droit sur la source. Nos lois n'ont pas établi de réciprocité et n'ont pas accordé à l'inférieur le droit de contraindre

______

(1) Garnier, *du régime des eaux,* t. III, p. 28 à 30.

le propriétaire de la source à en laisser couler les eaux sur son fonds ; d'un autre côté, on ne peut dire qu'il ait la possession ou la jouissance de ces eaux, puisque la possession doit se composer de faits actifs qui manifestent dans l'un l'intention d'acquérir et dans l'autre celle d'aliéner : ce qui ne peut résulter de l'acquittement et de l'exercice d'une servitude naturelle (1).

M. Dubreuil et ses deux commentateurs, MM. Tardif et Cohen, sont plus explicites et plus affirmatifs encore.

Ils disent :

Du principe qui permet au propriétaire de disposer de l'eau qui naît dans son fonds, dérivent plusieurs conséquences :

1º Il peut l'y retenir lors même que, dans tous les temps, il l'aurait laissé couler dans le fonds inférieur. Cette tolérance n'acquiert aucun droit au propriétaire inférieur, et celui-ci ne pourrait en obtenir que d'une contradiction formelle, résultant d'ouvrages pratiqués à cet effet sur le fonds supérieur ;

2º Il peut chercher l'eau dans son fonds, y creuser une source, un puits, lors même que, par là, il coupe l'eau au fonds inférieur.

C'est un droit pour le propriétaire de fouiller à volonté dans les champs qui lui appartiennent ; tout ce qui est au-dessous de sa propriété est à lui (2).

(1) Garnier, *loc. cit.* t. iii, p. 36 à 40.
(2) *Code Napoléon,* art. 552.

En présence de ce droit, il importe peu que d'autres individus soient gênés par son exercice (1).

Ce droit résultant de la qualité de propriétaire , tant que cette qualité subsiste, les conséquences qu'elle fait naître devront se produire. La possession immémoriale d'une source n'est donc pas un obstacle à ce qu'un voisin opère sur son fonds de fouilles qui en détournent complètement les eaux.

« Si in meo aqua erumpat quæ in tuo fundo venas » habebat, si eas venas incideris, et, ob id, desie- » rit aqua ad me pervenire, tu non videris vi fecisse , » si nulla servitus mihi eo nomine debita fuerit (2). »

« Neque enim existimari oportet , mei vitio, » damnum tibi dari in eâ re quâ jure meo usus » sum (3). »

3° Le propriétaire de la source peut , non-seulement l'utiliser dans son fonds même , il peut encore la détourner dans ses autres fonds, *la vendre , la céder à un tiers* ; car, bien que l'eau cesse de lui appartenir quand elle est sortie de son fonds, ce n'est qu'autant qu'il l'a laissé sortir sans en avoir

(1) Alph. Dalloz, 12, 15, no 4.—Pardessus, *Servitudes,* n° 56.

(2) Lex 21, ff. *de aqu. et aqu. pluv. arcend.*

(3) Lex 24, § 12, ff. *de damno infecto.* -- Lex 1 , § 11 , ff. *de aqu. et aqu. pluv. arcend.* — San-Leger , cap. 48 , n° 15. — Pecchius , lib. 1, cap. 7, quæst. 4, n° 20, et t. II, quæst. 91. — Henrion, chap. 26 , § 4, p. 177. — *Discussion sur l'art.* 641 , p. 632. — Cæpolla , pars. 2 , cap. 4 , n° 51. — *Code Napoléon,* art. 552.

disposé. « *Eam*, dit St-Léger, *alteri vendere, donare, et, ad libitum, concedere potest* (1). »

Toutes ces facultés, attestées par les auteurs anciens, sont encore le résultat positif des articles 641 et 643 du Code Napoléon. Il est évident que le propriétaire de la source, *libre d'en user à sa volonté, peut en changer le cours suivant ses vues et ses intérêts*, puisque l'article 643 ne lui refuse cette faculté qu'autant qu'elle fournit l'eau nécessaire aux habitants d'une ville, village ou hameau.

Il a même été jugé que le co-propriétaire d'une source commune, venant à acquérir le fonds supérieur, avait pu couper l'eau dans ce fonds et l'y retenir pour son seul avantage. Les auteurs en donnent cette raison, que le fonds supérieur n'étant grevé, à cet égard, d'aucune servitude, le co-propriétaire qui a acquis ce fonds, peut en exercer les droits comme le vendeur eût pu le faire lui-même (2).

Du reste, le droit du propriétaire suppose dans son exercice un intérêt réel. Il ne serait fondé ni à retenir ni à couper la source à l'inférieur par caprice, et là où, ne pouvant l'utiliser sous aucun rapport, il n'a-

(1) Saint-Léger, n°ˢ 1, 30. — Pardessus, n°ˢ 77, 100, p. 141, 146. — Pecchius, lib. 1, cap. 7, quæst. 4, n° 7; — Lib. 2, cap. 9, quæst. 23, n° 3. — Bardet, t. ɪ, liv. 1, chap. 65. — *Pratiques des terriers*, t. ɪᴠ, chap. 4, quæst. 40, n° 45, p. 506, 511, 514. — Chabrol, *Coutume d'Auvergne*, t. ɪɪ, chap. 17, art. 2, sect. p. 717. — Jus Georgic., lib. 3, cap. 14, n° 17. — Cancerius, pars. ɪɪ, cap. 4, n, 229, 240.

(2) Boniface, t. ɪᴠ, liv. 9, tit. 2, chap v, p. 633. — Henrys, t. ɪɪ, liv. 4, quæst. 75, p. 511.

girait que dans la vue de lui nuire et par émulation,
et Dubreuil pense, comme M. Garnier et comme le
dit la loi romaine que nous avons déjà citée, (38, ff. *de
rei vindicat,*) que : — *neque enim malitiis indulgendum est.*

Cependant, ses éditeurs modernes, MM. Tardif et
Cohen, le contredisent sur ce point. D'après eux :
— «les inférieurs n'auraient aucune action pour obliger le propriétaire de la source à laisser couler dans
leur champ l'eau dont il n'aurait pas besoin, même
lorsqu'il ne la retiendrait que dans le but de leur
nuire. En effet, cette eau est sa propriété, il peut en
faire ce que bon lui semble ; et de quel droit vien-
drait-on s'emparer des choses qu'il ne veut pas employer ou qu'il laisse perdre inutilement ?

» Sans doute, la maxime du droit romain a de
l'importance ; mais il ne faut pas l'étendre trop loin.
Or, dans la question qui nous occupe, cette maxime
irait jusqu'à établir contre le propriétaire de la source
une servitude que repoussent tous les principes du
droit ; car elle ne serait basée ni sur l'ordre exprès
de la loi, ni sur la volonté commune des individus.

» L'art. 641 ne peut être plus formel : titre ou prescription sont les seuls droits qui puissent lutter contre
la volonté et même le caprice du propriétaire de la
source : s'il n'y a pas titre ou prescription, les inférieurs n'ont aucune action légale.

» La question a, d'ailleurs, été déjà sérieusement
débattue. Lors de la rédaction de l'art. 641, on
proposa au Conseil-d'État de n'accorder au proprié-

taire du fonds où jaillit une source que le droit de s'en servir comme premier occupant , sauf à transmettre les eaux aux inférieurs ; mais cette restriction au droit de propriété ne fut point accueillie , et le droit absolu du maître de la source fut consacré dans toute sa force (1).

» L'article 645 du Code Napoléon n'a en vue que des eaux courantes sur lesquelles plusieurs personnes peuvent avoir des droits certains , et non des eaux de source qui forment une propriété parfaitement limitée et exclusive. La cour suprême a décidé que le propriétaire du champ où jaillit une source ne peut être privé du droit d'en user à sa volonté , sous le prétexte que les eaux sont sans utilité pour lui , et peuvent , au contraire, profiter au propriétaire du fonds inférieur , qui en réclame l'usage (2). »

Le propriétaire supérieur peut donc détourner de son cours naturel l'eau d'une source qui lui appartient ; le Code Napoléon et la jurisprudence sont formels sur ce point.

Un arrêté de 1761 décida qu'un particulier ne pouvait diriger, de son jardin dans son domaine, des eaux chaudes *publiques* qui traversaient ce jardin , au préjudice des Chartreux qui recevaient ces eaux comme inférieurs.

Ce particulier , après s'en être servi dans son jardin, fut tenu de les laisser aller *ex vetero more atque observatione*. Le fondement de cet arrêt fut que ces

(1) Fenêt, *Travaux préparatoires du Code Nap.*, t. xi, p. 256.
(2) Cassation , 29 janvier 1840. D. P. 40 — 1-115.

eaux chaudes étaient publiques. Plus tard, l'auteur de l'entreprise put établir *qu'elles étaient sa propriété privée*, par la preuve qu'il fit que leur conduite appartenait à l'archevêque d'Aix qui l'avait donnée à nouveau bail avec son jardin ; et, en conséquence, il obtint, en 1765, la réformation de l'arrêt par une requête civile (1).

Mais les droits des propriétaires des sources peuvent être modifiés, changés, anéantis par diverses circonstances.

La première cause de modification se tire de la nécessité publique ;

La seconde se vérifie quand le propriétaire inférieur a acquis des droits sur l'eau du supérieur.

Le droit du propriétaire s'évanouit aussi, lorsque l'eau, quoique née dans son fonds, forme un cours d'eau publique : — *Si sit principium et caput fluminis.*

Nous allons successivement examiner ces diverses hypothèses.

III.

Des sources soustraites à leurs propriétaires naturels par la nécessité publique.

L'article 643 du Code Napoléon est ainsi conçu :

« Le propriétaire de la source ne peut jamais en
» changer le cours, lorsqu'il fournit aux habitants

(1) Duhreuil, *Analyse de la législation sur les eaux*, t. 1, p. 124 à 158.

» d'une ville, village ou hameau, l'eau qui leur est
» nécessaire.... » sans une juste et préalable indemnité, bien entendu, si ces habitants n'en ont déjà acquis ou prescrit l'usage (1).

Mais, que faut-il entendre par ces besoins, suivant la loi, et comment doivent-ils être constatés?

Il ne faudrait pas croire qu'un habitant, ni même plusieurs, pourraient réclamer ce droit de leur chef. L'action n'est recevable qu'autant qu'elle est intentée au nom de la communauté ; c'est ce qui a été jugé par plusieurs arrêts fondés sur ce principe : — *que l'utilité d'un ou de plusieurs individus n'a rien de commun avec l'utilité ou la nécessité publique qui, seule, peut l'emporter sur le droit sacré de la propriété* (2).

Et d'abord, M. Daviel prévient que, pour acquérir la prescription, la simple possession où seraient les habitants d'une commune de puiser de l'eau à une fontaine ou d'y abreuver les bestiaux ne suffirait pas; ce serait une servitude discontinue qui ne s'acquiert pas par prescription (5).

Quelques anciens auteurs font rentrer dans la ca-

(1) *Dictionn. des arrêts*, verbo *Eau*, n. 3. — Discussions, etc. *loc. cit.*, p. 623. — Pardessus, n. 437, p. 253. — Pecchius, lib. I, cap. VII, *quæst.* 3, n. 23. — De Luca, *loc. cit.* Disc. 31, n. 5 et 6.

(2) *Dictionn. des arrêts*, loc. cit. — Sirey, t. X, part. II, p. 61.

(3) Poitiers, 26 janvier 1825. — Dalloz, 1835, 2, 136. — Caen, 22 juin 1825, *Journal de cette cour*, t. VI, p. 193. — M. Pardessus est cependant d'un avis contraire, n. 158.

tégorie des usages *nécessaires*, faisant opposition aux droits du propriétaire de la source, le cas où ses eaux feraient mouvoir un moulin servant à l'approvisionnement d'une commune. Suivant eux, il serait alors interdit au maître de la source d'en détourner le cours (1).

M. Toullier paraît adopter cette opinion (2); mais les termes de l'art. 643 du Code la repoussent formellement : *ils ne s'appliquent qu'au droit de puiser de l'eau pour les besoins du ménage et pour l'abreuvoir des bestiaux.* Dans ce cas, seulement, l'eau est vraiment nécessaire ; — car on peut suppléer, par l'emploi d'autres forces motrices, à l'impossibilité de conserver un moulin à eau ; on peut porter ailleurs les grains à moudre : tandis qu'il n'est pas de moyens de remplacer l'eau pour les besoins des animaux et des hommes.

Nulla necessitas excusatur quæ potest non esse necessitas, dit Tertullien cité par Basnage (3).

Suivant M. Garnier, la rédaction de l'art. 643, qui laisse beaucoup à désirer, se borne à la défense de changer le cours d'une eau nécessaire à une population agglomérée ; mais cette prohibition contient nécessairement l'obligation de s'abstenir de tous moyen et usage qui feraient disparaître le cours des

______

(1) Brétonnier sur Henrys, lib. IV, *quæst.* 189. — Pothier de la Germondaye, *Du gouvernement des paroisses*, p. 477.

(2) *Droit civil,* liv. II, tit. 2, chap. 2, n. 134.

(3) Coutume de Normandie, titre des servitudes. — Daviel, *Législation et pratique des cours d'eau*. Tome II, p. 365, 366.

eaux ou en absorberaient le volume en tout ou en partie : — Le propriétaire ne pourrait donc ni détruire
la source, ni distraire ou diminuer les eaux , même
pour ses besoins , si elles étaient nécessaires à une
commune , village ou hameau ; car il s'agit ici d'une
servitude imposée par un motif d'utilité publique. Il
en serait ainsi, à plus forte raison , à l'égard des inférieurs, qui ne pourraient pas même, dans le cas supposé , s'en servir pour l'irrigation (1).

Le fondement de ce droit spécial opposé au droit
normal du propriétaire de la source , c'est la nécessité ; — mais , comme il ne serait pas juste que cette
servitude fût gratuitement imposée, la loi accorde au
propriétaire de la fontaine et aux riverains une indemnité proportionnée au tort qu'ils en éprouvent ,
et qui doit être réglée non d'après les avantages
que le hameau , le village ou la commune peuvent retirer de l'usage de l'eau , mais seulement d'a-
près le tort que peuvent éprouver les propriétaires
intéressés en cessant d'en avoir la libre disposition.
C'est la prescription du deuxième projet du Code rural, art. 127, qui nous paraît devoir être suivie. L'indemnité doit être payée par ceux des habitants qui
profitent des eaux.

En cas de difficulté, la nécessité sera reconnue par
les tribunaux qui sont aussi chargés de fixer l'indemnité à prélever sur les habitants. La disposition de la
loi est générale, et laisse **aux** magistrats la plus

______

(1) Cassat. 5 novembre 1825. — Dalloz, 1826, 1 — 93.

grande latitude pour proclamer l'existence de la nécessité, qui toutefois doit être bien réelle pour que
le fonds du propriétaire de la source puisse être grevé
de la servitude dont nous nous occupons.

C'est d'ailleurs à l'autorité administrative qu'il
appartient de décider si une réunion d'habitants présente assez d'importance, pour être considérée
comme village ou hameau susceptibles d'invoquer
l'art. 643 ; une seule habitation ne saurait être ran-
gée dans cette catégorie ; mais, d'autre part, il suffit que la majorité de la population agglomérée réclame : autrement la faculté accordée par la loi serait trop difficilement exercée, car il est peu de
communautés qui ne comptent des dissidents ou
quelques membres qui se refusent à agir.

Cet article 643 est applicable, quelle que soit la
nature de la propriété où la source surgit. Ainsi, lors
même qu'il s'agirait d'une propriété de l'Etat, consacrée à un usage public, d'une rue, d'une route nationale ou départementale, — la commune n'en serait pas moins fondée à user des eaux de la source
qui y prendrait naissance, — à moins que cet usage
ne portât une atteinte grave à l'intérêt public, plus
général, que cette propriété serait destinée à satisfaire.

*Le même article est encore applicable en faveur
d'une communauté autre que celle sur le territoire
de laquelle est situé le fonds qui renferme la source,
puisque la base du droit est la nécessité.*

Aussi, la loi n'a-t-elle pas limité sa disposition aux

habitants de la commune , et au seul cas où la source
existerait dans son enceinte.

*Quelle que soit la distance entre la résidence des
particuliers auxquels l'eau est nécessaire et le fonds
où la source surgit, les tribunaux ne pourront refuser
de leur procurer le bénéfice de la disposition légale,
lorsqu'ils en reconnaîtront la nécessité et qu'il n'y
aura pas près d'eux une autre source dont ils pourraient profiter avec moins de dépense et d'incommo-
dité.*

Nous avons vu dans quelles limites étroites M. Daviel restreignait le sens de cette expression de l'article 643 : *l'eau qui est nécessaire* ; cet auteur veut
qu'on n'entende par là que celle qui s'applique aux
besoins du ménage et à ceux des bestiaux. M. Garnier est beaucoup plus large dans son interprétation.
Selon lui :

« L'article 643, loin de limiter l'usage pour lequel
les habitants peuvent invoquer sa disposition , est
conçu en des termes tellement généraux , qu'il em-
brasse tous les cas où les eaux leur sont *nécessaires*.
Ils peuvent donc les employer à tous les usages auxquels on les fait ordinairement servir, tels que le puisage, le lavage, l'abreuvage des bestiaux , *l'irrigation des héritages et l'exploitation des usines.*

» Nous ne pouvons, dit-il, admettre l'opinion d'un
auteur , d'ailleurs estimable , qui veut restreindre
leur application aux besoins des personnes , et nous
ne faisons aucune difficulté de l'étendre à ceux des
animaux et des *héritages.*

» Il nous paraît incontestable que le droit conféré à une communauté d'habitants peut être exercé continuellement, ou par intervalles, suivant les besoins. Ainsi, il peut arriver que, dans les temps ordinaires, le propriétaire d'un fonds sur lequel naît une source en emploie une partie à former un étang ou réservoir, et que le surplus suffise aux besoins de la commune ; — mais si, dans les temps de sécheresse, il y a insuffisance ; — si, par exemple, les eaux de l'étang sont nécessaires pour les moulins qui approvisionnent une ville, *on peut forcer le propriétaire de l'étang à les laisser couler*, sauf indemnité, comme il arrive quelquefois pour les moulins de la Vilaine qui servent à l'approvisionnement de Rennes (1).

» Ainsi, il paraît juste, en résumé, que le propriétaire de l'héritage où l'eau prend naissance puisse en disposer comme bon lui semble, non-seulement pour son utilité, mais même pour son divertissement, — avec quelques modifications.

» La première : —Il ne peut la retenir ou la détourner au préjudice du bien public ; ainsi, si cette eau est nécessaire pour faire moudre les moulins qui servent à la nourriture d'une ville, d'un village ou autre communauté, et qu'il n'y ait point d'autres moulins dans le voisinage, sans doute, en ce cas, le propriétaire de l'héritage où l'eau prend sa source ne peut ni la retenir, ni la divertir à d'autres usages.

(1) Voir *Le Gouvernement des Provinces*, par Pothier de la Germondraie, page 477. — C'est aussi le sentiment de Bretonnier, sur Henrys.—Liv. iv, quest. 189.

» Il faut dire la même chose de tous les autres cas qui intéressent le public , parce que son intérêt doit toujours l'emporter sur celui des particuliers : *salus populi proxima lex esto* (1). »

Pour le *puisage* et le *lavage*, nous sommes parfaitement de l'avis de M. Garnier ; mais c'est là certainement ce que M. Daviel a entendu par les besoins du *ménage*.

Cet auteur n'a eu garde d'omettre *l'abreuvoir des bestiaux*, et nous ne savons quel est celui qui a pu encourir les reproches de M. Garnier d'avoir limité l'interprétation de l'article 643 aux besoins des hommes seulement.

Ces points réglés, il ne nous paraîtrait pas plus raisonnable qu'à M. Daviel d'admettre qu'en parlant de *l'eau nécessaire aux habitants d'une commune, village ou hameau*, le Code se soit préoccupé *des besoins d'irrigation de leur héritages*. Ce serait , à notre avis, une interprétation abusive et cet emploi n'était certes pas dans l'intention du législateur.

Quant à *l'exploitation des usines*, nous pensons que ce n'est que dans des cas d'absolue nécessité qu'on pourrait penser à violer les droits de la propriété privée, et que ces circonstances doivent être excessivement rares.

D'abord, il est évident qu'on ne peut mettre en avant que les moulins à blé, et que toutes les autres usines doivent, d'emblée, être placées hors de cause.

(1) Garnier, — *Du régime des cours d'eau*, tom. iii, p. 77 à 89.

Du temps de Henrys , de Brétonnier , de Pothier, et , surtout, à des époques antérieures , dont ils acceptaient la tradition : — avec l'isolement des provinces et des fiefs ; — avec les exclusions et les priviléges , qui formaient pour ainsi dire le droit commun , — bon nombre de moulins à blé pouvaient être réellement nécessaires.

Mais aujourd'hui , grâces à Dieu , que toutes ces barrières sont renversées ; — aujourd'hui que la nation est affranchie de tant d'entraves , — que le commerce est libre et les routes sûres et en bon état : — Nous ne pensons pas que l'existence d'un moulin (bien que souvent , et dans d'autres cas, elle doive être prise en grande considération), — puisse légitimement motiver , à notre époque, la violation de la base fondamentale du droit commun , le libre et plein exercice des conditions essentielles de la propriété.

Au reste, M. Garnier nous paraît respecter trop peu les droits réels des propriétaires des sources quand il dit :

« Il est des exceptions qui peuvent tempérer la rigueur des principes ; ainsi, le droit de changer ou supprimer un cours d'eau doit être suspendu, lorsqu'une commune , nous dirons même un simple hameau, *a intérét à ce que le propriétaire n'en use pas*, disposition qui donne une assez grande latitude aux tribunaux ; car si un moulin sert à l'approvisionnement d'un hameau, à procurer du travail à une population plus ou moins nombreuse , à développer les progrès de l'agriculture ou de l'industrie ; *il peut être interdit au propriétaire de l'héritage qui renferme la source, d'en détourner le cours* (1).»

Au point de vue de l'équité, et lorsqu'il s'agissait de créer un droit nouveau, M. Pascalis me paraît y avoir mis des limites raisonnables pendant la discussion de la loi d'Angeville. — D'après lui :

« S'il s'agit d'une eau privée, d'une *source* dont
» l'écoulement, sans être acquis à des inférieurs par
» titre ou par prescription, ce qui ne ferait pas ques-
» tion, *fut déjà et depuis longtemps utilisé pour l'agri-*
» *culture par ces propriétaires inférieurs,—celui dans*
» *le fonds duquel naît la source, aura-t-il le droit*
» *illimité de la vendre à un propriétaire éloigné qui*
» *ne pourra la faire arriver chez lui qu'en grevant*
» *de servitude les fonds intermédiaires?* — A cette
» disposition absolue de l'eau, l'agriculture pourrait
» n'avoir rien à gagner ; il n'y aurait que déplace-
» ment et non extension du bienfait de l'arrosage.
» Le projet ne vient pas introduire la servitude forcée
» pour favoriser de pareilles combinaisons.

» Comme conséquence du principe écrit dans l'ar-
» ticle 545 du Code Napoléon, les tribunaux auront le
» pouvoir d'en empêcher le succès ; ils pourront ne
» pas laisser porter atteinte aux ligitimes expecta-
» tives qui naissent de la situation des lieux...... »

En conséquence, son amendement fut adopté et, dans la loi nouvelle, au lieu des mots *pourra obtenir*

(1) Garnier, *Du régime des cours d'eaux*, t. iii, p. 77.

que portait le projet, on mit *pourra réclamer*. Il est donc hors de doute que les tribunaux ne sont pas tenus d'accorder la servitude de passage toutes les fois qu'elle leur est demandée ; que la loi leur impose au contraire le devoir d'apprécier le degré d'utilité qu'elle peut avoir, de balancer cette utilité avec le préjudice que causera au propriétaire du sol l'ouverture du canal adducteur, — *d'examiner si les eaux qu'on se propose de dériver, n'ont pas déjà reçu une destination également profitable, afin de tenir compte des différentes circonstances qni se révèleront à eux*..... (1).

Tout cela est fort sage, sans doute, mais il n'en reste pas moins constant :

1° Que M. Garnier amoindrit beaucoup trop les droits du propriétaire de la source et change arbitrairement la disposition de la loi qui veut que l'eau soit *nécessaire* aux villes, bourgs ou hameaux, en une simple *utilité*, pour eux plus ou moins grande, ce qui est une interprétation extra légale ;

2° Qu'il n'y aurait pas lieu à application de la loi d'Angeville, et par conséquent aucun obstacle, si les propriétaires des fonds intermédiaires entre la source et son acquéreur consentaient volontairement au passage des eaux ;

3° Qu'en supposant qu'il fallut en venir à l'application de cette loi, — les réclamations des riverains de l'Alzon ne pourraient, aux yeux des juges, entrer

(1) Dumont, *De l'organisation légale des cours d'eau*, p. 262.

en parallèle avec les besoins de la ville de Nimes, qui constituent incontestablement un haut intérêt public ;

4° Enfin que ses habitants ayant autrefois joui de ces eaux, s'ils n'ont plus, ce qui n'est pas prouvé, le droit de les reprendre sans rachat, — ils ont incontestablement, après l'acquisition des sources, le droit de réclamer, à toutes sortes de titres, le bénéfice de la loi nouvelle pour le passage forcé.

Il n'y aurait pas ici simple déplacement des avantages, mais évidemment immense extension : — considération qui militerait dans l'esprit des juges, en même temps que les motifs d'équité, pour la restauration de son ancien droit.

IV.

Des sources soustraites à leurs propriétaires comme têtes de cours d'eau.

Cet article est, pour ainsi dire, une suite, une conséquence naturelle de celui qui précède.

Si la source était nécessaire pour un canal de navigation, pour rendre une rivière navigable ou flottable, d'abord il serait en général bien difficile au propriétaire de l'absorber, ou de la détourner, de manière à ce qu'elle n'alimentât plus le cours d'eau qu'on voudrait consacrer à des usages publics;

En second lieu, il serait toujours possible au gouvernement d'en demander et d'en poursuivre l'expropriation en faveur des intérêts généraux.

C'est ce qui pourrait arriver pour la source du Lez, par exemple, si on voulait la faire passer de sa propre vallée dans celle de la rivière de la Mosson ; car cette source magnifique est un véritable *caput flu-minis* qui alimente un canal de navigation appartenant au domaine de l'Etat.

Mais, en principe, l'abondance plus ou moins grande d'une source est une circonstance accidentelle qui ne peut influer sur la détermination du droit du propriétaire.

La cour de Rouen a eu à se prononcer sur cette question dans une affaire où, malgré l'importance des intérêts engagés qui réclamaient contre le détournement des eaux de la source, le droit de propriété ne put être méconnu.

Il s'agissait d'une source très-abondante *dont les eaux formaient le tiers de la rivière de Cailly sur laquelle des usines d'une haute valeur étaient établies,* usines dont les dimensions avaient été calculées sur toute la force motrice que pouvait fournir la rivière *grossie du produit de la source de Soudres.....*

Le propriétaire de cette source en avait détourné le produit, et au lieu de le rendre directement à la rivière, suivant la pente naturelle du terrain, il lui avait creusé un nouveau canal parallèle à ce cours d'eau, et, sur ce canal, il avait établi plusieurs usines.

Les propriétaires des anciens établissements dont une partie de la force motrice se trouvait supprimée, réclamèrent : — leur principal argument était que la source de Soudres était réellement l'accessoire de la rivière; mais leur réclamation fut rejetée (1).

Le cas a été le même, nous l'avons vu , pour les usiniers placés sur le cours d'eau qu'alimentait principalement la source du Rozoir , quand la ville de Dijon s'empara de celle-ci ;

Il n'en serait pas autrement si la ville de Montpellier faisait l'acquisition de la source du Lez.

Enfin, il ne peut y avoir nulle différence pour les sources d'Eure, soit que leurs propriétaires les vendent au maître de quelque fonds inférieur, qui , dans un intérêt d'irrigation, ou pour la mise en activité de quelques usines , aurait acquis le droit de passage sur les propriétés intermédiaires ;

Soit que les particuliers à qui les sources appartiennent, possédant d'autres fonds en aval , veuillent réclamer la servitude de passage pour l'irrigation, en vertu de la loi d'Angeville ;

Soit que la ville de Nimes veuille acheter ces sources de gré à gré, ou les exproprier pour cause d'utilité publique : — surtout après être rentrée dans la possession de l'ancien aqueduc, en prouvant que ses droits n'avaient pas prescrit, ou dans le cas contraire, après en avoir été investie de nouveau par la voie de l'achat amiable et, à défaut, par celle de l'expropriation.

---

(1) Arrêt du 4 février 1834. Journal des arrêts de Rouen , tome i, p. 2. — Daviel, *Pratique des cours d'eau*, tome ii, page 367.

Quelle que fût l'hypothèse qui viendrait à se réaliser, les usiniers de l'Alzon seraient sans aucun droit
pour s'opposer à un nouvel état des choses, et dès-
lors, il leur importerait assurément de s'entendre sur
des bases raisonnables pour une indemnité, un règlement d'eau, ou mieux encore pour la construction
d'un grand réservoir d'alimentation, avec l'administration municipale de Nimes.

En effet, dans quelle supposition qu'on se place,
celle-ci en sera l'arbitre quand elle le voudra, — si
ce n'est à cause de ses droits anciens, tout au moins
par suite de l'immense intérêt public actuel qu'elle
représente. Mais, dans tous les cas, la ville de Nimes
tempérerait assurément par les considérations d'é-
quité convenables, les prérogatives rigoureuses de
son droit.

M. Pardessus attribue aux possessions de moulins
acquises sous l'empire de la féodalité *la force d'un
titre de propriété, dans le sens que l'entend l'article
641 du Code Napoléon, contre le maître du fonds où
l'eau prend sa naissance;*

C'est assurément une erreur évidente.

Les droits de propriété ou de police, qui dans certaines provinces étaient reconnus aux seigneurs sur
les rivières non navigables, *ne pouvaient s'étendre
jusqu'aux sources qui sont toujours restées dans le
domaine de la propriété privée.*

Les permissions données par les anciens seigneurs
n'avaient pas plus d'effet obligatoire pour les propriétaires de sources, que les autorisations concédées

aujourdhui aux riverains qui veulent construire des usines ; — et, maintenant, les propriétaires d'usines autorisées n'acquièrent aucun droit sur les eaux qui, d'une source, se rendent dans la rivière, qu'autant qu'ils en ont acquis ou légalement prescrit l'usage, comme nous l'expliquerons ci-après.

M. Pardessus assimile encore à un titre, à l'égard du propriétaire de la source, un règlement fait ou homologué par l'administration entre les propriétaires inférieurs pour répartir l'usage des eaux ;

Evidemment, par un pareil acte, l'administration n'a pu règler que ce qui était de son domaine, en s'appuyant sur l'état des choses existant, mais sans pouvoir exproprier le produit de la source.

Par un règlement, l'administration ne pourrait pas obliger le propriétaire de la source à transmettre les eaux dans telle direction plutôt que dans telle autre ; et, dans l'impuissance d'arriver directement à ce résultat, comment lui serait-il donné d'y arriver par voie indirecte (1) ?

V.

De l'aliénation, par titre, des droits du propriétaire de la source.

Toute concession exige le consentement des parties intéressées, copropriétaires ou co-usagères. — « *In concedendo jure aquæ ducendæ, non tantum*

____

(1) Pardessus, — *Des servitudes,* numéros 94 et 98. — Daviel. — *Pratique des cours d'eau,* tome II, page 539.

— 167 —

» *corum in quorum loco aqua oritur , verum etiam*
» *corum ad quos ejus aquæ usus pertinet, voluntas*
» *requiritur, id est corum ad quos usus aquæ debe-*
» *batur nec immeritò. Cum enim minuatur jus corum,*
» *consequens fit exquiri ut consentiant* (1). »

L'eau peut, aussi bien que tout autre objet, faire
la matière de conventions qui sont régies par les
principes généraux des contrats et obligent à toutes
les conséquences qui peuvent en naître, pourvu
qu'elles ne contiennent rien de contraire aux lois et
aux bonnes mœurs. Les parties ne sont liées en ce
point que par leur bonne volonté. Ainsi , une con
cession perpétuelle de prise d'eau établie par titre
devrait être exécutée. On peut concéder et vendre
l'eau elle-même , ou y concéder un droit de servitude.

Il n'y avait , en effet, nul motif pour soustraire la
propriété d'une source aux règles du droit commun,
qui veulent que les conventions légalement formées
soient la loi des parties , ou que la prescription
tienne lieu de ces conventions et en prenne la
place.

On ne peut tracer aucune règle précise sur la na
ture et les effets des actes ; les parties étant libres de
faire telles conventions que bon leur semble, pourvu
qu'elles n'aient rien de contraire aux lois et à la
morale, leur examen est livré à la sagesse des tribunaux.

(1) L. 5, ff. de aqua et aquæ pluviæ arcendæ.

Il est évident que le titre est assujetti pour sa validité aux conditions exigées par la loi des actes susceptibles de transférer un droit de propriété. Ainsi, la première est qu'il émane du propriétaire de la source ou de quelqu'un qui le représente régulièrement.

La destination du père de famille serait admise à défaut de stipulation expresse (1).

L'aliénation du fonds, soit à titre onéreux ou gratuit, comprend l'eau qui en fait partie ou qui lui est due à titre de servitude, lors même que l'acte n'en ferait pas mention.

Le propriétaire de la source, en aliénant un moulin alimenté par les eaux qui s'en échappent, se priverait de la faculté de changer ou de détruire leurs cours par quelque moyen que ce soit, lors même que le contrat ne contiendrait à cet égard aucune disposition formelle.

Il en serait de même, dans le cas où le propriétaire d'un héritage renfermant une source aliénerait la partie dans laquelle elle existe et se réserverait les autres. L'acquéreur, devenu propriétaire de la source, aurait certainement aussi le droit et l'obligation de faire couler l'eau sur l'héritage inférieur, ou, s'il n'avait acquis que la seule partie supérieure, il ne pourrait en couper les veines. C'est une condition

____

(1) Rejet, 29 janvier 1839. — Garnier, *Régime des eaux*, t. III, n⁰ 721. — Proudhon, *Domaine public*, n⁰ 1356. — Code Napoléon art. 692 et 693.

tacite du contrat , sans laquelle il faut présumer qu'il n'aurait pas eu lieu. Il a acheté les choses dans l'état où elles étaient et doit , par conséquent , pouvoir en réclamer la conservation ou y être assujetti. C'est ce que décide Basnage (*Des servitudes*) et ce qu'établissent les articles 692 , 693 et 694 du Code Napoléon. Un arrêt de la Cour de cassation, en date du 18 février 1825 , a consacré ces principes (1).

Des aqueducs et canaux , pratiqués par des constructions durables et apparentes , antérieurement au partage d'un héritage , établissent un droit de prise d'eau sur un des lots en faveur de l'autre , parce que ces travaux ne sont plus seulement une servitude , mais une sorte de saisine et de prise de possession qui équivalent à un titre et en supposent l'existence antérieure.

Si le possesseur de deux fonds , dont le supérieur fournit l'eau à l'inférieur , vend le premier sans se réserver l'eau , celle-ci appartient à l'acquéreur qui peut l'y retenir (2). — Cependant, celui qui détache de son domaine un pré ou une rizière , qu'il était dans l'usage d'arroser, est tenu de fournir l'eau nécessaire , s'il paraît que la jouissance de cet élément de fertilité soit entrée dans la fixation du prix ; ce qui concorde avec l'article 1615 du Code Napoléon : — « L'obligation de délivrer la chose comprend les

(1) Garnier, *Du régime des cours d'eau*, t. III, p. 55.

(2) Pecchius, lib. I, cap. VII, *quœst.* 5, n. 27 ; — lib. II , cap. IX, *quœst.* 15 ; — *quœst.* 3, n. 12.

» accessoires ; et tout ce qui est destiné à son usage
» perpétuel (1). »

VI.

*De l'aliénation, par prescription, des droits
du propriétaire de la source.*

Tout ce qui peut être aliéné est susceptible d'être
acquis ou perdu par la prescription ; on peut donc
acquérir ou perdre par cette voie, soit la propriété
des eaux, soit leur usage.

Chez les Romains, la propriété des eaux privées
était, suivant les circonstances, prescriptible par
divers temps écoulés ; à leur imitation, chez nous,
cette prescription, en général trentenaire, est réduite
à dix et vingt ans, quand il y a titre et bonne foi (2).

Le Code Napoléon exige trente ans pour la prescription des servitudes continues, apparentes, du jour de
l'établissement des ouvrages (3) ; et l'article 641,
qui permet à celui qui a une source dans son fonds
d'en user à sa volonté, ajoute : — « sauf le droit
» que le propriétaire du fonds inférieur pourrait avoir
» acquis par titre ou par *prescription.* »

La question est de savoir quel en doit être le
caractère.

(1) Dubreuil, *Analyse de la législation sur les eaux*, t. 1,
p. 181 à 199 ; — Garnier, *Du régime des cours d'eau*, t. 1,
p. 53 à 56.
(2) *Code Nap.*, art. 2262 à 2265.
(3) *Code Nap.*, art. 690 et 691.

Tous les auteurs conviennent que, quel que soit le temps pendant lequel le propriétaire supérieur ait laissé couler l'eau dans le fonds inférieur, le propriétaire de celui-ci n'a acquis aucun droit sur elle, et le supérieur peut toujours la retenir quand bon lui semble.

L'obligation de recevoir cette eau est pour l'inférieur une servitude naturelle ; dès-lors, il serait contre la nature des choses qu'il pût s'en former un droit. Cette eau est une substance inanimée, incapable d'en procurer aucun ; l'usage que l'inférieur en a pu faire est toujours subordonné à la volonté du propriétaire supérieur, qui ne peut perdre la faculté de disposer librement de l'eau qui lui appartient que par une contradiction formelle, laquelle n'existe réellement qu'autant que celui qui prétend prescrire a manifesté son intention par des actes extérieurs visibles et permanents sur le but desquels le supérieur n'ait pu se méprendre.

La jurisprudence a toujours exigé à cet effet que le propriétaire inférieur eût établi *sur le fonds supérieur* des ouvrages visibles et permanents, seuls capables d'annoncer son intention au propriétaire de ce fonds; car, enfin, comment des ouvrages placés partout ailleurs pourraient-ils avoir l'effet de grever son fonds d'aucune servitude (1) ?

(1) Julien, t. ii, p. 548, n. 5. — Bonnet, *Litt.*, p. som 6. — Bézieux, p. 600. — San-Léger, t. i, cap. 48. — Cæpolla, pars 2, cap. 4, n. 25 et 51. — Gobius, quæst. 2, n. 9 — Pecchius, lib. i, cap. 7, quæst 4. 5. 6 : t. ii quæst. 1. 25. —

In actibus qui dependent à liberâ facultate unius qui potest facere vel non , et certum modum observare vel non, abstinentia, vel observatio certi et determinati modi , quantumcumque diuturna, non censetur implicare contrarium usum , nec inducit desuetudinem nec prescriptionem ad alium modum utendi (1).

Scolaticia nunquam præscribuntur, etiam per mille annos ad loca inferiora fluant (2).

Etsi, per mille annos, vicini inferiores illis utantur, nullum jus considerabile acquirunt. Hoc fundatur in illa ratione quia solus aquæ fluxus non constituit quem in possessione servitutis , nam nulla servitus habet causam naturalem , sed vel impositum aut præscriptum. Constat autem quod scolaticia semper ad inferiora loca profluunt , et , ut plurimum, in rivum fundi vicinioris. Licet ergo per mille annos ità fluxerint, tamen non per hoc sequitur quod vicinus inferior aliquam acquisierit servitutem (3)?

De Luca , *De servitutibus* , disc. 25. — Nouveau répertoire, *verbo* cours d'eau, n. 2. — Questions de droit , *eod. verb.* § I , t. III, p. 187, — Henrion, chap. XXVI, § 4, n. 1, p. 273. — Pardessus, n. 77-100, p. 141. — Sirey, t. VIII, p. 493 ; — t. XII, p. 350. — Discuss. sur l'art. 641 du Code. — Chabrol, *Sur la coutume d'Auvergne*, t. II, chap. 17, art. 2, sect. 2, p. 718. — Richeri, t. III, § 1112, p. 267. — Prat. leg. part. 2, t. III, tit. 67, n. 27, p. 502.

(1) Dumoulin, *In cons. paris*, art. 1 à 9. — L. 4, n. 15 , et *in cons.*, 69 *Alexandri*.

(2) Cæpolla , *de servitut. tract.* cap . 4, n° 60.

(3) Pecchius , — *De aquæductu*, lib. I cap. 7 , quæst. 4.

M. Garnier énonce formellement les mêmes principes quand il dit :

« Au nombre des moyens d'empêcher le propriétaire de la source d'en disposer arbitrairement, la loi place la *prescription*, c'est-à-dire, l'usage de l'eau pendant le temps fixé pour l'acquisition des propriétés immobilières de toute espèce.

Cependant, le simple usage de l'eau par l'inférieur, pendant qu'elle parcourt son héritage, ne saurait constituer une possession suffisante pour servir de base à la prescription. — Profiter de l'état naturel des choses et des lieux, sans qu'aucune partie puisse l'empêcher, ce n'est assurément pas faire un acte qui suppose une convention de nature à produire l'aliénation et l'acquisition d'un droit ; aussi, l'art. 642 du Code Napoléon a-t-il pris soin d'exprimer que la prescription, dans ce cas, ne peut s'acquérir que par une jouissance non interrompue pendant l'espace de trente années à compter du moment où le propriétaire du fonds inférieur a fait et terminé des ouvrages apparents destinés à faciliter la chute et le cours de l'eau dans sa propriété.

Il s'agit ici de l'acquisition plutôt d'un droit de servitude que de propriété, et l'art. 2265 du Code Napoléon ne régit point une matière qui l'est par des dispositions spéciales. Le propriétaire inférieur veut empêcher celui de la source d'en détourner le cours...

no 20 et seq. — Daviel, *Pratique des cours d'eau*, tom. ii, p. 55 et 56, et p. 568 et 569.

et, d'après le Code , les servitudes prescriptibles ne peuvent s'acquérir par une possession de moins de trente ans (1).

Mais toutes sortes de travaux ne peuvent pas indistinctement servir de base à la prescription : le législateur a exigé qu'ils eussent un caractère particulier , c'est-à-dire qu'ils fussent apparents. Quoique la loi ne le dise pas , ses termes font assez entendre, et la raison indique qu'ils doivent être apparents pour le propriétaire de la source , puisque c'est contre lui qu'il s'agit de prescrire ; que l'intention du législateur a été qu'il ne pût l'ignorer , afin d'avoir la certitude qu'il a été mis dans le cas de réclamer, si ce n'est pas de son consentement que les travaux ont été exécutés ; il est également hors de doute qu'ils doivent être permanents et non passagers.

Ainsi , un canal souterrain , creusé de main d'homme sur le fonds d'autrui même jusqu'à la source , serait en général insuffisant, à moins que ses voûtes ne fissent saillie au-dessus du sol ou qu'il fût pourvu de regards ou autres signes propres à en révéler l'existence à tous les yeux. Il en serait de même d'un canal découvert formé naturellement par l'écoulement de l'eau ; mais un canal découvert fait de main d'homme remplirait parfaitement le vœu de la loi ; *la construction d'un barrage en maçonnerie , de moulins et usines y satisferaient aussi ;* — mais

(1) Cassat , 10 décembre 1834; — rejet, 28 mars 1837 , — 16 avril 1836.

non l'établissement de simples branchages ou fascines, la réunion de vases, de pierres, qui sont successivement emportées par les eaux et rétablies par les parties intéressées.

La loi exige deux conditions : — La première que les travaux facilitent la chute de l'eau ; — la seconde, qu'ils facilitent son cours dans la propriété inférieure.

Les termes dont elle se sert, loin d'être synonymes, expriment deux idées différentes, mais ces deux natures de prescriptions doivent être remplies. Un barrage établi au travers d'un ruisseau, par quelqu'un qui en resterait là, ne serait pas suffisant pour prescrire ce cours d'eau ; la chute du fluide serait produite, mais il faut encore des travaux pour le conduire.

L'art. 642 garde le silence sur la question de savoir si les travaux dont il parle doivent être exécutés sur une partie quelconque du fonds du propriétaire de la source, ou s'il suffit qu'ils l'aient été sur l'héritage de celui qui veut l'empêcher d'en changer le cours. Cette question ne faisait pas de difficulté dans l'ancien droit ; les auteurs la décidaient dans le premier sens.

Basnage se livre à ce sujet à une discussion approfondie et n'hésite pas à décider *que les travaux doivent être exécutés par l'inférieur sur le fonds même qui renferme la source.* Il cite en outre à l'appui de son opinion un arrêt du parlement de Paris, du 9 juillet 1619, qui a autorisé le propriétaire de la source à en détourner le cours , bien que , de temps immémorial , les eaux eussent servi à l'usage du propriétaire inférieur , *qui avait bien établi dans son fonds des ouvrages apparents , puisqu'il y avait construit un moulin* (1).

Brétonnier approuve cette décision ; Livonière , Dumoulin sont du même avis. Ce dernier s'exprime ainsi : — *Etiam si per tempus immemoriale aqua per se fluxisset ad molendinum domini fundi inferioris , non censetur labi jure servitutis , sed merœ facultatis , si dominus inferior nihil fecit in fundo superiori ut aqua sic fluat; et sic potest quandocumque per dominum superiorem aqua detineri.*

Cæpolla n'est pas moins formel. Puisqu'il s'agit de l'acquisition d'une servitude , il faut que les travaux destinés à consacrer l'usage de l'eau soient faits à titre de servitude , et celui qui construit sur son fonds agit *jure domini , non servitutis jure.* Il n'a exercé réellement aucune saisine sur le fonds de son voisin , sur la source elle-même. *Quia quantum ad dominum superiorem fundi in quo aqua oritur , non potest dici quod fuerit aliqua quasi possessio servitutis , si in fundo superiori nihil actum est.*

Tel est , dit M. Daviel , le raisonnement de Cæpolla (2) , et , sous l'ancienne jurisprudence , tous les auteurs étaient d'accord pour décider que les ouvrages attributifs d'un droit de servitude sur la

(1) *Des servitudes* , p. 489.
(2) *De servitut. tract.* 2 , cap. 4. n⁰ 51 et 59.

source, devaient nécessairement avoir été faits sur
sur le fonds où elle naît (1).

Le Code Napoléon a-t-il changé cette jurisprudence?

Suivant l'art. 642, — « La prescription, dans ce cas,
» ne s'acquiert que par une jouissance non interrom-
» pue pendant l'espace de trente ans, à compter du
» moment où le propriétaire inférieur a fait et ter-
» miné des ouvrages apparents destinés à faciliter la
» *chute* et le *cours de l'eau* dans ses propriétés. »

Cet article, il est vrai, ne dit pas littéralement que
ces ouvrages aient dû être établis sur le fonds supérieur ; il convient même d'observer que le tribunat,
dont l'opinion tendait à regarder cette circonstance
comme indifférente, proposa de substituer aux mots :
ouvrages extérieurs employés dans le projet de l'article, cette autre expression : *ouvrages apparents*, et
que cette substitution fut adoptée.

Il y a plus, on convenait au tribunat que la servitude d'aqueduc (qu'on voulait distinguer de celle
établie par l'art. 642, qui nous occupe en ce moment), ne pouvait s'acquérir par la prescription,
qu'autant que des travaux apparents avaient été exécutés sur le fonds servant. Cependant, aucune des

___

(1) Lex 10 Cod. *de servit. et aq.* — Lex 1 § ult. — et Lex 21.
Dig. *de aq. et aq. pluv. arcend.* — Lex 24, § ult. — Dig. *de
Damn. inf.*—Dumoulin sur le 69 conseil d'Alexandre.—Voët in
Pandect., lib. viii, tit 3, no 6 ; — Dunod, p. 88, — Basnage, sur
Normandie, art. 607, et tous les auteurs déjà cités d'après Du-
breuil, *Législation sur les eaux*, p. 92, — Daviel, *Pratique
des cours d'eau*, tom. ii, p. 349.

dispositions du titre des servitudes ne le dit ; mais le droit commun devait suppléer à ce silence ; pourquoi y recourir dans un cas et non dans l'autre ? Toutes les dispositions du Code sont corrélatives et doivent s'interpréter les unes par les autres ; on doit donc s'en référer aux principes relatifs à la prescription. Or, pour acquérir ainsi une chose appartenant à autrui, il faut la détenir, la posséder, en jouir, de manière à ce que, pendant cette possession, le propriétaire soit entravé dans l'usage qu'il en faisait. Cela résulte expressément des art. 2228, 2229, 2232, 2243 du Code Napoléon.

Mais comment peut-on posséder les eaux d'une source ?

Nous avons vu que l'eau est une portion du fonds qui la renferme, *portio agri*, non-seulement au point où elle naît, mais encore jusqu'à ce qu'elle en soit sortie. En y exécutant des travaux apparents, pour faciliter la chute et le cours de l'eau dans l'héritage inférieur, on s'en met donc incontestablement en possession ; il en serait tout différemment s'ils n'étaient faits que sur ce fonds inférieur.

Dès que l'eau, sortie du fonds où naît la source, n'appartient plus au propriétaire de ce fonds qui n'acquiert par l'écoulement aucun droit sur l'héritage inférieur, — le propriétaire de cet héritage, en exécutant des travaux sur lui-même, ne fait qu'user de sa propriété, ce dont le supérieur ne peut lui interdire l'exercice. Il ne gêne donc pas celui-ci ; il ne jouit de rien qui lui appartienne ; il ne peut dès-lors être entravé dans l'exécution de tous les ouvrages qu'il croit devoir faire.

Dans la discussion qui eut lieu au tribunat, les avis étaient partagés et la question controversée. Les uns prétendaient que les travaux devaient être exécutés sur le fonds où la source surgit ; les autres que cette circonstance était indifférente ; mais rien ne prouve que le conseil d'Etat ait admis la dernière interprétation.

S'il en était ainsi, il arriverait fort souvent qu'un particulier dont l'héritage serait situé à une grande distance du fonds où naît la source pourrait acquérir des droits contre le propriétaire de ce fonds, *sans que celui-ci connût l'existence des travaux qui seraient la base de la prescription*. M. Delvincourt, qui a senti la gravité de l'objection, a voulu la réfuter en soutenant : que le droit d'empêcher le propriétaire de la source d'en changer le cours sur le motif de travaux apparents faits pour jouir de son produit — n'appartient qu'au propriétaire du fonds immédiatement inférieur, et il se fonde à cet égard sur le mot de *chute*, et sur l'article *du*, employés par le Code.

« En exigeant que les travaux facilitassent *la chute*, » le législateur a suffisamment prescrit qu'ils fussent » exécutés au point où l'eau quitte le fonds où naît la » source, pour se rendre dans celui qui lui est contigu. » D'ailleurs la loi ne dit pas que les travaux doivent » être faits par le propriétaire d'*un* fonds, mais par » celui *du* fonds inférieur. »

Ainsi, de l'opinion de M. Delvincourt, il résulterait que le propriétaire du deuxième héritage après la source, et, à plus forte raison, ceux qui sont plus bas encore, ne pourraient jamais empêcher le propriétaire du fonds où elle naît, d'en changer le cours. — Mais alors, il est plus vrai de dire *que les travaux de chacun exécutés sur son propre fonds suffisent pour autoriser la prescription*, et cet inconvénient démontre qu'il faut absolument de deux choses l'une :

Ou que les travaux soient exécutés sur le fonds qui renferme la source,

Ou qu'ils puissent l'être sur l'un des héritages inférieurs indistinctement.

La loi en effet n'énonce pas qu'ils doivent être pratiqués par le propriétaire *immédiatement* inférieur, et, quoi qu'en dise M. Delvincourt, le mot *du* est seulement placé dans les articles 641 et 642 par opposition au propriétaire de l'héritage supérieur. Ce qui le prouve, c'est que l'article 640 interdit au propriétaire inférieur d'élever aucune digue qui empêche l'écoulement de l'eau, et qu'assurément cette prohibition comprend également *tous les propriétaires inférieurs*. Il est d'ailleurs très-ordinaire de voir le propriétaire d'un héritage, séparé par plusieurs autres du fonds qui renferme la source, venir faire sur celle-ci des travaux propres à faciliter la chute et le cours de l'eau dans sa propriété. L'exécution de ces travaux peut seule faire présumer un accord entre eux, *et leur existence pendant trente ans, suppléé au défaut de titre, qu'on suppose perdu.*

L'article 642 , en exigeant que les travaux facilitent la chute et le cours de l'eau , nous paraît avoir
suffisamment établi qu'ils devaient être exécutés sur
le fonds qui donne naissance à la source ; et ce qui
nous confirme encore dans cette opinion, c'est qu'il
s'agit d'empêcher qu'elle ne soit détournée , consé-
quemment d'acquérir une servitude d'aqueduc,
c'est-à-dire le droit de faire passer sur l'héritage supérieur l'eau destinée à l'utilité du fonds inférieur ,
puisque, avant cette acquisition , le premier pouvait
faire disparaître sa source à volonté et en entier ,
tandis que désormais il sera tenu de la laisser couler
jusqu'à l'extrémité de son fonds.

Enfin, notre opinion est bien plus favorable aux
propriétaires inférieurs que le sentiment contraire ,
puisqu'elle leur reconnaît à tous le pouvoir d'acquérir des droits contre le propriétaire de la source ,
tandis que M. Delvincourt et ceux qui partagent ses
idées veulent limiter cet avantage au propriétaire du
fonds immédiatement inférieur.

Les auteurs qui ont écrit depuis le Code ont été
longtemps partagés sur l'interprétation de l'art. 642 ;

MM. Pardessus (1) , — Delvincourt (2) , — Favard
de Langlade (3) et Daviel s'étaient d'abord pronon-
cés contre l'ancienne jurisprudence ;

(1) *Traité des servitudes*, no 99, no 96, p. 180. — Discussion
du Code, t. i, art. 641, t. iii, p. 142.

(2) Cinquième édit. — Notes du premier volume, p. 163.

(3) *Nouveau répertoire*, — Verbo *servitude*.

Tandis que MM. Henrion de Pansey (1), — Dubreuil (2), — Proudhon (3), — Troplong (4), — Vazeille (5), — Garnier (6), étaient fidèles à la tradition. M. Toullier, qui avait d'abord professé l'opinion contraire, s'est rétracté formellement dans sa troisième édition (7).

Suivant les éditeurs de Dubreuil, M. Vazeille, surtout, s'est livré à des développements lumineux qui prouvent qu'il a fait une étude spéciale de la question.

Nous nous rendons, répète M. Garnier, à l'opinion appuyée sur l'ancienne jurisprudence. Les auteurs qui soutiennent l'opinion contraire se fondent sur la généralité des termes employés dans l'article 642 et sur les observations du tribunat; mais ces raisons ne nous semblent pas concluantes. Nous ferons même remarquer qu'un de ces auteurs, M. Favard de Langlade (8), admet une modification; selon lui : — *lorsqu'il s'agit d'eaux pluviales ou vicinales, il faut que les travaux soient exécutés sur le fonds supérieur;* mais pourquoi cette distinction? — Quelle est la loi

(1) *Compétence des juges de paix,* chap xxvi, § 4.

(2) *Analyse raisonnée de la législat. sur les eaux,* p. 91, nᵒ 1, p. 278.

(3) *Du domaine public,* no 1372.

(4) *De la prescription,* no 114.

(5) *Traité des prescriptions,* p. 529, no 402.

(6) Tome ii, no 48.

(7) Tome iii, no 655.

(8) Répertoire de jurisprudence, *Verbo* justice de paix,

qui l'autorise ? Le principe ne doit-il pas être le même dans tous les cas, puisque, dans le système des antagonistes, les termes de la loi sont indéfinis ?

La généralité des termes, si elle était telle qu'on la suppose, prouverait seulement qu'en ne s'expliquant pas sur le lieu où les travaux devaient être exécutés, le législatenr a entendu s'en référer au droit commun, tandis que, s'il avait voulu y déroger, il aurait expressément dit qu'il n'était pas nécessaire que les travaux fussent exécutés dans le fonds où naît la source. Il faut que ces travaux assurent *la transmission de l'eau dans l'héritage inférieur* : expressions qui, combinées avec la nature même des choses, établissent la nécessité de travaux exécutés, sinon à la source que contient le fonds supérieur, *du moins à la limite qui le sépare de celui qui doit en profiter.*

Ainsi donc le principe l'a emporté : l'article 642 s'est expliqué assez clairement, lorsqu'il exige des ouvrages apparents destinés à faciliter la chute et le cours de l'eau ; car, si des ouvrages extérieurs doivent faciliter ce cours : — ce ne peut être, d'après M. Dubreuil, que par des ouvrages établis dans le fonds même, qu'on peut en faciliter la chute.

« Quant à nous, disent ses commentateurs, nous nous rangeons pleinement à son avis, et il nous semble impossible de soutenir qu'il suffit d'établir des ouvrages sur le fonds inférieur pour que la prescription puisse s'acquérir.

» En effet, pour cela, il est indispensable d'empié-

ter sur les droits d'autrui , — de se mettre en possession de ces droits. Or, comment peut-on se mettre en
possession d'une source appartenant au voisin , si
ce n'est sur le fonds lui-même dont elle jaillit ? En
effet, la source n'appartient au propriétaire que tant
qu'elle reste sur le sol qu'il possède ; dès qu'elle
franchit la limite de sa propriété , elle devient chose
commune, dont tout riverain peut s'emparer. Si donc,
en faisant des ouvrages sur son propre fonds, un
individu utilise les eaux à son profit , il ne peut faire
naître la prescription ; car il s'empare d'une chose
qui n'appartient à personne ; il ne fait qu'user du
droit d'occupation, en vertu de la position de sa propriété ; mais il n'entreprend sur le domaine de personne , et la base essentielle de la prescription
n'existe pas.

Il en est autrement , lorsque les ouvrages sont faits
sur le fonds où jaillit la source. Là, il y a lutte entre
deux droits ; — là se rencontrent un fait d'usurpation et un fait de possession : — la prescription peut
donc exister. Les ouvrages apparents doivent donc
être nécessairement construits sur le fonds du propriétaire de la source.

L'homme dont les opinions ont la plus grande
autorité en Italie, le célèbre Romagnosi, adopte
aussi cette conclusion et voici comment il l'appuie :

« Le texte du Code Napoléon n'exprime pas si les
travaux apparents doivent être faits sur le fonds du
propriétaire qui prétendrait à l'usage des eaux , ou
bien sur le fonds supérieur. Mais les principes du droit

commun indiquent absolument que les travaux doivent
avoir été faits par le propriétaire inférieur sur le
fonds où naît la source, —parce qu'il serait absurde
de supposer une possession et un assentiment produisant obligation à l'encontre du propriétaire supérieur, alors que les travaux n'auraient pas été
pratiqués sur son propre fonds, par un autre individu.

» En effet, le propriétaire de la source pouvait
bien empêcher un travail fait sur son héritage et
contredire sa construction ou son maintien ; — mais
il ne pouvait contredire un travail fait sur un fonds
dont il n'avait pas la propriété, tant que ce travail
ne portait— ni atteinte à l'usage qu'il faisait des eaux,
ni osbtacle à leur écoulement.

» Ainsi, comme dans le cas de l'article 642 il
s'agit de faire équivaloir la longue possession du
propriétaire inférieur, jointe à la longue tolérance
du propriétaire de la source, à un contrat fait entre
eux pour la transmission des eaux de celle-ci , contrat qui déroge à la faculté essentielle qui appartient
au propriétaire de la fontaine ; — il faut nécessairement supposer que le travail a été pratiqué en tel
lieu qu'il ait dû provoquer une légitime contradiction de la part de ce propriétaire, et, par suite,
qu'il ait été pratiqué sur le fonds supérieur. »

Romagnosi (1) étaie ici son sentiment de celui
de Pecchius, qui, lui-même, cite, dit-il, une foule de

(1) Cité par Daviel, *Pratique des cours d'eau*, t. ii, p. 568,
569.

jurisconsultes, *folla dei giure-consulti* (1) ; il invoque aussi le témoignage de Voët, le fameux commentateur des Pandectes (2).

« Chose très-remarquable , dit M. Daviel, — M. Favard de Langlade a cité dans son répertoire (3) un passage des observations du tribunat sur cet article, observations d'autant plus graves qu'elles en amenèrent l'amendement : M. Duranton a cherché à réfuter les arguments qu'on peut induire de ce passage (4) ; mais ce n'est pas seulement au tribunat, que, dans la discussion du Code, on a manifesté l'intention d'attacher la prescription aux travaux faits sur le fonds inférieur. Au conseil-d'Etat, M. de Saint-Jean-d'Angely, qui avait proposé et fait adopter l'article 642, avait dit : «l'usage a établi que la pro-
» priété des eaux s'acquiert par la jouissance, toutes
» les fois qu'il a été fait *dans le fonds inférieur* des
» constructions pour en profiter..... »

» Il résulte même de la discussion sur l'article 641 — « qu'il n'était pas nécessaire que le fonds fût *im-
» médiatement inférieur* pour que le propriétaire
» pût acqnérir droit sur les eaux.... (5). »

» Certes, les auteurs qui pensent que des ouvrages faits sur les fonds inférieurs, pourvu qu'ils soient apparents, suffisent pour fonder la prescription, —

(1) *De aquæ-ductu*, t. I, cap. 7, quæst. 4.
(2) *In Pandect*, t. II lib. 8, tit. 3, § 6.
(3) Au mot *servitude*, sect. 2, § 1.
(4) Tome V, n. 181.
(5) *Conférence du Code Napoléon*, t. III, p. 222.

ces auteurs, disons-nous, peuvent donc s'appuyer sur les intentions manifestées par les rédacteurs même du Code Napoléon (1)!....

» Mais les vrais principes n'en ont pas moins prévalu, et ce n'est pas là le seul exemple que la doctrine s'assied à côté de la loi et que la jurisprudence réforme le législateur. — *C'est maintenant un point hors de toute controverse qu'il faut que les travaux destinés à procurer l'usage des eaux au propriétaire inférieur, aient été faits par lui sur le fonds où naît la source, afin qu'il puisse s'en prévaloir pour la prescription.*

» Assurément, cela est plus conforme aux principes du droit que l'opinion énoncée par Saint-Jean-d'Angely, d'après une appréciation erronée de l'ancienne jurisprudence.

« Les auteurs les plus accrédités partagent, nous l'avons vu, cette opinion, et la jurisprudence de la cour de cassation paraît irrévocablement fixée dans le même sens (2). »

Elle est consacrée par trois arrêts de cette cour des 25 août 1812, — 6 juillet 1825 et 5 juillet 1837.

Voici les motifs du premier :

« Attendu que l'écoulement des eaux d'une source
» d'un héritage supérieur sur le terrain inférieur,
» *ne peut constituer une servitude au profit du proprié-*
» *taire de ce terrain ;*

(1) Delvincourt, *Cours de Code Napoléon*, t. i, p. 551. — Pardessus, *Des servitudes*, n. 102. — Favart, *loc. cit.*

(2) Daviel, *Pratique des cours d'eau*, t. ii, p. 349 à 351.

» Que cependant le jugement attaqué a décidé
» qu'il suffisait de l'existence de cet écoulement pen-
» dant un temps immémorial, pour faire acquérir la
» possession des eaux au propriétaire inférieur ;

» Qu'à cette erreur il a ajouté *une erreur non moins*
» *grave*, *en décidant*, *contrairement à l'article* 642
» *du Code*, *qui n'a fait que consacrer les anciens*
» *principes en cette matière* : qu'il n'y avait pas lieu
» d'examiner si les ouvertures par où s'écoulaient
» les eaux avaient été pratiquées par le propriétaire
» du fonds inférieur, ou par celui de l'héritage supé-
» rieur, *tandis que ce n'est que de l'existence de ces*
» *ouvrages*, *de la part du propriétaire inférieur*
» SUR LE FONDS DU PROPRIÉTAIRE DE LA SOURCE, *que peut*
» *naître la servitude sur son héritage et par suite la*
» *prescription du droit à l'usage des eaux.....*

» La cour casse (1). »

Le dernier des arrêts, que nous avons cité ci-
dessus, n'a été rendu qu'après une discussion très-
approfondie et un nouvel examen de la question qui
fut vivement débattue ; il a été rédigé avec soin et
clarté, et doit dissiper tous les doutes.

Ainsi nous croyons, dit M. Garnier en terminant,
qu'un propriétaire inférieur ne peut empêcher le
supérieur qui a sa source dans son fonds, d'en détourner le cours, qu'autant qu'il prouve qu'il a en sa
faveur la réunion des trois circonstances suivantes :

1° L'existence trentenaire de travaux apparents

(1) *Journal du Palais*, t. 35, p. 43. *Sirey*, t. XII, p. 250.

eur une partie du fonds où existe la source : la possession sans contradiction serait insuffisante ;

2° L'exécution de ces travaux par le propriétaire inférieur ;

3° Qu'ils aient pour but de faciliter la chute et le cours de l'eau dans cette propriété inférieure, c'est-à-dire qu'ils aient lieu dans son intérêt (1).

Des ouvrages faits par le propriétaire supérieur lui-même, en supposant qu'ils eussent pour objet l'intérêt unique de l'inférieur (ce qui sans doute arrivera rarement), ne pourraient être considérés que comme des actes d'obligeance et de bon voisinage, des actes de tolérance qui ne sauraient fonder ni possession ni prescription.

En ordonnant que les travaux fussent faits et terminés et qu'ils facilitassent la chute, le législateur a formellement décidé que la prescription aurait cours, non de l'époque où ils sont commencés, mais à partir de leur achèvement, et, en outre, du moment où l'eau s'est écoulée dans le fonds inférieur par l'effet de ces travaux. Il faut donc qu'il y ait concours et simultanéité de ces deux circonstances. Il nous paraîtrait indifférent, du reste, que tous les travaux de la même entreprise, mais dont le but direct ne serait pas la conduite des eaux, ne fussent pas terminés.

Le propriétaire de la source a-t-il encore le droit

(1) Voy. *Journal du Palais*, t. xxvi, 1, p. 356. — xxxvii, 1, p. 363. Bordeaux, 1er juillet 1854, *Journal du Palais*, t. xl, 2, p. 184.

de se servir des eaux qui s'en échappent, soit à la source même, soit dans le cours qu'elles ont sur son héritage, lorsque l'inférieur est dans le cas d'invoquer l'article 641 ?

L'étendue du droit de l'inférieur étant déterminée par les termes de son titre ou le fait de sa jouissance, le juge appelé à prononcer sur le différend doit se borner à rechercher le sens de l'acte ou le mode de jouissance. On ne doit pas présumer aisément que le propriétaire de la source a voulu se dépouiller de tout droit d'usage sur les eaux ; il faut, au contraire, admettre qu'il s'est réservé la faculté d'en user pour ses besoins, et qu'il a entendu établir seulement une communauté entre lui et l'inférieur, en le faisant participer, à proportion des besoins de sa maison et de son héritage, aux avantages que les eaux sont susceptibles de produire.

Il peut arriver qu'un fonds situé à quelque distance de celui qui renferme la source ait acquis des droits à la transmission des eaux, sans que les héritages intermédiaires en aient aucun. Ainsi un propriétaire place une vanne et creuse un canal sur le fonds du propriétaire de la source ; il prolonge ce canal sur cinq ou six héritages inférieurs qui le séparent du sien ; — il aura acquis par là des droits à la transmission des eaux, si la possession a duré trente ans, même contre ces propriétaires intermédiaires qui ne pourront pas le forcer à détruire son canal. Mais ceux-ci n'auront acquis aucun droit ni contre lui, ni contre le propriétaire de la source ; dès-lors ce propriétaire et celui qui a acquis des droits pourraient s'entendre pour que le cours de l'eau fût changé , sans que les possesseurs intermédiaires pussent y faire opposition.

Ils seraient également sans action si le propriétaire inférieur , quoique n'ayant pas formellement consenti au détournement, ne réclamait pas ; et cela, lors même que l'acquisition de droits n'aurait eu lieu en sa faveur que par des travaux exécutés sur le fonds où naît la source , sans avoir rien entrepris sur ceux intermédiaires.

En dernière analyse, il résulte incontestablement de ce que nous avons dit que , même dans les pays où les servitudes pouvaient s'acquérir par la possession, l'écoulement immémorial de l'eau d'une source, suivi de la possession, également immémoriale de la part des propriétaires inférieurs de faire usage de cette eau , soit pour l'irrigation de leurs terres , soit pour la mise en activité de leurs moulins , *n'attribuait aucuns droits à ceux-ci et n'empêchaient pas le propriétaire de la source d'en détourner le cours et de réduire les héritages inférieurs à la stérilité et les moulins à l'inaction.*

Ce principe était si absolu qu'il était applicable même au cas où la prise d'eau et l'établissement du moulin avaient été autorisés par le seigneur du lieu, lorsqu'il n'avait pas le domaine utile de l'héritage dans lequel surgissait la source , et que , situé dans l'étendue de son fief , il était la propriété d'un de ses vassaux.

Autrefois les seigneurs n'étaient pas toujours considérés comme propriétaires, à l'exclusion des riverains des petits cours d'eau non navigables qui traversaient leurs seigneuries (1) ; mais lorsqu'ils n'en avaient pas la propriété, ils en avaient du moins la police.

Ces droits étaient d'une espèce particulière ; ils se réduisaient au pouvoir de pêcher le long des héritages riverains, et de s'opposer à ce qu'il fût établi aucune usine, ni fait aucune prise sur le cours d'eau sans leur consentement, même lorsqu'un particulier était propriétaire des deux rives.

Mais les seigneurs n'étaient nullement propriétaires du lit des cours d'eau, ni des sources. Ils ne pouvaient priver les propriétaires des héritages où elles jaillissaient de la faculté de les faire disparaître par des voies souterraines, ou d'en changer le cours. Les seigneurs n'avaient de droits qu'en dehors de l'héritage d'où la source émergeait, quand le cours d'eau existait et là où il existait ; et, certes, c'était déjà étendre bien loin leurs prérogatives que de leur accorder la pêche, par exemple, le long des héritages qui ne leur appartenaient pas. Il eût été par trop extraordinaire qu'ils s'arrogeassent encore la propriété de la source à l'exclusion du possesseur du fonds où elle naissait (2).

Ainsi donc, bien que la permission de construire un moulin, de faire une prise d'eau, ait été accordée

(1) Merlin, *Questions de droit*, verbo *cours d'eau*.
(2) Surtout dans nos pays de *droit-écrit*.

par le seigneur du lieu , le propriétaire de la source n'en conservait pas moins le droit d'en disposer suivant son libre arbitre : tout ce qui résultait de cette permission , c'est que personne ne pouvait faire démolir le moulin et qu'il marchait tant que le cours de l'eau ne subissait aucune innovation.

Sous l'empire de notre nouvelle législation, l'administration a sur ces divers points remplacé les seigneurs. C'est à elle qu'il appartient d'autoriser l'établissement des usines. La permission qu'elle accorde prouve qu'on n'a pas contrevenu aux lois et règlements de police ; mais elle n'attribue aucun droit contre le propriétaire de la source , et ne prive pas celui-ci de l'exercice de son droit de propriété.

Sans doute, il est des cas où l'application de ces principes pourra paraître très-rigoureuse ; mais, lorsqu'il ne s'agit que d'intérêts particuliers , le droit de la propriété est évidemment le plus sacré , et doit l'emporter sur toute autre considération (1). Ce droit ne peut être primé que par l'intérêt du public, après constatation régulière (2).

Les conclusions de M. Dubreuil sont plus catégoriques encore (3).

D'après lui : — Pour que la prescription existe, il faut qu'il y ait violation du droit d'autrui , et cette

(1) Analysé de Garnier, *Du régime des cours d'eau*, t. III, pages 56 à 77.

(2) Voyez la section troisième de ce chapitre.

(3) Dubreuil , *Analyse de la législation sur les eaux* , t. I, p. 234 à 240.

violation exige un fait actif de la part de celui qui veut prescrire. Si le propriétaire de la source faisait les travaux propres à en faciliter la chute ou le cours, il n'y aurait là aucun acte de contradiction ou d'usurpation de la part de l'inférieur et la prescription ne pourrait se fonder.

D'ailleurs, ou le propriétaire supérieur a fait les travaux dans son intérêt unique, — ou bien il les a faits dans l'intérêt de l'inférieur.

Au premier cas, il use de sa chose et ne peut perdre aucun droit sur elle, tant qu'un autre ne s'est pas mis en possession de ce droit ;

Au second cas, c'est un fait de bon voisinage, qui ne peut servir de base à la prescription.

Mais, dans un cas comme dans l'autre, le propriétaire inférieur ne peut se prévaloir de l'usage volontaire que le supérieur a fait légalement de sa source, pour lui en enlever par prescription la libre disponibilité. Il faut donc que les travaux soient faits par l'inférieur, et ce n'est que du jour que ces travaux sont achevés que la prescription commence à courir (1). Le fait a existé, dès que les eaux ont pu, par des ouvrages apparents, arriver sur la propriété de l'inférieur, et c'est de ce moment que le droit pour prescrire doit être compté.

Il n'est pas de nouveauté que les temps que nous venons de traverser n'aient vu éclore. Le projet du nouveau Code rural en fournit un exemple, *lorsqu'au*

---

(1) Article 642 du *Code Napoléon*.

mépris d'un principe constamment adopté depuis qu'il existe des lois, on y propose d'établir que le temps seul est capable d'acquérir à l'inférieur un droit irrévocable sur les eaux du fonds supérieur....

C'est moins la nouveauté de ce système que sa contradiction avec le principe du droit sacré de propriété qui doit en opérer le rejet.

Le Code Napoléon a marqué les deux seules exceptions dont le principe peut être ici susceptible :

La nécessité publique ;

La prescription.

Il a déterminé le caractère de la possession nécessaire pour opérer cette prescription, *par la contradiction résultant d'ouvrages pratiqués sur le fonds servile.*

Les besoins publics tiennent certainement à des motifs d'ordre supérieur ; néanmoins, dans ce cas encore, la loi n'admet que le public même ; *elle ne reçoit pas la réclamation de particuliers isolés, quels que soient leurs besoins ou leur possession.*

Comment pourrait-elle faire céder le droit de propriété à l'intérêt d'un seul individu pour l'arrosage de ses terres ?

L'inférieur utilise l'eau qu'il reçoit tant que le supérieur la laisse couler jusqu'à lui. Celui-ci vient-il à la retenir, c'est pour l'utiliser de son chef ou à son profit. L'eau ne reste donc jamais inutile. L'intérêt public est toujours sauvé ; et, si l'inférieur s'est livré à des dépenses, il ne peut alléguer sa bonne foi, parce qu'il ne pouvait ignorer qu'il ne devait sa jouissance qu'à la tolérance du supérieur (1).

Conclusion.

Il résulte de tout ce qui précède , ainsi que nous l'avions déjà établi dans notre quatrième chapitre :

Que le propriétaire du fonds où naît la source l'est encore de celle-ci d'une manière absolue; — et qu'il peut s'en servir, — l'absorber, — en changer le cours, — LA VENDRE ,

A moins qu'il ne soit privé des droits résultant de sa position :

Par la disposition du père de famille ;

Par l'existence d'un titre quelconque én faveur d'un tiers : — vente , — concession de servitude , — transaction, etc.;

A moins que l'eau de cette source ne soit indispensable à l'existence d'une ville , bourg ou hameau ;

A moins qu'elle ne forme la tête , l'origine d'un cours d'*eau publique* qui , sans elle , ne pourrait répondre à sa destination ;

Enfin, à moins que les riverains inférieurs n'aient prescrit l'usage de cette source par l'effet de travaux apparents établis depuis plus de trente années sur le fonds dans lequel elle naît.

(1) Dubreuil, *Analyse de la législation sur les eaux*, t. i, p. 234 à 241.

Or , si ces principes sont incontestables, MM Roussel et Vincent , dans les fonds desquels surgissent
les sources d'Eure , en sont , par la nature des lieux,
exclusivement propriétaires.

Nous ne pensons pas que la même personne ait
jamais possédé les sources et les usines inférieures, et
qu'il soit par conséquent possible d'invoquer la disposition du père de famille sur les premières , à l'oc-
casion d'artifices construits sur les bords et au travers de la rivière d'Alzon.

Nous ne sachons pas que jamais les propriétaires
des sources d'Eure aient consenti à titre gratuit ou
onéreux un droit quelconque de propriété ou seulement d'usage sur elles.

Leur produit n'est nullement nécessaire , dans le
sens de la loi , à l'existence de la ville d'Uzès ni de
tout autre bourg ou village.

Les sources ne sont l'origine capitale d'aucun
cours d'eau public navigable ou flottable ; elles n'alimentent aucun canal de navigation , et n'ont jamais
été eaux publiques qu'au temps où elles concouraient
à l'approvisionnement de la ville de Nimes.

Enfin , bien que les riverains inférieurs aient eu
la faculté de s'en servir depuis que l'aqueduc romain
a cessé de fonctionner , — ces riverains n'en ont nullement prescrit l'usage, au vœu de la loi, à l'encontre
de leurs propriétaires légitimes , car ils n'ont fait
sur le fonds de ceux-ci aucun ouvrage apparent
propre à en faciliter le cours et la chute, et , par

conséquent, à leur procurer le bénéfice de la prescription.

En conséquence, MM. Roussel et Vincens ou
leurs auteurs n'ayant pas cessé d'être propriétaires
absolus des sources d'Eure, ils ont le droit incontestable et entier de les céder et vendre à la ville de
Nimes, sans que personne puisse y former opposition.

Si, pour le prix de ces sources, ces propriétaires
et les édiles de la cité ne pouvaient s'accorder, ceux-
ci auraient le droit d'en poursuivre l'expropriation
pour cause d'utilité publique, et les usiniers de
l'Alzon ne pourraient raisonnablement élever aucune
prétention contraire.

Mais la ville de Nimes peut de plus exciper de ses
droits anciens, et revendiquer l'usage et la propriété tant de l'antique aqueduc romain que des
sources d'Eure et des eaux de l'Alzon : — question
toute spéciale que nous examinerons dans un chapitre suivant.

Dans l'état, nous pensons, qu'en contemplation de
ces droits anciens de la ville de Nimes, les propriétaires des sources d'Eure doivent considérer toute
proposition d'achat comme un acte favorable et
même de concession, et apporter en conséquence
dans leurs conditions de prix une modération très-
grande.

Nous pensons que les usiniers de l'Alzon doivent
comprendre qu'ils ne peuvent exciper d'aucun droit
réel, soit contre les possesseurs actuels des sources,

soit contre la ville de Nimes , dans le cas où l'on prouverait que celle-ci n'a pas cessé d'être propriétaire , où qu'elle le deviendrait par achat amiable ou par l'effet de l'expropriation.

Mais nous pensons aussi que la ville de Nimes , vu la longue possession , la bonne foi de ceux chez qui les sources naissent et des usiniers qui profitent de leur cours ;

Mue par les sentiments d'une noble et généreuse équité, indemniserait convenablement toutes les parties intéressées de leurs pertes ;

Qu'une somme d'argent , facile d'ailleurs à fixer , serait le dédommagement le plus convenable pour MM. Roussel et Vincent ;

Que pour les usiniers, irrigateurs et riverains de l'Alzon, — il serait possible d'établir un règlement d'eau équitable qui attribuerait à la ville de Nimes la fourniture de nuit , tandis que le débit diurne resterait à ceux qui en jouissent actuellement.

Mais ce qui , à mes yeux , vaudrait bien mieux encore, ce serait d'assurer aux riverains de l'Alzon beaucoup plus d'eau qu'on ne leur en prendrait, — et cela par la construction de bassins de réserve établis à l'origine de ce cours d'eau.

Dans le Midi, en effet , nous ne saurions trop le redire, les besoins de l'agriculture, de l'industrie, et ceux bien plus respectables et importants de l'approvisionnement des villes, ne pourront être satisfaits, assurés , largement desservis que par la construction de bassins qui mettent en réserve pour nos époques de désastreuse sécheresse l'excédant des eaux de nos pluies torrentielles.

Ne venons-nous pas de souffrir pendant trois mois d'une affligeante pénurie à laquelle des réservoirs remplis par les eaux de l'automne auraient bien heureusement remédié ?....

Les sources, la fontaine de Némausus, les ruisseaux, les torrents, les Gardons même étaient dans un déplorable état d'amoindrissement.

La pluie a été abondante au mois d'avril ; si elle était sagement aménagée, elle nous mettrait à l'abri des sécheresses dévorantes de l'été, qui, dans moins d'un mois peut-être, viendront attrister de nouveau le pays et menacer toutes nos récoltes.

Ne nous lassons donc pas de le répéter :

Le seul moyen de salut pour tout le Midi, c'est la construction de vastes réservoirs à l'origine de ses cours d'eau ;

Le seul moyen de prospérité, de salubrité, d'agrément, pour la ville de Nimes, c'est la reconstruction de l'antique aqueduc romain.

Anduze, le 1er mai 1852.

CHAPITRE VI.

—

Projet de M. Foëx.

Multa renascuntur quæ jam cecidère.....

I.

Le 24 septembre 1851 , M. Foëx , chef d'arrondissement au canal de Marseille , écrivit à M. le Maire de Nimes pour lui proposer : — « *d'amener du Gardon à la fontaine romaine , par un aqueduc souterrain , deux cents litres d'eau par seconde , sans avoir recours à aucune machine hydraulique.*

» Cette eau devait être prise dans les plus basses couches du gravier du Gardon au moyen d'un barrage établi à un kilomètre au dessous de Russan et arriver à Nimes , *à six mètres au-dessus des eaux de la Fontaine , après avoir parcouru un percé de onze mille mètres.*

» Le barrage projeté s'appuierait contre les rochers escarpés qui encaissent le Gardon *entre Russan et le Mas-Charlot ;*

» *Les travaux entraîneraient une dépense de quinze*

cent mille francs au plus et demanderaient trois ou quatre années pour être accomplis (1). »

Le dimanche, douze octobre 1851, M. Foëx me fit l'honneur de venir chez moi et de me donner verbalement certaines explications sur son entreprise ;

Il me dit :

« Qu'il était dans l'intention de fonder son barrage, d'une rive à l'autre, sur le rocher qui se trouve au-dessous des graviers, et cela, *dans le but d'intercepter les eaux souterraines.*

» Qu'il supposait le rocher à douze mètres de profondeur au thalweg, et estimait le coût de son barrage à...................... 60,000 fr.

» Que le percé de la montagne, fait en ligne droite, aurait environ onze mille mètres de long, un de large, deux mètres de hauteur, — ce qui donne une coupe de deux mètres carrés, — et à 32 fr. 50 le mètre cube, porte à 65 fr. le mètre d'avancement, ou réclame une dépense, pour toute la longueur, de.................. 715,000

» Que les puits d'aérage et de déblaiement, au nombre de quarante-un, ayant ensemble une profondeur de près de trois mille mètres, devaient

A reporter.......... 775,000 f.

(1) *Lettre de* **M.** *Foëx à* **M.** *le Maire de Nimes*, du 24 septembre 1851.

Report .... 775,000 f.

coûter, en moyenne, cent francs le
mètre de foncement, ci ensemble... 300,000

» Enfin, qu'il était mis en réserve
une somme de quatre cent vingt-cinq
mille francs pour prime de l'auteur du
projet, frais de surveillance des travaux, cas imprévus, somme à valoir 425,000

» Estimation de la dépense totale du
projet .... 1,500,000 fr.

M. Foëx pensait *qu'en prenant l'eau à mille mètres
en aval de Russan, à un mètre au-dessus de la surface du lit du Gardon, le produit de sa dérivation,
qu'il n'estimait pas à moins de huit cent soixante
quatre pouces, arriverait à Nimes à six mètres au-
dessus des hémicycles de la Fontaine.*

Je le prévins qu'il était dans l'erreur sur ce point
et que son canal ne pourrait pas même déboucher à
la hauteur des plus basses eaux de la fontaine de Némausus, dont le niveau est déjà malheureusement
trop infime pour l'alimentation d'une grande partie
de la cité. En effet, l'étiage du Gardon, à mille
mètres en aval de Russan, se trouve à 50 m. 52 au-
dessus du niveau de la mer ; le gravier, au thalweg,
se trouve au plus à 50 m. 00, — tandis que la terrasse des hémicycles est déjà à la cote 51 m. 40.

Outre ce point capital, ce projet me parut encore
avoir plusieurs inconvénients très-notables.

Rien, en effet, ne me paraissait moins certain

qu'une quantité de huit cent soixante-quatre pouces d'eau , *filtrant à Russan , sous les graviers aux époques où , à leur surface , le Gardon est complètement à sec pendant plusieurs mois de l'année.*

La chose n'est peut-être pas impossible , mais cette donnée est pourtant purement hypothétique ; rien n'en garantit la réalité , et toutes les probabilités lui sont contraires.

Pour se fixer à cet égard , il faudrait des expériences longues et coûteuses faites pendant plusieurs étiages extrêmes et consécutifs ; car , comme l'eau filtre avec beaucoup de lenteur au travers des sables fortement comprimés, il faudrait , pour en apprécier la quantité , ouvrir et entretenir longtemps dans la masse du gravier , au travers de la rivière , une large et profonde tranchée mettant partout à nu la roche qui , dans certains endroits , est peut-être à plus de vingt mètres de profondeur. Cette tranchée serait à recommencer à chaque orage.

Lorsque le Gardon est à sec à la surface , il peut bien exister de l'eau sous les graviers ; mais sa tranche , son mouvement , et , par conséquent, sa quantité seront toujours , dans les parties profondes, d'une appréciation coûteuse et bien difficile , si ce n'est impossible.

Il est à craindre qu'on ne reste dans une complète incertitude , même après des travaux ruineux.

D'ailleurs, l'eau ne peut-elle pas s'infiltrer plus bas que le gravier , passer entre le terrain lacustre et la formation néocomienne , pénétrer dans cette roche elle-même ?

Telle est ma croyance déjà depuis bien longtemps. J'écrivais , en 1848 , et c'était même un rappel :

« En amont de Dions , dans la large et plate vallée
» de St-Chaptes, de Moussac , de Brignon, de Boucoi-
»ran , de Ners (et à plus forte raison en aval) , on
» pourra difficilement atteindre le rocher au-dessous
» du lit du Gardon ; mais , *quand on y parviendrait* ,
» on n'aurait aucune certitude de pouvoir retenir les
» eaux , attendu que le torrent disparaît en été dans
» cette plaine, *en s'infiltrant plus bas que les graviers*
» *dans la roche elle-même, ce qui est évident puis-*
» *qu'elle en ressort à deux ou trois lieues en aval...*

» L'établissement d'une prise d'eau , perméable
» d'un côté comme *filtre* , — imperméable de l'autre
» comme *barrage*, étant une chose sur laquelle on ne
» peut nullement compter (1) , il faudrait en revenir
» à la dérivation des eaux de surface (prises à Bou-
» coiran) qui réveillerait les oppositions légitimes des
» communes lésées (2). »

En amont de Ners , M. Perrier lui-même avait déjà découvert une fissure considérable dans la roche néocomienne où s'engouffrait une portion très-no-

----

(1) Trois ans avant qu'il se produisît , j'avais déjà combattu, pour ainsi dire rejeté le projet de barrage de M. Foëx dont je parlerai tout à l'heure.

(2) Voyez la note des pages 68 à 70 de la troisième livraison du second volume de cet ouvrage ; livraison intitulée : *Etat actuel de la question des eaux de Nimes.*

table des eaux de la rivière , et chacun sait qu'en aval des points où celle-ci a paru successivement absorbée et mise à sec par les graviers , c'est du sein de la roche néocomienne elle-même qu'elle jaillit avec force au moulin Labaume. Or , sa renaissance au jour , son éjection de la masse de ce rocher prouvent qu'elle s'y était infiltrée en amont , et je ne puis croire qu'à Russan huit cents pouces de fluide filtrent dans les graviers du Gardon *alors que rien n'apparaît à la surface.* Le gravier mêlé de sable et lourdement chargé offre une grande résistance au passage de l'eau , et , certainement , si au-dessus du fonds rocheux de la rivière , il passait plus de huit cents pouces d'eau dans les graviers vis-à-vis de ce village , le courant ne disparaîtrait pas entièrement de la surface de son lit.

Le vingt-neuf octobre 1851 , dix-sept jours après notre entrevue , M. Foëx écrivit de nouveau à M. le Maire de Nimes :

« Qu'une erreur provenant d'une transposition » de chiffres dans son nivellement l'avait obligé de » modifier la hauteur d'arrivée de son aqueduc à » Nimes. »

En effet ; quand j'eus signalé le 12 octobre à M. Foëx l'illusion d'une huitaine de mètres qu'il s'était faite dans son nivellement, il fallait y remédier , et, pour cela , *il exhaussa son barrage de trois et rabaissa de cinq son point d'arrivée à la fontaine ;* il n'en pouvait être autrement.

Voici , du reste, le projet en substance tel que

l'auteur l'expose lui-même dans une note que je n'ai connue que plus-tard :

« L'eau serait prise dans les plus basses couches du gravier du Gardon, au moyen d'un barrage en maçonnerie *complètement étanche*, qui ne lui permettrait d'atteindre l'embouchure de l'aqueduc qu'après s'être clarifiée en filtrant dans les graviers.

» Pour arriver à ce résultat, l'introduction du fluide dans l'intérieur du barrage s'opérerait par les ouvertures ménagées dans la partie moyenne du mur d'amont, de manière à ce que, soit qu'il arrive d'en haut, soit qu'il provienne d'en bas, il y ait nécessité qu'il traverse une couche épaisse de gravier.

» Ce n'est que de l'intérieur du barrage que l'eau pourra communiquer avec l'aqueduc (1).

» Ce barrage, qui appuierait à droite et à gauche du torrent sur les rochers qui l'encaissent, *devrait être élevé à une hauteur moyenne de quatre ou cinq mètres au-dessus de la surface actuelle des graviers du Gardon* (2), niveau qui n'atteindrait pas les plus basses terres cultivées de Russan (3).

(1) Un dessin qui accompagne le barrage en fait comprendre l'action qui ne peut être que très-peu durable et donner un filtrage peu copieux, à cause des eaux très-vaseuses de la rivière, en temps de crue.

(2) Cette hauteur ne devait être que d'un mètre avant la reconnaissance de l'erreur de nivellement dont j'ai déjà parlé.

(3) C'est bien, en temps ordinaire ; mais en temps de grandes inondations, n'y aurait-il pas de graves inconvénients à ce qu'on eût relevé ainsi le lit de la rivière ?

» L'aqueduc souterrain prendrait naissance sous le premier rocher coupé à pic sur la rive droite du Gardon, en aval du village ; il traverserait les montagnes qui séparent ce point de Nimes , enfoui sous le sol à des profondeurs diverses qui varient de quinze à cent vingt mètres ; il arriverait enfin à la fontaine romaine *à la hauteur des dalles du double hémicycle* (1).

» On donnerait à cet aqueduc une hauteur de deux mètres ; — un mètre de largeur, — et une pente totale de 1 m. 05 cent. , ce qui lui permettrait de débiter deux cent cinquante litres par seconde, dans l'hypothèse où l'eau s'élèverait d'un mètre au-dessus du radier.

» La réalisation de ce projet ne présente pas de difficultés sérieuses : — le percement du souterrain ne pourrait être entravé que par la présence d'une grande quantité d'eau dans les puits ou les galeries ; or, si l'on venait à en rencontrer une quantité telle que le prix du percement dût beaucoup s'en ressentir, cette quantité suffirait très-probablement à l'alimentation de la ville de Nimes, et dispenserait de l'exécution du barrage du Gardon et de la partie de souterrain restant à exécuter en amont du point où l'eau aurait été rencontrée.

» Si, au contraire, la quantité d'eau trouvée était

______

(1) Le point d'arrivée devait être à six mètres au-dessus des eaux de la Fontaine, avant que M. Foëx se fût aperçu de son erreur de nivellement.

peu considérable, elle influerait faiblement sur le prix du travail, surtout si elle était répartie entre un grand nombre de puits, ce qui est probable.

» La construction du barrage ne serait pas non plus difficile (1), si l'on ne s'en occupait que pendant les mois de l'année durant lesquels le Gardon a le moins d'eau.

» On pourrait, le premier été, ne l'élever que jusqu'à la hauteur du lit actuel, de manière à ce que les eaux, pendant les crues de cette année, pussent passer par dessus sans rencontrer d'obstacle.

» L'été suivant, on achèverait le barrage, qui, une fois couronné en pierres de taille, serait en état de résister au frottement des cailloux que roulent les eaux pendant les crues.

» Un enrochement serait fait en aval pour empêcher les affouillements.

» On contestera peut-être la possibilité de prendre dans les graviers du Gardon, pendant la saison chaude, deux cents litres d'eau par seconde : — *Je ne puis, à cet égard, citer aucune expérience faite dans le but de déterminer la quantité d'eau qui filtre dans les graviers du Gardon à la hauteur de Russan pendant les mois les plus chauds de l'année*; mais, ce que je puis dire, c'est que j'ai vu de l'eau en août et septembre 1851 dans tous les puits ouverts dans le

______

(1) Je suis loin de partager cet avis pour un barrage sur une rivière torrentielle, qui, au travers de graviers perméables, aurait à saisir, arrêter et faire remonter les eaux de quinze à vingt mètres de profondeur.

lit du Gardon par les habitants de Dions et de Russan, et que cette eau devait se renouveler rapidement, puisque lorsqu'on la troublait au moyen d'un peu de limon, elle s'éclaircissait de suite.

» J'ajouterai que, puisque depuis Boucoiran jusqu'à Dions, on voit reparaître l'eau plusieurs fois et *en abondance* à la surface du gravier, et puisqu'on la retrouve de nouveau au-dessous de Saint-Nicolas, il est probable que sa disparition momentanée n'est due, dans le parcours intermédiaire où le torrent se trouve resserré entre des rochers escarpés, qu'à une plus grande profondeur de gravier.

» Je dirai enfin que si la quantité d'eau qui filtre dans les sables du Gardon entre Dions et Russan n'était que de quelques centaines de litres, elle serait nécessairement absorbée par la capillarité du sable qui peut en retenir jusqu'à soixante litres par mètre cube, sans que sa présence se manifeste autrement que par une augmentation de pesanteur et une légère humidité (1). »

Cette note explicative de M. Foëx est accompagnée d'un profil en long de la galerie souterraine, depuis le Gardon, en aval de Russan, jusqu'à la source de Némausus.

Cette galerie aurait, selon lui, 10,568 m. 81 de longueur, — et la profondeur réunie des quarante-

____

(1) *Description d'un barrage et d'un aqueduc souterrains destinés à faire arriver les eaux à Nimes*, écrite à Marseille, par M. Foëx, le 29 octobre 1851.

un puits de déblaiement et d'aérage serait de 2,773 mètres. Leur profondeur varierait de quinze mètres à cent vingt : — soit, en moyenne, à peu près soixante-sept mètres et demi pour chacun.

La pente totale du percé serait toujours d'un mètre et cinq centimètres.

II.

Lorsque je ne connaissais encore ce projet que par la communication verbale que m'en avait donnée son auteur, j'écrivais pourtant, le onze novembre 1851 :

« Un autre projet surgit : — *Il s'agirait de dériver l'eau du Gardon à mille mètres en aval de Russan ;*

» D'ouvrir, *par un percé de onze mille mètres*, la chaîne de montagnes qui sépare la vallée du Gardon de celle du Vistre, et d'amener *deux cents litres d'eau par seconde* à la source de Némausus....

» L'auteur se flatte d'obtenir ce résultat *pour quinze cent mille francs ;*

» Ce serait fort beau, si c'était possible.

» Malheureusement, à l'étiage, *il n'y a pas une goutte d'eau dans le lit du Gardon au droit de Russan, ni à plusieurs milliers de mètres en amont et en aval* (1).

» *On suppose* que le liquide filtre et glisse sous

______

(1) Cette année, *en mars et avril* 1852, le Gardon était à sec dans ces parages. C'est un fait à noter, quoique peu ordinaire, nous le reconnaissons.

les graviers, entre eux et le sous-sol rocheux de la vallée.

» *On espère* qu'on pourra trouver, en creusant, un courant considérable, l'arrêter, le faire remonter, non-seulement à la hauteur de surface du lit actuel de la rivière, *mais encore à cinq mètres plus haut...*

» Ce sont de pures hypothèses, et, pour arriver à la démonstration de leur réalité, la ville assurément ne voudra jamais exposer une centaine de mille francs sur des chances aussi aléatoires.

»De plus, l'eau, ne pouvant arriver qu'au niveau de la plate-forme des hémicycles, serait loin de la hauteur suffisante ; car la moitié des rues, vu leur altitude, resteraient en dehors du bénéfice de la distribution des eaux nouvelles, comme il arrive maintenant pour le produit de la source de Némausus.

» L'exécution d'un projet aussi incertain qu'inefficace n'entraînera-t-elle pas, d'ailleurs, une dépense de plus de quinze cent mille francs ?

» Aucune compagnie ne se présente pour exécuter à ses périls et risques : la ville renoncera-t-elle à une condition que, dans le dernier concours, elle a placée en première ligne ?.... »

De nouvelles réflexions n'ont pu changer mes opinions à l'égard de ce projet ; en effet :

Comment établit-on que, quand le Gardon est à sec à Russan, il doit y avoir sous les graviers un courant considérable, bien qu'invisible ?

On dit : — « Que si la quantité d'eau qui filtre

» dans les sables n'était que de quelques centaines
» de litres , elle serait nécessairement absorbée par
» la capillarité d'un sol qui peut en retenir jusqu'à
» soixante litres par mètre cube.... »

Mais, évidemment, les interstices du sable se remplissent d'eau avant que la rivière cesse de couler à
la surface de son lit : ce que le sable peut en contenir , par mètre cube , ne prouve donc nullement
l'existence d'un courant souterrain. Celui-ci n'aurait
tout au plus qu'à remplacer ce que l'évaporation
dissipe , ce qu'il ne fait qu'imparfaitement, puisque
l'épaisseur de la couche de sable desséchée augmente
à mesure que l'étiage se prolonge.

On avoue « *qu'on ne peut citer aucune expérience* ;
» mais qu'à l'étiage de 1851, il y avait de l'eau dans
» les puits creusés dans le gravier , et que cette eau
» devait se renouveler rapidement , puisque lors
» qu'on la troublait au moyen d'un peu de limon ,
» elle ne tardait pas à s'éclaircir.... »

D'abord, il est, en général, assez difficile de bien
voir ce qui se passe au fond des puits ; de plus , le
limon du Gardon , mélange de détritus des terrains
calcaires, granitiques, des schistes argilo-siliceux et
micacés , se précipite facilement dans l'eau , surtout lorsqu'on ne l'a pas longtemps agité de manière
à le bien dissoudre , et lorsque le liquide est froid ;
— enfin, s'il y avait eu un véritable courant au fond
de ces puits, il aurait été appréciable à l'œil aussi
bien que la précipitation du limon ; il eût été d'ailleurs bien facile de le manifester en jetant dans l'eau

des corps légers, qui auraient dû cheminer de l'amont à l'aval dans le sens de la rivière.... Cette expérience eût été plus concluante *que celle du limon qui se précipite.*

Il est des ruisseaux qui dans leur cours d'hiver ne roulent pas cent pouces d'eau, — qui cessent de couler en été, — et dans le lit desquels il existe cependant de grands amas d'eau pérenne, souvent la seule ressource des villages environnants, pendant la sècheresse : *on rencontre aussi de l'eau en fouillant leurs graviers.*

Il en est de même du Gardon au-dessous de Boucoiran, et, — « quoiqu'on voie reparaître plusieurs » fois l'eau, *en abondance,* à la surface du gravier, » — comme elle n'a pas de mouvement appréciable , on ne peut pas en conclure l'existence d'un courant considérable, inférieur et enfoui.

Quant à l'eau vive qui reparaît au-dessous de St-Nicolas : — comme c'est de la roche néocomienne qu'elle sourd avec force, soit aux Frégières , soit au moulin Labaume , on ne saurait en déduire qu'on pourrait la saisir plus vers l'amont, dans les graviers. Au contraire, c'est dans la roche elle-même , *et l'on ne sait à quelle profondeur ,* qu'il serait nécessaire de l'atteindre pour l'arrêter.

Et, quand on parviendrait à saisir quelques filets d'eau épars, du nombre de ceux qui circulent entre les strates des roches lacustres , néocomiennes, ou dans les fissures de celles-ci ; — comme la couche de gravier, à Russan, a plus de quinze mètres d'épaisseur ; — comme on ignore à quelle profondeur il faudrait entailler la roche pour arrêter toute infiltration : — pense-t-on qu'il serait facile d'établir un barrage étanche , de faire remonter les eaux de profondeurs aussi considérables , de relever de quatre ou cinq mètres la ligne de flottaison du Gardon ?

Le succès d'une pareille construction est une chose plus que problématique , *et cependant l'entreprise d'approvisionnement pour Nimes ne peut réussir qu'en trouvant beaucoup d'eau , en l'arrêtant dans son cours souterrain, en l'obligeant de remonter d'une profondeur inconnue.....* Nul abaissement de niveau ne pourrait être accepté , car le point d'arrivée indiqué est déjà bien au-dessous de la hauteur désirable·

Tout est donc peu satisfaisant , et de plus aléatoire, incertain dans ce projet ; malheureusement encore , pour s'assurer si sa réalisation est possible, il faudrait que la ville de Nimes dépensât une somme énorme en expériences où presque toutes les chances seraient contre elle ;

Je ne l'y crois pas mieux disposée qu'une compagnie quelconque.

On viendrait toujours à bout du percement de la galerie : — ce n'est qu'une affaire d'argent ;

Mais, pour la retenue des eaux , il n'en est pas de même....

Et pourtant, le projet ne sera positivement réalisable qu'autant que le barrage produira l'effet qu'on espère, — ce qu'on ne peut malheureusement savoir qu'après l'exécution des travaux qu'on ne réalisera certes pas avec cent mille francs de dépense.

Ce serait jouer un peu cher une partie de hasard.

Il y a plus de huit ans que j'ai combattu le projet d'un barrage qu'on voulait construire dans ce lieu même, entre Russan et le Mas-de-Charlot, à l'effet d'élever les eaux du Gardon, puis de les conduire à Nimes de plain-pied ; ce souvenir m'a fait indiquer en commençant : — *qu'il y a sous le soleil bien moins de choses nouvelles qu'on ne le pense* (1).

Nimes, le 18 mai 1852.

(1) Voyez cet ouvrage, t. i, 2e livraison, publiée en 1843, p. 259 et 260, — et t. ii, 3e partie, p. xxx, xxxi, — lix, — lxviii à lxx.

CHAPITRE VII.

—

Fourniture d'Eau prise au moulin Labaume.

J'écrivais le onze novembre dernier : — « Que,
» pour résoudre convenablement la question des
» eaux de Nimes , je m'étais imposé les conditions
» rigoureuses suivantes :

» 1° Fournir , *au minimum* , un volume de six
» cents pouces ;

» 2° Que cette fourniture fût constamment irrépro-
» chable sous le rapport de la qualité ;

» 3° Que toute la ville pût profiter de son bien-
» fait , par suite de la hauteur du point d'arrivée ;

» 4° Que cette fourniture coûtât moins de deux
» millions... ;

» 5° Que l'exécution de l'entreprise fût assurée
» par une compagnie qui s'en chargerait à forfait (1). »

Je crois être en mesure de satisfaire à tous ces
points.

Pour développer mon idée , je disais encore : —

(1) Chapitre II de cette livraison , p. 21.

« Ne voulant prendre de l'eau *que là où elle se trouve d'une manière certaine*, mais là aussi où la dérivation ne blesse aucun intérêt public, je ne placerai pas mon barrage plus en amont, plus au nord sur le Gardon que le moulin Labaume ;

» Désirant supprimer les frais d'un long canal d'amenée,

» Epargner l'achat et la destruction des moulins Jolyclerc, Pérochel et de Saint-Privas, je ne descendrai pas la prise d'eau en aval du village de Collias.

» Entre Collias et le moulin Labaume, j'établirai un barrage plus élevé que celui de cette usine à supprimer ; ou bien je me servirai de ce barrage lui-même rendu plus solide et surélevé.

» La chute d'eau que j'obtiendrai me permettra, même pendant le débit le plus infime de la rivière, d'en élever plus de six cents pouces au niveau de l'aqueduc romain, c'est-à-dire à trente ou trente-deux mètres plus haut que le bief supérieur actuel.

» L'appareil hydraulique étant construit sur les bords du Gardon, il ne s'agira plus que de le mettre en communication avec le canal antique, aux environs de St-Gervasy...

» Pour cela, on pourrait suivre la combe profonde appelée la *Signora*, et percer ensuite la montagne dans la direction de l'évent de Fouze ;

» Ou bien, suivre la combe dite de *Beaumont*, et aboutir à l'aqueduc romain au midi de Cabrières, par la vallée du ruisseau de la Bastide...

» Rien ne s'oppose à ce qu'au moulin Labaume on élève six cents pouces d'eau à la hauteur de l'aqueduc romain.

» En ce point où le Gardon , à l'état de véritable source , s'échappe bruyamment des flancs de la montagne , la qualité du fluide est évidemment irréprochable , sauf pendant la durée des grandes inondations ; mais , pendant ces époques de fortes pluies , le Fouze , alors abondant , fournirait à son tour de l'eau de source.

» Ce fluide, amené à Nimes par l'aqueduc romain, arriverait à neuf mètres au-dessus de la plate-forme des hémicycles ;

» Et l'achat d'une seule usine à détruire , l'établissement d'un appareil hydraulique qui ne pousserait le liquide qu'à trente mètres de hauteur ; — un percé de cinq à six mille mètres , *au lieu de dix à onze mille que réclament les autres projets* , — et la restauration de l'aqueduc romain jusqu'à Nimes n'exigeront pas une dépense de deux millions.

» Dès lors une compagnie sérieuse ne sera pas difficile à former , car elle trouvera honneur et profit dans l'entreprise (1). »

Persuadé des avantages de la conception qui me préoccupait , j'écrivis le 14 novembre 1851 à mon ami , M. Emilien Dumas , l'homme qui connaît le mieux toutes les parties de notre département :

« Je vous adresse aujourd'hui le *Courrier du Gard*

___
(1) Chapitre ii de cette livraison , p. 25 à 25

du onze du courant, dans lequel vous verrez que de nouvelles réflexions m'ont amené, *dans un but d'économie*, à formuler un nouveau projet pour donner de l'eau à Nimes.

» Depuis l'année 1843, où j'ai commencé mes recherches, la science des travaux publics a fait de grands progrès : — on s'est familiarisé avec les percés considérables ; — on les exécute à des prix beaucoup moins élevés que par le passé ; — il faut suivre la marche des choses (1).

» En 1843, il en aurait moins coûté de prendre toutes les eaux du Gardon à Collias, de les amener au Pont-du-Gard par un canal à faible pente, et de les faire chuter là, pour en élever, par des machines, une portion qu'on aurait conduite à Nimes en restaurant l'aqueduc romain ;

» Qu'il n'en coûterait, en 1851, pour élever les eaux tout près ou en aval du moulin Labaume, — pour percer la montagne aux environs de Poulx, et restaurer l'antique canal de St-Gervasy jusqu'à Nimes.

» A la première entreprise se rapporte le projet que je présentai au concours de 1846, et qui obtint la préférence des juges ;

» J'étudie la seconde, et il s'agit maintenant de trouver le passage le meilleur, celui pour lequel la galerie souterraine sera le moins longue et les puits

(1) On verra, à la fin de ce chapitre, que je me suis mis en garde contre ce que cette opinion peut avoir d'exagéré.

de déblaiement et d'aérage le moins profond entre le Gardon et l'aqueduc romain.

» J'ai parcouru dans le temps et exactement décrit la vallée du Gardon entre Labaume et Collias (1), c'est-à-dire le versant nord des collines à percer.

» J'ai, bien souvent aussi, parcouru et décrit le versant sud, celui au pied duquel passe l'aqueduc romain. — De ce côté, le percé doit évidemment s'emplacer sous le ruisseau du Canabou, ou bien sous celui de Cabrières ou de la Bastide. L'étude des plans du cadastre, de la carte de Cassini et de la vôtre, m'a édifié sur ce point, — ainsi qu'une exploration attentive que j'ai récemment faite sur les lieux dans ce but spécial. — Il m'importe d'ailleurs que ma tranchée traverse l'évent du Fouze pour utiliser son produit.

» Mais, sur le versant nord, le choix n'est plus aussi facile.

» Depuis le moulin Labaume jusqu'à Montpezat, huit gorges ou vallées subordonnées marchent, du centre de la chaîne, perpendiculairement sur la vallée du Gardon, en s'abaissant plus ou moins vite.

» Quelle est la plus longue, la plus profonde de ces combes ? — laquelle, par son érosion, fournirait le meilleur à-compte pour le percement de la chaîne, en diminuant la longueur de la galerie et la profondeur des puits ?

» C'est là ce qu'il faut découvrir, ainsi que la cor-

(1) Voyez, tome 1er de cet ouvrage, seconde livraison, p. 380 à 389.

respondance la plus rapprochée , le long du faîte de la chaîne entre la vallée à adopter sur le versant du Vistre , et celle à préférer sur celui du Gardon ?

» Veuillez m'aider dans cette recherche... »

Le même jour , je disais à peu près les mêmes choses à M. l'ingénieur Dombres.

Enfin , quarante-huit heures plus tard , j'écrivais à M. le conducteur Poulon , et , ne pouvant quitter Anduze , je le priais de commencer immédiatement , pour moi , un nivellement entre l'aqueduc romain et le Gardon , en suivant deux lignes que nous avions parcourues dans la reconnaissance sur le terrain que nous avions faite ensemble , le 6 novembre : c'est-à-dire en joignant les deux versants par les vallées opposées qui se rapprochent le plus, les deux premières au sud de Poulx , les deux autres au sud de Cabrières.

» Vous lierez, ajoutais-je , ces deux profils transversaux par un nivellement de la crête de la montagne.... »

Muni de ces instructions , M. Poulon s'occupa en décembre et février derniers des opérations que je lui avais demandées, et, après une nouvelle conférence avec moi, il s'en est encore occupé les 15 et 16 du courant (mai 1852).

Il résulte de ses opérations :

Que le niveau de la mer étant pris comme repère 0 00

L'étiage du Gardon, à Ners, sous le pont, est à 83 14

L'étiage du Gardon, à mille mètres en aval de Russan, à.................... 50 52

Le point le plus élevé du barrage de Labaume, à...............•............ 52 67

La jonction de l'Eure et du Gardon, à. 24 87

Le point culminant de la chaîne qui sépare la vallée du Vistre de celle du Gardon, dans le prolongement de la vallée de la *Signora* sur celle du *Canabou*, à......... 191 90

Le point culminant de la même chaîne, en la traversant par la combe de Laval et le ruisseau de la Bastide, à................ 200 56

Le niveau du radier de l'aqueduc romain dans le Canabou, à.................... 62 58

Le niveau du radier du *Castellum diviso- rium* (débouché de l'aqueduc romain à Nimes)[1], à............................ 59 04

La dalle qui sépare les deux hémicycles à la fontaine de Némausus, à 51 49

A l'étiage, le Gardon n'est pas à sec au moulin Labaume, comme il l'est à Russan ; — bien au contraire, l'eau existe toute l'année, belle, abondante, salubre ; elle a toujours été ardemment convoitée par tous les Nimois qui connaissent cette localité !....

Malheureusement, elle se trouve à 29 m. 91 plus bas que le radier de l'aqueduc antique, au point où il traverse le ruisseau du Canabou.

Elle est de 26 m. 37 inférieure au point d'arrivée de l'aqueduc romain à Nimes, au radier du *Castel- lum-divisorium* :

Enfin, elle est plus bas de 18 m. 82 , même que le point d'arrivée de l'eau de Russan , selon le projet de M. Foëx.

En tenant compte des pentes nécessaires et de l'épaisseur de la lame d'eau cheminant dans l'aqueduc, il faudrait donc élever l'eau au moulin Labaume de trente-deux mètres, en nombre rond, pour la conduire à Nimes à la hauteur où les Romains l'avaient donnée ;

Comme il faudrait encore l'élever d'environ vingt-quatre pour qu'elle arrivât seulement au niveau projeté par M. Foëx.

Le premier de ces deux partis me paraîtrait bien préférable.

Dans l'un et l'autre cas, les frais de l'appareil mécanique nécessaire pour élever les eaux, soit de trente-deux, soit de vingt-quatre mètres, seraient largement compensés par la diminution de dépense qu'on obtiendrait à Labaume sur des galeries moins longues et des puits moins profonds qu'à Russan ; et dans la première hypothèse, quel ne sera pas l'avantage pour la ville d'un point d'arrivée des eaux beaucoup plus relevé ?

Nous allons examiner, pour les deux cas, la question de produit et de dépense.

Machines placées au moulin Labaume. — Eau portée à la hauteur de l'aqueduc romain.

Le barrage en maçonnerie du moulin Labaume a deux mètres et un dixième de chute.

Comme il est fondé sur le rocher et retient bien les eaux , nous pensons qu'en augmentant convenablement son épaisseur, on pourrait, sans danger, le surélever de quatre mètres (1).

D'abord, il n'y a, en amont , que des rochers stériles , — et, de plus , l'eau qui s'en échappe le fait avec tant de force , qu'on voit bien qu'une surélévation du bief, qui n'irait pas à plus de quatre mètres, n'influerait pas sur l'éjection.

Toutefois, on devrait procéder ici peu à peu , avec prudence, et l'on aurait l'avantage de ne pas faire de grands frais, attendu que la bâtisse s'appuierait partout sur le rocher. C'est une expérience à tenter sans doute, mais une expérience peu coûteuse et sans inconvénient. Et, pour mon compte, je ne doute pas qu'on ne puisse établir en ce lieu une chute de six mètres.

Si l'on m'accorde, ou si l'on veut expérimenter ce point , et c'est le seul qui présente quelque incertitude :

Nous aurions , au *minimum* , et pendant les plus extrêmes étiages , une masse d'eau de deux mètres

---

(1) Sur la roche néocomienne , à cause de ses fissures et de ses joints de stratification , je n'oserais proposer , comme m'en sollicitait dans le temps un magistrat distingué de la cour de Nimes, un barrage de trente-deux mètres, ou même de vingt-quatre, pour avoir, sans machines ,l'eau à la ligne des Romains ou de M. Foëx. Ceci ressemblerait un peu à la tour coercitive des eaux de M. l'abbé Simil. — Voyez cet ouvrage, t. 1er, 2e liv., p. 254 et 255.

cubes (1), chutant de six mètres, soit douze mètres cubes chutant d'un mètre, ou douze mille kilogram-mètres de puissance.

Si nous en retranchons moitié pour la différence de la force du moteur à l'effet réellement produit par les machines, nous voyons que nous pouvons élever six mille kilogrammes, ou six mille litres d'eau à un mètre.

Pour déverser le liquide dans l'aqueduc romain, nous avions à le pousser à trente-deux mètres ; mais, par l'effet du relèvement de notre barrage, et, par conséquent, de notre bief supérieur, l'ascension ne doit plus être que de vingt-huit. La résistance est la même pour porter six mille litres à un mètre que pour pousser une quantité vingt-huit fois moindre à une hauteur vingt-huit fois plus grande ; nos machines pourront donc élever par seconde à vingt-huit mètres, six mille litres divisés par vingt-huit, soit : 214 litres, qui équivalent à neuf cent vingt-quatre pouces de fontainier.

Ce sera là un produit beaucoup moins hypothétique que celui de M. Foëx, qu'on recovra de plus à Nimes avec un excédant de 7 m. 55 en altitude.

Maintenant, qu'en coûtera-t-il pour obtenir ce résultat ?

Pour passer de la vallée du Gardon dans celle du Vistre et arriver à Nimes à la hauteur des eaux de

(1) Il faut que l'étiage soit des plus extraordinaires pour qu'il n'y ait pas plus de deux mètres cubes d'eau au moulin Labaume.

l'ancien aqueduc romain , en perçant la montagne dans la direction de la vallée de la *Signora* et de celle du *Canabou* , — la galerie souterraine aurait une longueur de 5,600 mètres.

Le point culminant de la montagne , qui est très-étroit, se trouve au-dessus du niveau de la mer, nous l'avons vu, à .... 191 m. 90

Au-dessus du radier de l'aqueduc romain, à 129   32

Le puits le plus profond aurait...... 124   »

Le moins profond serait de......... 15   »

On en creuserait vingt-deux, ayant en moyenne 54   81

Espacés environ de............... 250   »

Soit, en foncement total , une ligne de 1206   »

En conséquence, nous aurions à dépenser :

Etablissement hydraulique.

Achat du moulin Labaume...... }
Exhaussement du barrage...... }
Appareils hydrauliques........ }   300,000 fr.
Maison d'établissement........ }
Tuyaux d'ascension........... }

Percé de la montagne de Poulx par la combe de la *Signora* et la vallée du *Canabou* sur une longueur de 5,600 m. , dans les mêmes dimensions et au même prix que le percé de M. Foëx , soit à 65 fr. par

A reporter.........   300,000 fr.

Report..............	500,000
mètre d'avancement.............	364,000
Dix-huit cent mètres de tranchée, tant du côté du Gardon que de l'aqueduc revêtu en maçonnerie (pieds-droits, voûte, radier et déblais), ensemble à 65 fr. le mètre courant, ci	117,000
Foncement de douze cent six mètres de puits à 100 fr. le mètre, en moyenne.....................	120,600
Revêtement intérieur de la cunette des 5,600 mètres de percé en béton à 8 fr., enduits ou blocage...	44,800
Rachat du parcours de l'aqueduc romain.....................	28,000
Emplacement des souterrains et tranchées.....................	2,000
Reconstruction de l'aqueduc romain depuis Nimes jusqu'au Canabou, 11,542 m. à 20 fr., ci.......	250,840
Entretien annuel de l'aqueduc ou des machines, soit par an 5,000 fr. qui, capitalisés, donnent........	100,000
TOTAL..........	1,507,240 fr.
Somme à valoir, prime, surveillance, frais imprévus...........	192,760
TOTAL GÉNÉRAL...	1,500,000 fr.

Nous aurions donc, pour la même somme que ce que doit coûter le projet de M. Foëx, un produit infiniment plus certain , et qui arriverait à Nîmes à sept mètres et demi plus haut . ce qui est une considération de la plus grande importance ; car l'eau ne peut desservir sans cela qu'une portion de la cité.

Une fois le barrage relevé , notre projet ne peut présenter d'autre chance aléatoire que le prix de revient des puits et des galeries.

Or , comme nos percés sont moins longs , et les puits moins profonds et moins nombreux que dans le projet de M. Foëx, la chance d'augmentation, si les deux entreprises doivent en subir une, est bien moins grave pour nous que pour lui.

En supposant , *ce qui ne serait pas impossible* , que les puits et les souterrains coûtassent cinquante pour cent de plus que M. Foëx ne les estime , la dépense de son projet , s'élevant de cinq cent mille francs environ, irait à deux millions, en somme ronde.

Quant à notre entreprise , elle ne serait soumise, sur les mêmes bases, qu'à une augmentation de deux cent cinquante mille francs , ce qui en porterait le total à dix-sept cent cinquante mille. Différence qui vaut la peine qu'on la prenne en considération , surtout alors qu'aux avantages de la certitude d'une élévation plus grande, d'un volume d'eau au moins égal dès l'origine , vient se joindre le profit de l'exploration du puits Cavalier , du Fouzeron, du Fouze, sources qu'on dérive en passant , qui peuvent avoir beaucoup d'importance , et qui permettraient , du moins , de jouir toujours à Nîmes d'eaux limpides et de laisser nos machines en repos pendant six mois de l'année.

Si, comme la chose nous paraît très-probable, le barrage projeté par M. Foëx ne réussissait pas, ce serait, en pure perte, une dépense très-considérable et qu'il est impossible de fixer à l'avance.

Quant à la hauteur de six mètres à laquelle nous proposons de porter la digue du moulin Labaume : — si l'on craignait de la pousser aussi loin, et qu'on voulût se borner à cinq ou à quatre, — la force motrice obtenue serait toujours en proportion de l'argent dépensé. Avec quatre mètres de chute seulement, c'est-à-dire en ne surélevant la chaussée actuelle que de deux mètres, on aurait encore six cent seize pouces d'eau, sans compter celle du parcours.

Si l'on ne pouvait aller jusque-là, qu'on ne surélevât que d'un mètre et qu'on dédaignât pour la ville les quatre cent soixante-deux pouces qu'on pourrait avoir ainsi : — on n'aurait certes pas dépensé dix mille francs pour tenter cette expérience, et cette faible somme ne serait pas perdue ; car la construction faite tournerait au profit du moulin.

Si donc M. Foëx peut donner à Nimes neuf cents pouces d'eau pour quinze cent mille francs, nous pouvons, pour la même somme, en élever au moins autant du Gardon ; nous pouvons joindre à cette fourniture tout le produit des sources connues de notre parcours ; avoir dans tous les temps des eaux irréprochables et les rendre à Nimes beaucoup plus haut que cet ingénieur ; — une expérience malheureuse sur le barrage de M. Foëx sera ruineuse dans son entreprise ; — elle sera complètement insignifiante dans la nôtre.

Une erreur de moitié sur le coût des puits et des galeries portera à deux millions la dépense de son projet ; avec la même erreur sur le coût de ces travaux , le nôtre ne s'élèvera qu'à dix-sept cent cinquante mille ;

Il nous semble qu'il y a là bien des motifs de préférer la provenance du moulin Labaume à celle de Russan.

Machines placées au moulin Labaume , eau portée seulement à la hauteur des hémicycles.

Dans le système qui précède, nous devons obtenir, en nombre rond, une quantité de neuf cents pouces d'eau pour quinze cent mille francs de dépense. Mais, quand nous n'aurions que huit cent cinquante pouces , huit cents même , si l'on veut , alors que les machines seront fatiguées , — quand les déboursés s'élèveraient à seize cent mille francs , ce serait , au pis-aller, deux mille francs par pouce..... ce qui , assurément, est un prix très-avantageux.

Dans l'intérieur de la ville , il n'est pas douteux qu'on ne vendît facilement la moitié de cette fourniture au double du prix de revient. Ainsi, l'édilité pourrait couvrir, tout d'abord, les frais d'élévation et d'adduction de l'eau avec le produit de ces ventes. Elle ne resterait à découvert que pour le montant de la distribution dans l'intérieur de la ville , sacrifice qui serait nécessaire pour ses usages mêmes , et que compenseraient assurément avec usure les quatre ou cinq cents pouces qui resteraient pour le service public , et qu'on distribuerait d'une façon si désirée aux fontaines , aux lavoirs , sur les places , dans les rues et à tous les édifices d'utilité commune.

Jamais , certes , il n'aurait été fait un meilleur emploi des ressources municipales.

Ce premier point éclairci , on peut désirer encore de connaître ce qu'il en serait pour le produit et pour la dépense d'un établissement hydraulique encore placé au moulin Labaume , mais qui n'élèverait les eaux qu'à la hauteur du projet Foëx , c'est-à-dire pour les faire couler à la fontaine de Némausus , sur la plate-forme des hémicycles ?

C'est un calcul facile à faire , avec les renseignements que nous nous sommes procurés.

Nous savons que la cote des hémicycles est de. . . . . 51^m 49

Nous admettons pour tout l'aqueduc , depuis le moulin Labaume jusqu'au point d'arrivée à Nimes , une pente de. 4 37

Hauteur d'eau dans l'aqueduc. 0 81

Cote à laquelle l'eau du Gardon doit être poussée. . . . . 56^m 67

Nous avons déjà dit que le bief supérieur actuel du moulin Labaume était à la cote. . . . . 52^m 67

L'ascension de l'eau serait donc de. 24 00

56^m 67

Mais, comme nous devons surhausser le barrage actuel de quatre mètres, nous n'aurons, en réalité, à élever les eaux que de vingt.

Nous disposerons toujours de douze mille kilogrammmètres de puissance, réduits à six mille en effet réel.

La résistance pour pousser six mille litres d'eau à un mètre est la même que pour en élever vingt fois moins d'autant plus haut, de sorte que nous pouvons faire monter, par seconde, *trois cents litres* de liquide au point où nous le désirons, soit *douze cent quatre-vingt-seize pouces* de fontainier ; treize cents, en nombre rond, pouvant se rendre sur les hémicycles de notre Fontaine, où M. Foëx n'en promet que neuf cents.

Examinons quelle serait pour cela la dépense nécessaire.

La galerie souterraine, abaissée, aurait une longueur de 6,420 mètres, au lieu de 5,600, en supposant qu'on passe toujours par la combe de la *Signora* et la vallée du *Canabou*.

Le point culminant, au passage le plus favorable de la montagne de Poulx, est à 191 m. 90 au-dessus du niveau de la mer : il se trouverait verticalement au-dessus du radier de la nouvelle galerie à.. 136^m 30

Le puits le plus profond aurait........ 152 »

Le moins serait de................ 20 »

On en creuserait vingt-six, ayant en profondeur moyenne................... 60 »

Leur foncement additionné serait de.... 1560 »

Dépenses.

Il n'y aurait de différence pour l'établissement hydraulique que celle de huit mètres en moins sur la longueur des tuyaux d'ascension ; ce qui ne donnerait qu'une diminution de prix insignifiante.

Nous laissons donc subsister pour cet objet comme dans le système précédent...........fr.   300,000

Le percé de la montagne de Poulx aurait une longueur de 6,420 m. au lieu de 5,600, et, comme il aurait presque moitié plus d'eau à débiter, nous augmenterons sa largeur de moitié ; pour cela , nous porterons le prix du mètre courant de 65 à 90 fr. Nous aurons donc 6,420 × 90 = 577,800, ci................   577,800

Il nous faudra deux mille mètres de tranchées au lieu de dix-huit cents ; et, comme elles seront de moitié plus larges, il en coûtera, avec tous les accessoires , 85 fr. au lieu de 65 le mètre courant, ci......................................   170,000

Foncement de quinze cent soixante mètres de puits à 100 fr. en moyenne, ci...   156,000

Revêtement intérieur en maçonnerie de la cunette des 6,420 mètres de galerie souterraine à 10 fr., ci................   64,000

Achat de l'emplacement des souterrains,

A Reporter............ fr. 1,267,800

Report . . . . fr. 1,267,800

tranchées et de l'aqueduc nouveau sur une longueur totale de 19,962 mètres, une largeur de 10, soit en nombre rond, vingt hectares, au prix moyen de trois mille francs, ci. 60,000

Construction d'un aqueduc nouveau, parallèle, mais inférieur à l'aqueduc romain, depuis le Canabou jusqu'à Nimes, 11,542 m. à 40 fr. le mètre courant, attendu qu'on ne peut plus profiter des constructions antiques, ci. 461,680

Entretien de l'aqueduc et des machines, soit par an 5,000 fr., qui, capitalisé, donnent. 100,000

Somme à valoir, primes, surveillance, frais imprévus, ci. 210,520

Total général de la dépense. . . . . fr. 2,100,000

Nous aurions donc près de quatre cents pouces d'eau de plus que dans le premier système : mais la dépense serait plus forte de six cent mille francs. Cette entreprise, du reste, ne présenterait pas plus de chances aléatoires que l'autre, et comme on attaquerait à huit mètres de plus de profondeur les sources du Fouze, du Fouzeron, du puits Cavalier et tous les terrains du parcours, il est presque sûr que la quantité des eaux à saisir dans les souterrains et les tranchées serait plus considérable.

En supposant, toutefois, que la dépense s'élevât

à deux millions deux cent mille francs, et que nous n'eussions qu'un produit définitif de douze cents pouces, l'eau ne reviendrait encore qu'à dix-huit cent trente-trois francs par unité, et comme, rendue à Nimes, elle vaudrait au moins quatre mille francs; la ville pourrait se procurer deux millions quatre cent mille francs par la vente seule de la moitié de ce qu'elle aurait; on voit qu'elle entreprendrait là une excellente affaire.

Si nos sommes à valoir sont moindres que celle qui figurent dans le projet Foëx : soit 195,000 fr. ou 210,000, en nombres ronds, contre 425,000, c'est d'abord, comme on l'a vu, parce que nos chances aléatoires sont beaucoup plus restreintes.

En second lieu, c'est que nous avons fait état de plusieurs articles négligés par lui, comme l'achat du droit de passage des aqueducs, — l'entretien de ces constructions, — le revêtement intérieur en maçonnerie des tranchées et de la cunette des percés.

Enfin cet auteur fait prudemment de tenir une grosse somme en réserve pour répondre aux réclamations inévitables des propriétaires submergés.

Il avance quelque part que, si ses percés et ses galeries lui fournissaient assez d'eau, on pourrait renoncer à la construction si chanceuse du barrage ; mais un de mes amis me disait : — « *Ce n'est pas clair* » ; en effet :

« Commencera-t-on les travaux par le barrage ou » par la galerie ?

» Si l'on débute par celle-ci : — qu'on n'y ren-

» contre point d'eau et que le barrage ne réussisse
» pas, — le montant du projet sera donc perdu tout
» entier.

» Si l'on commence, au contraire, par le barrage,
» —celui-ci ne deviendra-t-il pas inutile, si les percés
» et les puits fournissent assez d'eau ? »

Comme je redoute beaucoup plus la première
éventualité que la seconde je pense qu'il vaut mieux
débuter par le barrage que par le percé ; — *mais,
dans la direction de Russan, je crois plus sage de
ne faire ni l'un ni l'autre.*

D'après les divers projets présentés au concours
de 1846, l'eau devait coûter, par pouce, les sommes
ci-après :

Suivant mon projet de dérivation à St-
Privat. . . . . .fr.   6,667

Suivant le projet de M. Bouchet, dériva-
tion à St-Privat et à Lafoux.   6,000

Suivant le grand projet de M. Surell, de
dérivation au Mas-Duleau.   5,250

Suivant le projet de M. Peyret-Lallier de
machines à vapeur à Saint-Nicolas.   4,118

Suivant le projet réduit du Mas-Duleau,
par M. Surell.   4,017

D'après mon projet de dérivation de Collias.   3,833

Et d'après le projet de M. Dombres, de
machines à vapeur établies à Lafoux.   3,133

Nous arrivons maintenant, d'une manière aussi
positive qu'alors, à réduire le prix du pouce d'eau : —
par le premier système que nous venons d'exposer,

au moins à.......................... .fr. 2,000

Et, par le second, très-probablement au-
dessous de ...........*..........*..... 1,800

On voit qu'il n'est pas inutile d'étudier une question et de l'examiner sous toutes ses faces , quand
son importance le réclame : — *même pendant plus
de dix ans* (1).

Nimes , le 20 mai 1852.

(1) Dans les tableaux que j'ai dressés (t. II, 4ᵉ partie, p. 607
et 620 de cet ouvrage), on a vu le prix des eaux dans toutes les
villes sur lesquelles j'ai pu me procurer des renseignements.

Le prix de revient varie pour les communautés *de dix-huit
cents francs à trente-deux mille par pouce ;*

Et celles-ci revendent la même mesure aux particuliers *de
deux mille à cent deux mille francs.*

Le chapitre III du volume que jai cité est consacré à cette
question *du prix de l'eau dans les villes.*

Ce n'est, au reste, qu'en divisant les fournitures par très-
petites fractions qu'on peut arriver aux prix les plus exorbitants
que j'ai indiqués.

CHAPITRE VIII.

Machines placées à Collias.

Outre les avantages énumérés dans le chapitre qui précède, l'emplacement des machines au moulin Labaume offre encore celui de ne soulever aucune espèce d'opposition ; car un relèvement des eaux de quatre mètres ne peut submerger que des rochers complètement improductifs.

L'usine la plus voisine est à près de deux lieues de distance. Comme les plus bas étiages ne réduisent jamais le Gardon sur ce point à moins de dix mille pouces, on n'en prendrait au plus que le neuvième ou le dixième, et les moulins inférieurs de St-Privat et de Lafoux, qui jouiraient encore des neuf dixièmes du cours d'eau auquel vient s'ajouter le produit de l'Alzon, ne seraient nullement fondés à faire une objection quelconque.

Un règlement d'eau administratif peut évidemment, dans un intérêt public, distraire du Gardon une portion minime de son volume, alors qu'on laisse à deux seuls particuliers la jouissance exclusive et successive de tout le reste, chacun d'eux profitant à son tour de neuf dixièmes, en entier.

Les mêmes avantages se retrouvent sur la position que nous allons étudier, c'est-à-dire pour l'établissement d'un puisage, avec barrage placé immédiatement en amont de Collias.

A Labaume, on peut craindre de surcharger les sources en les saisissant au point même de leur émergence ; l'expérience prouvera peut-être que la quantité d'eau diminue en ce lieu, à mesure que le barrage s'exhaussera ; mais les mêmes craintes ne sauraient exister à Collias ; car on y est déjà loin et bien au-dessous des surgeons alimentaires de la rivière, et la chute de six mètres qu'on créerait en ce point ne relèverait guère les eaux au-dessus du bief inférieur du moulin Labaume.

Il était donc important d'étudier la construction d'un barrage en ce lieu et le passage de l'aqueduc souterrain au travers de la montagne de Cabrières, par les gorges de Beaumont ou de Laval et par celles de Cabrières ou de la Bastide. C'est ce que nous avons fait, et nous allons publier le résultat de nos recherches sur le coût des travaux et le produit en eau d'un aqueduc placé : —dans une première hypothèse, *de manière à jeter les eaux dans l'aqueduc romain ;*

Et dans la seconde, *pour ne la déverser à Nimes qu'à la hauteur des hémicycles.*

Le niveau de la mer pris pour zéro... 0^m 00

L'étiage du Gardon au droit de Collias

est   25   50

Le point culminant de la chaîne au nord de Cabrières, en allant de la vallée du Gardon dans celle du Vistre par la combe de Laval et le ruisseau de la Bastide est à   200   36

Le radier de l'aqueduc romain dans ce ruisseau à   62   85

Le radier du *Castellum-divisorium* à Nimes à   59   04

La plate-forme des hémicycles à   59   49

Le Gardon se trouve donc, à Collias, de 57 mètres 35 plus bas que le radier de l'aqueduc antique, au point où il traverse le ruisseau de la Bastide ;

Il est de 35 mètres 54 inférieur au point d'arrivée de l'aqueduc romain à Nimes au radier du *Castellum divisorium.*

Enfin, il est plus bas de 26 mètres même que la terrasse des hémicycles.

En tenant compte des pentes nécessaires et de la lame d'eau cheminant dans l'aqueduc, il faudrait élever l'eau à Collias de 39 mètres 50 pour la conduire à Nimes à la hauteur où les Romains l'avaient donnée ;

Comme il faudrait encore l'élever d'environ 32 pour qu'elle arrivât seulement au niveau des hémicycles.

Nous allons examiner, pour les deux cas, le produit et la dépense.

Eau portée à la hauteur de l'aqueduc romain.

Rien ne s'opposerait à ce qu'on créât, en amont du village de Collias, un barrage de six mètres de hauteur.

Je propose même de le porter à sept.

La vallée du Gardon est, en ce lieu, très-étroite : le rocher se montre partout au fond, et deux montagnes rocheuses en seraient les inébranlables culées.

Le bief supérieur du barrage de six mètres serait à la cote 31 m. 50, et, comme le bief inférieur du moulin Labaume est à celle de 30 m. 57, celui-ci perdrait à peu près la moitié de sa force motrice.

Dans cet état, je pense qu'il vaut mieux le détruire tout-à-fait, prendre le niveau de son bief supérieur et obtenir une chute de sept mètres. Tout le fonds de la vallée, depuis le moulin Labaume jusqu'à Collias, est en rochers stériles et de nulle valeur.

On aurait soin, d'ailleurs, de procéder avec prudence et peu à peu, et l'on s'arrêterait dès qu'on s'apercevrait que l'exhaussement du barrage amène la déperdition des eaux de la rivière. Cette façon d'agir permettrait peut-être de porter le barrage plus haut encore ; mais nous croyons devoir nous en tenir à sept mètres pour nos calculs : une plus grande élévation nous paraissant trop chanceuse et trop chère à titre d'expérience.

Au reste, nous l'avons déjà dit dans notre ouvrage

sur le *Service hydraulique* (1), et l'on peut s'en souvenir : — M. de Gasparin avait proposé de trans-
former en un vaste réservoir, par un grand barrage,
la vallée, depuis le pont de Saint-Nicolas jusqu'à
Collias ; ce réservoir sur le cours du Gardon lui-même
serait comblé à chaque inondation, à cause de la
masse de graviers que cette rivière charrie ; mais,
ce qui détruirait le réservoir consoliderait le barrage.

Cette construction accomplie telle que je la propose, nous aurions, *en minimum et pendant les plus
extrèmes étiages, deux mètres cubes chutant de sept* ;
— soit quatorze mille kilogrammètres, à réduire à
sept mille pour l'effet produit.

L'ascension par les machines, pour jeter dans
l'aqueduc romain l'eau puisée dans le bief supérieur,
ne serait plus que de 32 m. 50 ; mettons, en nombre rond, trente-trois mètres, à cause du frottement
dans les tuyaux d'ascension.

Sept mille, divisés par trente-trois donnent deux
cent douze pour quotient ;

Nos machines pourront donc pousser, par seconde,
deux cent douze litres dans l'aqueduc romain, ce qui
équivaut à *neuf cent seize pouces fontainiers.*

Nous n'avons plus à supporter que la dépense, sur
la ligne de la combe de Laval et du ruisseau de la
Bastide, pour passer de la vallée du Gardon dans

(1) *Du service hydraulique en France, de son importance et
de son avenir,* t. I, première livraison, p. 98 et 99, — et,
seconde livraison, p. 365.

celle du Vistre. La galerie souterraine aurait une longueur de (1) 6,000ᵐ 00

Les tranchées, une longueur de . . . . ,. 2,200 00

Le point culminant de la chaîne se
trouve au-dessus de la mer à 200 36

Le puits le plus profond aurait. 135 40

Le moins profond serait de. 18 00

On en creuserait 25 ayant en moyenne. 72 00

Ils seraient espacés d'environ. 250 00

Soit, en foncement total, une ligne de. 1,657 00

En conséquence , nous aurions à dépenser ;

Etablissement hydraulique.

Achat du moulin Labaume. . . . . \
Construction d'un barrage neuf. . . . |
Appareils hydrauliques. . . . . } 350,000 f.
Maison d'établissement. . . . . |
Tuyaux d'ascension. . . . . /

Percé par les combes de Laval et la
vallée de la Bastide sur six mille mètres ,
à 65 fr. l'un d'avancement. 390,000

Deux mille deux cents mètres de
tranchées du côté du Gardon ou de
celui du Vistre , avec aqueduc en maçonnerie : fouilles et bâtisse , ensemble

A reporter. . . . . 740,000 f.

____

(1) Nous avions d'abord indiqué le passage par la combe de
Beaumont et le ruisseau de Cabrières, mais le parcours dont nous
donnons les mesures nous a paru plus favorable. Cependant ,
sous peu , l'autre sera complètement relevé.

Report	740,000 f.
à 65 fr. le mètre , ci.	143,000
Foncement de 1,657 mètres de puits à 110 fr. le mètre, en moyenne , ci . .	182,270
Revêtement intérieur de la cunette des six mille mètres de percés avec enduits, maçonnerie ou béton, suivant le besoin, à 8 fr. en moyenne, ci	48,000
Rachat partiel du parcours de l'aqueduc romain, de l'emplacement des souterrains et tranchées	52,000
Reconstruction de l'aqueduc romain depuis Nimes jusqu'au ruisseau de la Bastide, 13,500 mètres à 20 fr., ci	270,000
Entretien annuel capitalisé de l'aqueduc ou des machines	120,000
Canal de jonction entre le barrage et l'entrée de la combe de Laval , qui est plus méridionale	40,000
Tranchée particulière pour prendre les eaux du Fouze	24,750
Somme à valoir, prime, surveillance, frais imprévus, ci	200,000
Total général de la dépense . . .	1,800,000 f.

Outre les neuf cent seize pouces de fourniture du Gardon, nous aurions encore les eaux du Fouze , et de plus, assurément, celles de la belle source de la Bastide.

Nos machines pourraient se reposer six mois de

l'année, et nous aurions, sans aucune interruption , de l'eau fraîche, pure, limpide.

Pour dix-huit cent mille francs nous obtiendrions neuf cents pouces, *au pis aller* , ce qui porte ce liquide à deux mille francs par pouce.

On conçoit qu'entre ce projet et celui d'une prise équivalente au moulin Labaume, il ne peut y avoir une grande différence ; cependant , le prix de revient serait un peu plus fort à Collias où, d'autre part , la surélévation de la rivière aurait peut-être moins d'inconvénient.

D'ailleurs , ici , les machines seraient à proximité d'une bonne route et d'un lieu habité ; ce qui facilite toujours l'établissement , le service et l'entretien de constructions pareilles.

Machines à Collias. — Eau portée seulement à la hauteur des hémicycles.

Cote des hémicycles...................	51ᵐ	49
Pente de l'aqueduc à construire depuis Collias jusqu'à ce point d'arrivée à Nimes	5	20
Hauteur d'eau dans l'aqueduc.........	0	81
Cote à laquelle l'eau du Gardon doit être poussée	57	50
Nous avons déjà dit que le bief supérieur du barrage de Collias serait à la cote......	32	30
Nous n'aurons donc , en réalité , à élever les eaux que de................................	25	00

Nous disposons d'un effet réel de sept mille kilogrammètres, qui nous permet de pousser *deux cent quatre-vingts litres par seconde, soit douze cent neuf pouces de fontainier à la hauteur des hémicycles de la fontaine.*

Mais quelle sera la dépense nécessaire ?

Comparativement au projet qui précède, la galerie souterraine abaissée de 7 m. 55 aura une longueur de.................................. 6870ᵐ »

Le point culminant de la montagne , verticalement sur le passage de cette galerie, est au dessus de la mer , de....... 200 35

Le puits le plus profond aurait....... 142 95

Le moins profond serait de........... 16 »

On en creuserait 26, ayant en moyenne 75 »

Ils seraient espacés d'environ........ 250 »

Soit, en foncement, une ligne de..... 1898 »

En conséquence, nous aurions à dépenser :

Etablissement hydraulique.

Comme il n'y aurait d'autre différence avec le projet précédent que huit mètres de moins de tuyaux d'ascension , nous laissons subsister le même prix de.................................. 550,000 fr.

Percés par la combe de Laval et le ruisseau de la Bastide, 6,870 m. au lieu de 6,000 fr., pour une galerie élargie de moitié, à 90 fr................. 618,500

Trois mille deux cents mètres de tranchées, tant du côté du Gardon que de la vallée du Vistre, avec canal ma-

A reporter............ 968,500 fr.

Report	968,300 fr.
çonné et voûté : fouille et bâtisse, ensemble, à 85 fr. le mètre	272,000
Foncement de 1898 m. de puits à 120 fr. le mètre, en moyenne	227,760
Revêtement intérieur de la cunette des 6,870 mètres de percés, à 12 fr. en moyenne	82,440
Achat de l'emplacement des souterrains, des tranchées et de l'aqueduc nouveau, sur une longueur de 20,962 mètres, une largeur de 10, soit, en nombre rond vingt-un hectares au prix moyen de 3,000 fr., ci	63,000
Contruction d'un aqueduc nouveau, parallèle, mais inférieur à l'aqueduc romain, depuis le ruisseau de la Bastide jusqu'à Nimes, douze mille cinq cents mètres à 40 fr. le mètre courant, attendu qu'on ne profite plus des constructions antiques, ci	500,000
Entretien annuel de l'aqueduc et de la machine, 6,000 fr., capitalisés	120,000
Canal de jonction entre le barrage et l'entrée de la combe de Laval	40,000
Tranchée pour reprendre les eaux du Fouze	24,250
Somme à valoir, primes, surveillance, frais imprévus	202,250
Total général de la dépense . .	2,500,000 fr.

Outre les *douze cent neuf* pouces puisés dans le Gardon, nous aurions encore les eaux du Fouze, puis celles de la fontaine de la Bastide ; et, assurément, à une profondeur de 7 m. 55 plus grande que celle de l'aqueduc romain, nous appellerions les eaux voisines du plateau de Bezouce à Lognac, dont nous avons si souvent indiqué l'importance.

Ce n'est pas trop que de compter sur une fourniture totale de treize à quatorze cents pouces.

Pour ce projet, plus encore que pour tous les autres dont nous venons de faire l'exposition, les machines pourraient chômer la plus grande partie de l'année.

Conclusion.

Si l'on me permet de revenir sur le programme que je traçais le onze novembre dernier, il me semble que, tant par ce chapitre que par celui qui précède, j'ai satisfait, et au-delà, à toutes les conditions que j'avais énoncées.

En effet, je promettais alors :

1° *Une fourniture de six cents pouces d'eau au minimum,* et je viens de faire voir qu'on peut :

En la prenant au moulin Labaume, en amener,

A la hauteur de l'aqueduc romain...... 924 p.

A la hauteur des hémicycles de la Fontaine................................. 1,296

En la prenant à Collias , en fournir ,

A la hauteur de l'aqueduc romain 916

A la hauteur des hémicycles 1,209

Sans compter toutes les eaux du parcours.

2° Je promettais — *que cette fourniture serait constamment irréprochable sous le rapport de la qualité*, et chacun sait que l'eau du Gardon au moulin Labaume est une véritable eau de source, fraîche, pure, limpide ; et qu'elle ne s'est point détériorée jusqu'à Collias , par un parcours au milieu des bois , site désert et sauvage où elle chemine constamment sur un fonds de gravier et de roche nue.

Pendant la courte durée des inondations du Gardon, au temps des grosses pluies , lorsque les eaux de la rivière sont troubles et vaseuses, chacun sait aussi que le puits Cavalier, le Fouze, le Fouzeron, la source de la Bastide, la plaine de Pazac, fournissent en dans un abondance des eaux d'excellente qualité.

3° J'avais promis *que toute la ville pourrait profiter du bienfait de la fourniture nouvelle , par suite de la hauteur du point d'arrivée du liquide* ; or, je donne un projet pour la provenance du moulin Labaume , et un pour la provenance de Collias, par lesquels les eaux , jetées dans l'aqueduc romain , arriveront à Nimes à un mètre à peu près au-dessus du fonds du *castellum divisorium* , c'est-à-dire pourront alimenter toutes les anciennes voies de distribution dans la cité.

En fournissant les deux projets qui ne verseraient les eaux que sur la terrasse des hémicycles, j'ai voulu étudier et faire connaître toutes les faces de la question.

4° J'avais énoncé — *que la fourniture d'au moins six cents pouces d'eau ne coûterait pas deux millions !...* Or, la chose est plus qu'évidente, du moment que l'un de mes projets du moulin Labaume peut donner plus de neuf cents pouces pour quinze cent mille francs,

Et que, par une autre provenance, celle de Collias, on peut, pour dix-huit cent mille francs, obtenir le même volume.

Si le second projet de Labaume et le second de Collias réclament une dépense, l'un de 2,100,000 fr., l'autre de 2,500,000, on voudra bien remarquer qu'on aura directement, par leur exécution, près de treize cents pouces si l'on puise au moulin Labaume; plus de douze cents si l'on puise à Collias, et qu'il est très-probable que, dans cette direction-ci, les souterrains et les tranchées fourniront une grande quantité d'eau supplémentaire.

J'ai donc non-seulement satisfait aux quatre premières conditions de mon programme, mais encore j'ai été bien au-delà.

Quant à la cinquième, *celle de l'exécution à forfait*, on me permettra de rappeler que pour la réalisation du projet qui, en 1846, obtint la préférence des juges du concours, je pus immédiatement présenter une compagnie aussi honorable que puissante, et que, sur les lieux, une autre compagnie s'offrit spontanément.

J'ose compter sur la même confiance, le même appui, les mêmes sympathies, et certainement, si la ville veut accepter ce que j'ai promis, *six cents pouces pour deux millions*, la compagnie ne tardera pas à se présenter.

On aurait à poser d'autres bases, s'il s'agissait d'augmenter la fourniture et de la porter à douze ou treize cents pouces d'eau.

MAIS IL FAUT QUE, PRÉALABLEMENT, LA VILLE SOIT IRRÉVOCABLEMENT FIXÉE SUR CE QU'ELLE VEUT FAIRE.

Si l'on me demande maintenant quelle est la localité à préférer de Collias ou du moulin Labaume? — Tout en rappelant ce que j'ai déjà indiqué sur ce point, je dirai pour compléter ma pensée :

Que si l'exécution de l'un des projets que je présente aujourd'hui devait être une entreprise définitive et à jamais suffisante ;

Si Nimes devait toujours se contenter de neuf cents pouces à la hauteur du *Castellum divisorium*, ou de treize cents à la hauteur des hémicycles,

Le moulin Labaume serait le point à préférer pour l'établissement du barrage.

Mais si, comme je le pense, la ville ne veut pas borner elle-même ses ressources futures ; si elle prévoit sagement que neuf ou douze cents pouces conquis feront naître le désir et bientôt le besoin de faire plus encore ;

Si Nimes espère dans l'avenir, comme c'est natu-

rel, un accroissement successif de prospérité, de
population et d'étendue,

Alors la provenance de Collias doit être préférée,
*car la quantité d'eau sur ce point peut se doubler et
se tripler à peu de frais.*

Comme je l'expliquerai dans le chapitre suivant,
on peut reconquérir, dériver à diverses hauteurs les
eaux de l'Alzon et rétablir, par suite, l'ancien aqueduc romain, en tout ou en partie.

Tous les habitants de la cité connaissent l'étendue
de ses besoins par de fréquentes et cruelles expériences; — chacun sent l'urgence d'y satisfaire
pour le présent, mais en réservant les droits de
l'avenir.

*La restauration partielle ou totale de l'aqueduc
romain sera nécessairement un jour exécutée.....*

Puissent nos édiles s'inspirer sur ce point du
noble et généreux exemple qu'ils ont presque sous
les yeux.

« L'œuvre du canal de Marseille n'est point sor-
» tie d'un seul jet du cerveau d'un homme de génie,
» comme Minerve de celui de Jupiter. Depuis des
» siècles, la dérivation des eaux de la Durance avait
» occupé les esprit les plus éminents et provoqué les
» études les plus sérieuses.

» Le manque d'eau était un résultat de la posi-
» tion topographique de Marseille qui, malgré les
» puits artésiens que l'on creusa en 1834, se trouva
» cruellement éprouvée par une sécheresse extraor-
» dinaire ;

» Ce fut dans ces circonstances, qu'ému par les
» souffrances de la ville, le conseil municipal prit
» enfin cette énergique décision :

» L'EXÉCUTION DU CANAL EST UNE ŒUVRE IRRÉVO-
» CABLE ;—QUOI QU'IL ADVIENNE, QUOI QU'IL EN COUTE,
» LE CANAL S'EXÉCUTERA...., (1). »

Nimes, le 23 mai 1852.

(1) De Saintferréol, *promenade sur les bords du canal de Marseille ; — Courrier du Gard,* du 22 mai.

CHAPITRE IX.

—

Dérivation de l'Alzon faite au Pont-des-Charrettes.

J'écrivais le 26 novembre dernier à M. l'ingénieur Dombre :

« Connaissant votre loyauté , je n'hésite pas à m'ouvrir entièrement à vous, et voici les motifs qui me font préférer l'emplacement de Collias à celui du moulin Labaume , pour l'établissement des machines élévatoires des eaux du Gardon.

» Ici, comme dans tous mes autres projets , la machine n'est qu'une solution temporaire , cependant fructueuse puisqu'on pourra avoir six cents pouces d'eau pour quinze cent mille francs....

» Mais, arrivée au Gardon, vis-à-vis de Collias, la tête de mon canal n'est plus qu'à huit mille mètres du Pont-des-Charrettes près d'Uzès , où je puis aller dériver l'Alzon par une continuation de mon aqueduc ; ce prolongement et le pont-canal nécessaire ne coûteraient pas cinq cent mille francs.

» J'aurai donc, pour deux millions , l'eau du Gardon par une machine *et celle des sources d'Eure de niveau* (1).

» L'aqueduc romain d'Uzès à Nimes avait cinquante-deux mille mètres de long ; — le mien n'en aura que vingt-cinq mille , ce qui sera une économie d'établissement et d'entretien, et comme je gagnerai plusieurs mètres de pente sur la différence de ce parcours, je pourrai ne dériver les eaux d'Uzès qu'au-dessous de ses fabriques importantes.

» Vous voyez que ce projet ne manque pas d'avenir ; — il sera la preuve de l'infériorité des anciens moyens de construction à l'encontre des perfectionnements de l'art et des ressources modernes.

» Nous irons presque de Nimes à Uzès par la voie la plus courte.... et cette idée , je crois , jugera définitivement la question des eaux de Nimes.... »

Le lendemain , j'écrivais à M. le conducteur Poulon :

« Oui, je crois que, dans ce sens, nous ferons peu à peu quelque chose de grand, d'utile, et pour un prix modéré.

» D'abord l'eau du parcours et du Fouze , — puis celle du Gardon , — puis celle d'Uzès ; — c'est toujours le fond de mon ancien projet , mais, par une voie plus courte, plus économique , en supprimant la moitié des oppositions et des résistances.... »

Telle est la conception , l'idée première d'un pro-

(1) Dans cette estimation n'étaient pas comprises les diverses indemnités à accorder.

jet qui me parut tout d'abord convenable et utile ; — après étude faite , nous allons l'examiner mûrement aujourd'hui.

Prise d'eau de l'Alzon au Pont-des-Charrettes ; considérée isolément.

Le bief inférieur des usines de M. Terraube , au Pont-des-Charrettes près d'Uzès , est à la cote de 56 m. 48 ; — le pallier des hémicycles de la Fontaine, à Nimes, est, nous l'avons déjà dit, à 51 m. 49, de sorte qu'on voit évidemment qu'en donnant à l'aqueduc , sur son parcours total, cinq mètres de pente ou de hauteur d'eau, ce qui suffit, on pourrait conduire à Nimes tout ce que débite l'Alzon , c'est-à-dire *deux mille pouces au moins pendant neuf mois de l'année, mille pouces aux étiages ordinaires et huit cents pouces aux étiages les plus extrêmes*, et cela, *sans machines,* ce qui, pour la plupart , est une considération de la plus haute importance.

Ce qui n'en a pas moins , sans doute, c'est de ne soulever aucune grave objection ; on pourra , d'ailleurs , faire cesser , à peu de frais , celles qui sont réellement fondées.

Après avoir examiné ces divers points , nous nous occuperons du coût de l'entreprise.

Comme on le dit vulgairement : — *une machine est toujours une machine ;* — elle est sujette à des imperfections, à détérioration, à usure. Elle exige des frais d'entretien, unpersonnel de surveillance , des renouvellements fréquents ; — elle peut ne plus fonctionner au moment où elle serait le plus utile.....

Tout cela est vrai, — nous ne le nions pas. — Nous pourrions bien faire observer : — qu'aujourd'hui la construction des appareils approche de la perfection ; — qu'on peut avoir plusieurs faibles machines au lieu d'une plus puissante ; — que les frais de surveillance, d'entretien, de renouvellement doivent être appréciés et capitalisés dans les projets ; — que, quand pour l'approvisionnement d'une ville on a plusieurs appareils, il ne peut y en avoir qu'un seul en chômage pour cause de dérangement, de rupture, et pour quelques heures seulement ; — que rien n'empêche, pour remédier à cet inconvénient, d'avoir un ou plusieurs appareils supplémentaires ;

Que, par conséquent, il est possible d'atténuer extrêmement les inconvénients des [engins, ce qui les rapproche de plus en plus des avantages propres aux dérivations sans machines : cependant, nous n'hésitons pas à le répéter, la simple rigole à pente vaudra toujours beaucoup mieux.

Privilégiées sont les villes auxquelles cette [voie peut suffire.... Mais heureuses aussi, celles qui, ne pouvant satisfaire qu'à une partie de leurs besoins par ce moyen, trouvent dans l'autre un complément souvent bien précieux. La plus importante des cités modernes, Londres n'est approvisionnée d'eau que par des appareils mécaniques , et un nombre infini d'autres villes sont dans ce cas.

Parmi les résistances que soulèvera la proposition de dériver sous le Pont-des-Charrettes les eaux de l'Alzon pour la ville de Nîmes, les unes seront sans importance et devront être complètement rejetées : celles, par exemple, des riverains non usiniers, inférieurs au point où le Seynes se jette dans l'Alzon, puisqu'ils auront toujours assez d'eau pour les droits qu'ils ont et l'usage qu'ils en peuvent faire.

Les autres sont celles des riverains situés entre le Pont-des-Charrettes et le confluent, ou des usiniers placés depuis le Pont-des-Charrettes jusqu'au Gardon (1).

Ceux-ci ont des droits acquis dont il est juste de tenir compte.

Si nous supputons maintenant les dépenses de l'entreprise, nous trouvons :

Frais de construction d'un aqueduc nouveau depuis les hémicycles à Nîmes, jusqu'à l'entrée en

(1) Les usines qui existent sur l'Alzon, depuis le Pont-des-Charrettes jusqu'au Gardon, sont celles de MM. Gentil, papeterie et moulin à huile ; — Coq, papeterie ; — Roussel, papeterie et ouvraisons ; — Écal, papeterie ; — Chevalier, ouvraisons ; — Charles Labaume, moulin à huile, ouvraisons et moulin à vernis et à blé ; —Gandin-Gibert, ouvraisons ; — de Chazelles-Jolyclerc, moulin à blé et à huile ; — Mazodier-Pérochel, moulin à blé ; —en tout neuf propriétaires.

tranchée au ruisseau de Cabrières (1) . .	500,000 f.
Tranchée pour reprendre les eaux du Fouze.	26,500
Emplacement de l'aqueduc nouveau, des souterrains et tranchées	63,000
Creusement des tranchées nécessaires.	272,000
Percés par les combes de Laval et de Cabrières, comme dans le second projet du chapitre précédent	618,300
Foncement des puits.	227,760
Revêtement de la cunette	82,440
	1,790,000 f.

Il en coûterait donc dix-huit cent mille francs, en nombre rond, pour l'établissement du canal d'amenée depuis les bords du Gardon jusqu'à la terrasse des hémicycles.

Examinons maintenant ce qu'il faudrait d'argent pour aller prendre les eaux de l'Alzon au Pont-des-Charrettes en franchissant le Gardon.

L'aqueduc qui recevra les eaux de l'Alzon sera situé sur la rive gauche et suivra de très-près et au sud la route d'Uzès au Pont-du-Gard. Il contournera ensuite un petit mamelon sur lequel est bâtie la grange de Besset et traversera le Gardon à deux cents mètres environ en aval du confluent de la rivière

(1) Les détails relatifs à ces estimations se trouvent aux chapitres qui précèdent.

d'Alzon. Cet aqueduc, dont la pente sera de 0 m. 15 par kilomètre, devra débiter *quatre cents litres à la seconde* ; son développement entre le Pont-des-Charrettes et le Gardon sera de sept mille huit cent quatre-vingts mètres.

La cote des eaux de la dérivation sera sur le pont-aqueduc de 55 m. 357, et celle du Gardon à l'étiage étant, en ce point, de 24 m. 87, la hauteur de l'ouvrage à établir sera de 30 m. 48 au-dessus de la ligne de flottaison d'été de la rivière.

Suivant notre projet, préféré au concours de 1846 et adopté par la délibération du conseil municipal du 17 janvier 1848 (1), il devait être établi, au point où maintenant nous voulons construire le pont-aqueduc, un barrage dont la crête devait se trouver à 1 m. 60 au-dessus du moulin Perrochel, c'est-à-dire à la cote 29 m. 66. Nous exécuterions maintenant ce barrage ; il servirait de radier continu sur lequel seraient assises les piles du pont-aqueduc dont il réduirait d'autant la hauteur, tout en nous fournissant sur ce point une chute d'eau de toute la masse du Gardon tombant de 4 m. 79.

Avec une pareille chute, et en supposant, comme nous l'avons déjà fait, le débit du Gardon de deux mètres cubes, on pourrait élever, avec des machines rendant cinquante pour cent de la force absolue, à la hauteur de 25 m. 697, quatre-vingt-six litres à la

____

(1) Voyez tome II de cet ouvrage, troisième partie, p. 795. La révolution empêcha l'exécution de mon projet.

seconde , ou bien huit cent trois pouces de fontainier à l'étiage.

Après avoir franchi le Gardon , l'aqueduc s'enfoncera dans la gorge de l'Hermitage ou du Mas-Laval , et n'entrera en souterrain que lorsque la tranchée à faire dans la montagne qui sépare la vallée du Gardon de celle du Vistre dépassera dix mètres de profondeur.

Nous avons déjà donné dans le précédent chapitre la longueur de ce souterrain qui viendra sortir au midi de la route d'Avignon , dans le ruisseau de la Bastide, entre Bezouce et St-Gervasy. Sa pente sera de 0 m. 20 par kilomètre , et la cote des eaux à sa sortie de 53 m. 687.

La route d'Avignon , étant traversée sous le pont du ruisseau de la Bastide, sera longée , au sud, jusqu'à la baraquette du chemin de Marguerittes. A partir de ce point, l'aqueduc se tiendra toujours au nord de la route d'Avignon et traversera celle d'Uzès entre l'embarcadère et le chemin de fer d'Alais. Il contournera la colline des moulins à vent , et , par les rues les plus convenables , il arrivera jusqu'à la Fontaine.

La portion de l'aqueduc , dont nous parlons pour la première fois dans ce chapitre , située entre le Pont-des-Charrettes et le Gardon , ayant sept mille huit cent quatre-vingts mètres de développement, coûterait à 40 fr. par mètre courant. .   315,200 f.

Le pont-aqueduc, et le barrage placé

A reporter . . . .   315,200 f.

Report............. . . .	315,200 f.
entre ses piles et lui servant de radier.	300,000
Indemnités diverses pour les usiniers et propriétaires riverains de l'Alzon, depuis le Pont-des-Charrettes jusqu'au Gardon.....................	300,000
Coût de cette seconde partie de l'entreprise.....................	915,200
Nous avions, pour la première.....	1,790,000
Prime, frais de surveillance, somme à valoir, frais imprévus...........	294,800
Dépense totale de l'entreprise......	3,000,000 f.

Pour lesquels Nimes obtiendrait :

Sans machines, de quinze cents à deux mille pouces d'eau pendant neuf mois de l'année, *à la hauteur des hémicycles* ;

Mille pouces aux étiages ordinaires,

Et huit cents pouces, au minimum, aux plus bas étiages.

Le prix du pouce d'eau sera de 3,750 fr., si l'on suppute sur la fourniture la plus faible ;

Il ne sera au plus que de 2,000, si l'on a égard à la quantité obtenue pendant neuf mois de l'an, et si l'on ne tient pas compte des diminutions temporaires de l'étiage, en ne calculant toutefois que sur quinze cents pouces.

Eau prise au Pont-des-Charrettes , jointe à celle
qu'on puiserait au Gardon à Collias.

Mais il est un moyen facile de doubler , même
pendant la sècheresse , la quantité d'eau pour Nimes
et d'en améliorer singulièrement le prix proportion-
nel : *c'est tout bonnement d'utiliser la belle chute*
du Gardon que nous avons créée entre les arches de
notre pont-canal , et d'élever ainsi , par une machine
hydraulique , huit cents pouces fontainiers , qu'on
jetterait dans l'aqueduc que ce pont supporte.

Ce serait certainement une chose déplorable que
de négliger une ressource pareille, dans les saisons où
l'Alzon peut baisser, où le concours du Gardon devient bien précieux, alors surtout que la dépense est
presque insignifiante. Doubler la fourniture du plus
extrême étiage, et conduire à Nimes seize cents pouces d'eau quand l'Alzon n'en donne plus que huit
cents , ce serait mettre à profit une ressource dont
les Romains ne pouvaient user à cause de l'imper-
fection de la mécanique à leur époque.

Que faut-il faire pour cela ? Rien de bien difficile
pour nous : — il faut seulement compléter l'établissement hydraulique, dont le moteur existe déjà par
le barrage qui se trouve tout fait , par la chute d'eau
qui est prête à nous servir , sans que nous ayons aucun préjudice à réparer, à solder aucune indemnité ;
c'est-à-dire sans que nos engins , pour fonctionner ,
exigent plus de deux cent mille francs de dépense.

Ainsi, pour trois millions deux cent mille francs, nous pourrions conduire à Nimes *deux mille quatre cents pouces d'eau pendant neuf mois ;*

Et seize cents pouces, au moins , au plus extrême étiage, c'est-à-dire une petite rivière.

Dans cette hypothèse, qui me semble la plus favorable de toutes celles que nous avons pu examiner jusqu'ici, le pouce d'eau , l'étiage excepté, ne reviendrait qu'à 1,333 francs ;

Et l'eau fluant toute l'année, les étiages les plus extrêmes compris, à 2,000.

Si maintenant on réfléchit qu'à la profondeur où notre souterrain et nos tranchées seront établis , le Fouze, les sources du parcours et les terrains environnants doivent donner au moins deux cents pouces, nous en aurions deux mille six cents pendant neuf mois, — dix-huit cents au plus extrême étiage, et les prix tomberaient à 1,230, ou 1,777 fr.

Or, à ces prix, la ville trouverait un immense avantage à réaliser l'entreprise : ce n'est pas difficile à prouver.

En premier lieu , personne ne doute qu'on ne pût vendre dans la cité , surtout par portions fractionnées, au moins quatre cents pouces d'eau pérenne , à quatre mille francs le pouce , ce qui donnerait un produit de.......................... 1,600,000 f.

En second lieu , dans les faubourgs , dans les jardins immédiatement en contact , on en placerait assurément deux cents pouces à deux mille francs, ce qui donnerait.   400,000

Et ce serait une estimation beaucoup trop faible que celle qui fixerait à un million les avantages que Nimes retirerait pour son industrie , pour l'agrément, pour la salubrité, pour les lavoirs, les fontaines, l'approvisionnement des édifices publics , le nettoiement des cloaques, la propreté des rues , la fraîcheur et l'embellissement des places et des promenades , — des mille pouces restants.   1,000,000

Ce n'est pas tout :

L'eau répandue sur la voie publique , cédée à des particuliers, ne se consomme pas en entier : toute est loin d'être absorbée ou évaporée. En général , celui qui s'en sert la rejette, et, au moyen des rigoles, des fossés, des cloaques , elle ne tarde pas à gagner les lieux les plus bas ; ainsi , le Vistre reçoit et roule constamment sur sa vase impure plus des deux tiers de la fourniture de la fontaine de Némausus.

Mais, notons-le bien , cette admirable source ne donne pas plus de cent-cinquante pouces aux étiages moyens ;

Donc, ce qui arrive au Vistre n'est pas plus de cent pouces , et peut même descendre à cinquante et plus bas encore.

Alors , les bords de ce ruisseau-cloaque deviennent inhabitables , — et la plus riche partie du territoire nimois n'est plus qu'un lieu d'odeurs infectes, de dangereuses émanations.

Ne serait-ce pas un avantage immense pour les propriétaires, pour leurs malheureux fermiers décimés tous les ans par des fièvres de mauvais caractère, que le Vistre, au lieu de ne rouler que cent ou cinquante pouces d'ordures à peine liquides, coulât, au temps des plus fortes sécheresses, avec douze ou quinze cents pouces d'eau limpide et saine ?

On ne peut estimer en argent les avantages de ce nouvel état, le prix d'une transformation pareille :

Nous nous bornerons donc à porter en compte l'accroissement notable de force motrice que les moulins du Vistre trouveraient à notre projet. En été, cette force ne serait rien moins que décuplée, et certes, si l'on joint à cette amélioration pour les usines qui existent déjà la force motrice qui sera créée, pour ainsi dire de toutes pièces, par les chutes qu'on pourra ménager, depuis la côte 54-49 de notre point d'arrivée, jusqu'à la cote du bief supérieur du premier moulin du Vistre, qui est d'environ 56 m., on aura une acquisition à nouveau de quinze mètres de chute et l'on sera convaincu que le bénéfice que notre projet donnera sur ce point à la ville, ne sera pas de moins de cinq cent mille francs.

Mais, après s'être éloignée de nos murs et des endroits où les chutes motrices ont une valeur réelle, l'eau, chargée de matières fécondantes, sera immédiatement utilisée, au profit de l'agriculture, à arroser des portions, notables de la belle vallée du Vistre

de provenance que nous indiquons et la combinaison des moyens d'en obtenir les produits n'ont été mentionnés nulle part.

Le travail peut se diviser en trois entreprises distinctes, concordantes, isolément productives, quoique tendant au même but définitif : une large fourniture.

Les premières constructions pourraient être poussées jusqu'à l'entrée en souterrain, dans le ruisseau de la Bastide; on y dépenserait un million, et l'on réunirait et amènerait les eaux du Fouze et celles du parcours certainement abondantes à cette profondeur.

Après avoir, par un travail postérieur, percé la montagne de Cabrières, on nous donnerait l'eau du Gardon ; la dépense serait un peu plus forte, mais le produit le serait bien davantage.

Enfin, la troisième entreprise franchirait cette rivière et nous donnerait les eaux d'Uzès : il ne faudrait qu'un million pour la réaliser.

La ville pourrait ainsi accomplir l'œuvre totale peu-à-peu, au fur et à mesure de l'augmentation de ses besoins et de ses ressources : avantage bien grand, que nous avons toujours cherché à faire entrer dans nos projets.

De tous ceux qu'on a publiés jusqu'ici, celui-ci me paraît le plus convenable, si j'en excepte la restauration complète de l'aqueduc romain.

En l'examinant avec soin, je ne trouve qu'un inconvénient unique : c'est d'amener à Nimes les eaux plus bas que l'aqueduc antique.

Je me suis efforcé de remédier à ce défaut, ainsi que je l'expliquerai dans le chapitre suivant.

Nimes, le 24 mai 1852.

CHAPITRE X.

Dérivation de l'Alzon au moulin de Cabiron ou de Carrière.

En étudiant à fond la question des eaux de Nîmes, j'ai été naturellement conduit à me demander s'il ne serait pas possible d'établir la prise d'eau sur l'Alzon à un point inférieur à celui qu'avaient choisi les Romains, c'est-à-dire — de laisser aux riverains du cours d'eau à détourner leur jouissance sur un plus long parcours, avec celle d'un plus grand nombre de chutes, — *tout en arrivant, à Nîmes, à la même hauteur où débouchait l'antique aqueduc.*

Théoriquement, il n'y a que deux moyens d'atteindre ce but : — ou diminuer la pente du canal , — ou réduire sa longueur.

Or, le premier de ces expédients est impraticable.

La pente de l'aqueduc ne pourrait être diminuée sans agrandir sa section, c'est-à-dire , sans démolir et refaire les anciens travaux tout entiers ; car , pour le volume d'eau qu'il devait débiter , le canal romain n'avait pas une pente exagérée.

D'ailleurs, quand il ne s'agirait que d'abaisser le

radier, en cheminant de Nimes vers Uzès , on ne le pourrait qu'en démolissant tout l'ouvrage , en démantelant l'arcature supérieure du Pont-du-Gard , ce qui n'est pas praticable.

Mais , il y a plus encore : il se trouve sur le parcours choisi par les Romains des points de passage obligés, comme la gorge de Saint-Bonnet et tout le plateau depuis Sernhac jusqu'à Bezouce , où il serait très-difficile et très-coûteux de construire le canal plus bas , seulement d'un ou deux mètres , que ne l'ont fait ses auteurs.

Ceux-ci, vu les moyens dont ils pouvaient disposer, avaient parfaitement étudié leur ligne d'établissement, et toute facilité d'abaissement manquant sur le parcours qu'ils ont choisi, il ne reste plus qu'à examiner s'il serait convenable d'en adopter un autre.

La question est simple et claire , et nous croyons pouvoir la résoudre à l'avantage de la ville de Nimes.

Les nations modernes possèdent un moyen d'action très-puissant que les Romains ne connaissaient pas : *la poudre.* Ceux-ci n'avaient pas même l'idée de tenter les grands percés au travers des rochers les plus durs, qui, pour nous, sont devenus plus faciles ; ils étaient , astreints , pour leurs canaux , à des circuits considérables pour tourner les montagnes, à des sinuosités nombreuses pour éviter les moindres contreforts, qui, aujourd'hui, ne sont plus des obstacles et que nos mineurs traversent hardiment.

On voit, dès-lors, au premier coup d'œil jeté sur une carte, que, théoriquement du moins , le tracé de l'aqueduc peut être raccourci de beaucoup. S'il était possible de l'ouvrir d'Uzès à Nîmes en ligne droite , sa longueur diminuerait de plus de moitié , et la pente, pouvant être réduite dans la même proportion et même davantage par l'absence de tout brisement dans la direction des eaux, il en résulterait évidemment, qu'on gagnerait plus de la moitié de celle du canal antique ; d'où il suit qu'une prise d'eau moderne pourrait être établie sur l'Alzon plus en aval que ne l'était la dérivation romaine ; qu'Uzès conserverait les eaux de la rivière sur un plus long parcours et profiterait d'un plus grand nombre de chutes motrices.

La pente totale de l'ancien aqueduc était d'à peu près seize mètres qu'on pourrait réduire à moins de huit si l'aqueduc nouveau devait n'avoir que la moitié du développement de l'ancien.

Ainsi donc, la question de dépense momentanément écartée, on voit que nous pourrions ramener les eaux à Nîmes , au *Castellum divisorium* , en les dérivant à Uzès sur un point de l'Alzon intermédiaire entre le Pont-des-Charrettes et les sources d'Eure.

Ce premier point acquis, il ne s'agissait plus que de trouver une ligne de parcours pratiquement réalisable ; — *c'est ce que nous avons le premier essayé de faire* , et voici le résultat de nos investigations, avec l'estimation approximative de la dépense nécessaire.

En explorant le pays, on s'aperçoit tout de suite que, pour n'avoir pas deux masses de montagnes à percer, il faut que le canal nouveau soit établi dans la vallée de l'Alzon à une hauteur suffisante, sur l'une ou l'autre rive de ce cours d'eau, jusqu'à son confluent avec le Gardon. La rive gauche présente le grand avantage qu'on n'a pas de pont-aqueduc à jeter sur la rivière de Seynes.

Le parcours que nous adoptons est à peu près celui que nous avons indiqué pour la dérivation à faire au Pont-des-Charrettes : seulement, la prise d'eau devant être plus élevée, il faut que nous nous écartions davantage de la rivière, et nous rapprochions d'autant du canal des Romains.

Par ce tracé nouveau, nous aurions l'avantage sur celui qui prenait les eaux au Pont-des-Charrettes :

1º Que le point d'arrivée à Nimes sera plus élevé de 7 m. 55 ;

2º Que, pour traverser la montagne de Cabrières, le percé sera moins long, ainsi que les tranchées ;

5º Que nous pourrons profiter des restes de l'aqueduc antique depuis le ruisseau de la Bastide jusqu'à Nimes.

De la première circonstance il résulte que la ville de Nimes tout entière, jouira de l'avantage de la distribution des eaux :

Et des deux dernières, — que les percés, les tranchées seront moins coûteux, et qu'évidemment il y aura moins de dépense à faire pour rétablir l'ancien aqueduc dont nous profiterons pendant treize mille cinq cents mètres que d'en édifier un complètement à neuf sur le même parcours.

Mais, à côté de ces profits, se trouvent aussi des inconvénients notables.

1° En dérivant l'Alzon plus vers l'amont que le Pont-des-Charrettes, on a de nouvelles usines à détruire, et les plus importantes de la localité ;

2° L'aqueduc à construire sur les bords de l'Alzon est forcément prolongé, puisque la tête de prise se rapproche davantage des sources d'Eure ;

3° Le pont-aqueduc sur le Gardon devient de 7 m. 55 plus élevé, et, par conséquent, plus long et d'une construction plus coûteuse ;

4° Enfin si, comme je n'en doute pas, on veut encore profiter des eaux de cette rivière, la hauteur à laquelle les appareils hydrauliques devront les pousser devenant plus grande, — la quantité versée dans l'aqueduc diminuera d'autant.

Etablissons nos calculs de dépenses et de produits sur cet ensemble de circonstances, c'est-à-dire dressons, pour bien comprendre les avantages ou les inconvénients du projet, un compte régulier de profits et pertes.

Dérivation de l'Alzon seul, faite au moulin Carrière.

Le bief supérieur du moulin de Carrière ou de Cabiron, appartenant aujourd'hui à M. Silhol, situé en aval d'Uzès, est à la cote.............. 66ᵐ 84

Le radier du *Castellum divisorium* à Nimes est, comme on le sait, à la cote........ 59 03

De sorte qu'en donnant à l'aqueduc sur son parcours total une pente de............ 6 81

Et un mètre de hauteur d'eau........... 1 »

On ne dépasserait pas l'altitude de la prise que nous avons indiquée................ 66 84

De sorte qu'on pourrait conduire à Nimes tout ce que débite l'Alzon, c'est-à-dire, ainsi que nous l'avons dit dans le chapitre précédent, deux mille pouces, au moins pendant neuf mois de l'année ;

Mille pouces aux étiages ordinaires ;

Et huit cents aux étiages extrêmes.

Et cela sans l'emploi d'aucune machine.

Les usines que nous étions obligé de sacrifier ou d'amoindrir quand la prise d'eau se plaçait au Pont-des-Charrettes, étaient celles de MM. Gentil, Coq, Roussel, Ecal, Chevalier, de Labaume, Gandin, de Chazelles, Mazodier, toutes inférieures à ce point.

A cette liste, il faudrait en ajouter maintenant quelques-unes de supérieures, puisque nous portons notre prise d'eau plus vers l'amont.

Ce seraient :

1° Le moulin Carrière, appartenant autrefois à M. de Cabiron, aujourd'hui à M. Silhol ;

2° Le moulin à blé et à huile de Barjeton, appartenant au même ;

3° La filature et ouvraison, dite *du Chêne* lui appartenant encore ;

4° Le moulin à blé de M. Terraube acquis de M. Gentil ;

5° Les ouvraisons et filatures que MM. Terraube possèdent sur les deux rives du cours d'eau......

Qu'on ne s'alarme pas, toutefois de la suppresssion de ce grand nombre d'usines : — ce n'est qu'une affaire d'argent ; — deux seulement ont de l'importance et peuvent être remplacées ; car il resterait encore à Uzès les chutes d'eau suivantes, lesquelles pourraient facilement changer d'emploi , suivant que le réclamerait l'avantage du pays : — les moulins à blé que la plupart font mouvoir étant aujourd'hui de très-peu de valeur.

En amont de notre prise d'eau , il resterait , sans aucune atténuation :

1° Le moulin du Pont, appartenant à M. Chambon, au nord-ouest des sources d'Eure ;

2° Le moulin de M. Vincens sur l'Alzon , et sa chute d'eau non utilisée de la source du Blanchissage ;

3° Le moulin à blé de M. Roussel sur la source d'Eure, et sa filature sur l'Alzon ;

4° Le moulin de la Tour, appartenant à M. Gandin ;

5° Le moulin du Tournal ou du Sautet, appartenant au même ;

6° Le moulin de Gisfort , appartenant à M. Abauzit.

Toutes ces chutes d'eau, convenablement aménagées, suffiraient pour les besoins actuels de la mouture et de l'industrie locales.

Toute la difficulté serait donc dans la fixation des indemnités, auxquelles, du reste, comme nous l'avons expliqué dans un des chapitres qui précèdent, la construction d'un grand bassin de réserve aux origines de l'Alzon pourrait suppléer à l'avantage de tous.

Nous avons indiqué aussi d'autres moyens de conciliation, comme le partage des eaux qui donnerait celles de nuit à Nimes et celles de jour aux usiniers.

Si nous supputons maintenant les dépenses de l'entreprise, nous trouvons :

Frais de restauration de l'aqueduc romain, depuis le *Castellum divisorium* à Nimes, jusqu'à l'entrée en tranchée au ruisseau de Cabrières.. 270,000 f.

Tranchée pour reprendre les eaux du Fouze.. 24,730

Rachat partiel de l'aqueduc romain, emplacement des souterrains et tranchées.. 52,000

Creusement des tranchées nécessaires.. 143,000

Percés par les combes de Laval et de Cabrières, comme dans le premier projet du chapitre précédent 390,000

À reporter.. 859,730

$$Report.............. \qquad 859,730 \text{ f.}$$

Foncement des puits.......... ... 182,270

Revêtement de la cunette........... 48,000

Total de la dépense de Nimes au Gardon (1) 1,090,000

Dans le projet d'établissement de la prise d'eau de l'Alzon , seulement au Pont - des - Charrettes , nous avions à dépenser pour les mêmes objets 1,790,000 f. — La différence de sept cent mille francs en moins sur ce projet-ci provient :

1° De ce que la restauration de l'aqueduc romain coûtera moins qu'un autre fait à neuf ;

2° De ce que les tranchées , les galeries souterraines sont moins longues , les puits moins profonds.

Examinons maintenant ce qu'il faudrait dépenser après avoir franchi le Gardon , pour aller prendre les eaux de l'Alzon à neuf cent vingt mètres en amont du Pont-des-Charrettes , *au bief supérieur du moulin de Cabiron* ; — nous verrons si , par cette seconde partie de l'entreprise , l'économie faite sur la première ne sera pas absorbée et au-delà.

Le bief nouveau d'amenée des eaux de l'Alzon devra être , comme le premier , situé sur la rive gauche , mais , au lieu d'être placé entre la rivière et la route du Pont-du-Gard , il traversera cette route

(1) Les détails relatifs à ces estimations se trouvent au chapitre huitième, premier projet : attendu que toutes les constructions sont les mêmes depuis Nimes jusqu'au Gardon.

pour passer du sud au nord , et se placera entre elle et l'ancien aqueduc romain.

Le pont-aqueduc sur le Gardon sera construit au même point que pour la dérivation du Pont-des-Charrettes : seulement il sera plus élevé de 7 m. 55.

La cote des eaux venues du moulin Carrière sera sur le pont-aqueduc de 63 m. 78 , et comme celle du Gardon à l'étiage est en ce point de 24 m. 87 , la hauteur de l'ouvrage à établir sera de 38 m. 90 au-dessus de la ligne de flottaison d'été de la rivière.

Nous établirons toujours , comme radier continu , le barrage mentionné dans le chapitre précédent ; et nous conserverons ainsi, au travers du Gardon, notre chute de 4 m. 79 , avec un volume de deux mètres cubes par seconde à l'étiage.

Mais , comme au lieu de ne pousser l'eau qu'à 25 m. 697 , il faudra maintenant qu'elle s'élève à 34 m. 110 pour verser dans l'aqueduc ; soit à *trente-quatre* mètres en nombre rond : il en résultera, qu'au lieu de huit cent trois pouces fontainiers qu'on pouvait prendre au Gardon au moyen d'appareils hydrauliques , on n'en aura plus que six cent dix , soit six cents en nombre rond.

Ce produit et celui qu'on aura dérivé de l'Alzon , traversant la montagne , atteindront enfin l'aqueduc romain dans le ruisseau de la Bastide , à la cote 62 m. 78. L'eau suivra le canal antique jusqu'à la ville.

Le nouveau bief à construire sur la rive gauche de l'Alzon entre le Gardon et le moulin Carrière

sous Uzès, aura huit mille huit cents mètres de longueur, qui, à quarante francs le mètre courant, coû-
teront............................. 352,000 f.

Le pont-aqueduc, et le barrage placé
entre ses piles et lui servant de radier,
réclameront une dépense de trois cent
mille francs, à cause de la plus grande
élévation , et de la longueur plus
considérable de l'étiage supérieur du
premier............................. 300,000

Indemnités diverses pour les usiniers
et propriétaires riverains de l'Alzon, depuis le moulin Carrière jusqu'au Gardon 700,000

Coût de cette seconde partie de l'entreprise........................... 1,352,000

Nous avions pour la première...... 1,090,000

Prime , frais de surveillance, somme
à valoir , frais imprévus............ 358,000

Dépense totale de l'entreprise...... 2,800,000 f.

Pour lesquels Nimes obtiendrait , *sans machines* ,
comme dans le projet précédent , de quinze cents à
deux mille pouces d'eau pendant neuf mois de l'année à la hauteur de l'ancien aqueduc romain ;

Mille pouces aux étiages ordinaires ;

Et huit cents pouces , *au minimum* , aux plus bas
étiages.

Le prix du pouce serait de 3,500 francs, si l'on
suppute sur la fourniture la plus faible ;

Il ne serait plus que de 1,866 , si l'on avait égard

à la quantité obtenue pendant neuf mois de l'année ,
et si l'on ne tenait pas compte des diminutions très-
temporaires de l'étiage.

Ce dernier chiffre est obtenu sur une supposition
de quinze cents pouces de débit moyen pour l'Alzon.

*Eau prise au moulin Carrière, jointe à celle qu'on
puiserait au Gardon à Collias.*

La chute d'eau créée entre les arches de notre
pont-canal sur le Gardon ne peut plus élever , dans
l'hypothèse où nous nous sommes placés, une quantité d'eau égale à celle que fournit encore l'Alzon au
plus extrême étiage ; mais il s'en faut de peu.

Une machine hydraulique placée en ce point , et
ne coûtant pas plus de deux cent mille francs, élèverait, nous l'avons déjà montré, six cents pouces sur
le pont-aqueduc.

Ainsi, *pour trois millions on pourrait conduire à
Nimes deux mille deux cents pouces pendant neuf
mois ;*

*Et quatorze cents pouces, au moins, au plus extrême
étiage.*

Dans cette hypothèse , le pouce d'eau , l'étiage
excepté, ne reviendrait qu'à 1,363 fr. ;

Et l'eau fluant toute l'année , les plus extrêmes
étiages compris, à 2,143 fr.

Ces prix sont un peu plus forts que ceux que nous
avions trouvés dans le chapitre précédent ; cependant, ils se rapprochent assez, si l'on réduit au même

taux la somme à valoir qui est de soixante-trois mille francs plus forte dans ce chapitre ; on peut donc considérer que le prix du pouce d'eau sera à très-peu près égal, soit qu'on dérive l'Alzon au Pont-des-Charrettes, soit au moulin Carrière, et dès-lors on doit incontestablement préférer la provenance qui donne l'avantage de 7 m. 55 de plus d'élévation.

Toutefois, après que les puits, les galeries, les tranchées auront été relevés de cette quantité, nous ne devons pas nous attendre à rencontrer autant d'eau sur le parcours de l'aqueduc. Nous avions estimé cette éventualité à deux cents pouces dans le projet inférieur ; nous la réduisons à cent dans celui-ci.

Nous aurons donc probablement en définitive : deux mille trois cents pouces pendant neuf mois, et quinze cents au plus extrême étiage ; et nos prix se réduiront 1,304 fr. et à 2,000 fr.

Comme, dans ce projet, nous traversons la montagne de Cabrières à une profondeur moindre que dans celui du Pont-des-Charrettes, les chances aléatoires sont moindres, ce qui est encore une raison pour que les prix s'égalisent.

Les quantités énoncées seraient suffisantes pour Nimes, il serait peut-être même nécessaire de réduire la plus forte à deux mille pouces, car il n'est pas sûr que l'aqueduc romain puisse en débiter davantage, sa déclivité n'étant pas égale partout.

Pour ne laisser aucune place au doute, nous n'allons résumer les avantages de l'entreprise que sur ces volumes de deux mille et de quinze cents pouces, — toujours avec la dépense de trois millions.

On pourrait vendre, aussi bien et même mieux qu'avec le projet du Pont-des-Charrettes, quatre cents pouces, à quatre mille francs ;

Deux cents au prix de deux mille ;

Trois cents pourraient être réservés pour l'agrément et les usages publics de la ville ;

Six cents resteraient encore au plus extrême étiage, — et onze cents en temps ordinaire, — comme force motrice, — pour assainir le Vistre, — et pour l'irrigation des terres voisines.

A la vérité, pendant neuf mois de l'année, nous aurions six cents pouces de moins que ce que nous avions supputé par le projet de prise au Pont-des-Charrettes ; — mais l'administration supérieure jugerait peut-être convenable de laisser, dans tous les cas, ce volume de liquide dans le lit de l'Alzon....

Nous serions aussi privés, nous l'avouons, de trois cents pouces à l'étiage ; — mais nous aurions d'autre part la possibilité de distribution des eaux dans toute la ville, et 7 m. 55, de plus, de hauteur de chutes motrices.

Or, si trois cents pouces d'eau de moins représentent une perte d'un million, n'y a-t-il pas compensation évidente par le service des quartiers élevés et l'emploi dynamique de ce qu'on peut faire avec la chute plus grande, de tout ce qui ne sera pas consacré aux usages publics, ou en distributions ménagères à domicile.

Les ressources que l'industrie nimoise va chercher

maintenant sur les bords du Gardon, de l'Alzon ou du Vidourle, elle les trouverait sous sa main, et bien plus précieuses, baignant les murs d'enceinte de la cité (1).

N'oublions pas d'ailleurs que si la prise d'eau du moulin Carrière doit coûter trois millions, la prise d'eau du Pont-des-Charrettes pourrait bien s'élever à trois millions et demi, parce que les éventualités sont ici plus grandes.

Mais cette prévision même ne nous arrêterait pas ; quand nous ne devrions avoir en résultat que le minimum de fourniture après avoir supporté le maximum de la dépense, nous dirions encore, avec conviction, de l'un et de l'autre projet :

Dix-huit cents pouces d'eau pérenne et salubre, à la hauteur des hémicycles, valent pour Nîmes plus de trois millions et demi ;

Quinze cents pouces d'eau pérenne, à la hauteur du Castellum divisorium de l'aqueduc romain, valent pour notre ville bien plus de trois millions !

On peut choisir entre ces deux projets, COMPLÈTEMENT NOUVEAUX, et qui n'en sont pas moins les plus productifs, les plus sûrs, les plus économiques.

(1) Beaucoup de marchandises, de linge de corps et de ménage sont transportés au bord de ces cours d'eau où on les lave ; Avignon, par les belles eaux de la Sorgue, nous a ravi la fabrication des *florences*, et tout récemment des industriels qui occupaient un très-grand nombre d'ouvriers, MM. Flessier et Mme veuve Veyrun, ont transporté à Uzès et à Sommières leur impressions de foulards et leur belle fabrication de tapis.

Ils peuvent se diviser en trois entreprises distinctes, successives, donnant chacune un produit, avec la faculté de ne les exécuter qu'à des époques différentes et plus ou moins éloignées, suivant l'état des ressources municipales ; — chacune ne coûterait, à peu près, qu'un million.

Si le gouvernement nous promettait un secours efficace, — quand ce ne serait que pour la seconde évolution,

Le patriotisme nimois ne fournirait-il pas un million pour commencer l'entreprise ?

Et, en attendant, un impôt local et modéré pourrait donner peu à peu de quoi terminer l'entreprise, au moment où le permettrait le produit accumulé de la ressource spéciale qu'on aurait créée.

Si cette époque paraissait trop éloignée, et qu'on ne voulût ni surcharger les citoyens, ni retarder leurs jouissances, ne pourrait-on pas réaliser la vente des bois communaux à laquelle on a pensé si souvent et qui risquent, presque sans fruit, de s'en aller pièce à pièce ?

Ne peut-on pas contracter un emprunt ; trouver une compagnie d'exécution qui n'exige pas un remboursement immédiat de ses avances.

En 1848, ces questions ont été sérieusement débattues par le conseil municipal ; ne serait-il pas opportun de les reprendre ? Nimes ne compte-t-il pas dans son sein des citoyens riches et généreux ?

Le chef-lieu d'un département voisin, dont la population ne s'élève pas à dix mille âmes , Rhodez s'occupe activement de se procurer des eaux potables ;

Il lui faut, pour le montant du traité fait avec M. l'hydraulicien Cordier.............. 400,000 f.

Pour l'établissement des fontaines....; 20,000

Pour la construction des bains et lavoirs............................... 20,000

Pour l'achèvement d'une de ses églises. 10,000

Soit *quatre cent cinquante mille francs*, et Rhodez est sans ressources.

Aussitôt le conseil municipal adopte l'idée d'une loterie à *cinq cent mille billets* à un francs; mais on ne pouvait penser qu'un dixième seulement, en chances de gain , pût tenter les preneurs ; — il fallait leur offrir des objets d'art , un appât plus important que la valeur des cinquante mille billets de surplus.

Un sculpteur distingué, M. Gayrard , a offert à sa ville natale un groupe d'enfants sorti de son ciseau , d'une valeur artistique considérable ;

Il a promis un groupe en marbre ou en bronze dont le sujet serait : *la charité inspirant à Lebon la pensée de léguer sa fortune aux pauvres de la ville où il était venu au jour.*

Le premier tribut a été celui de l'art ; — celui de la fortune ne s'est pas fait attendre.

Je cite textuellement :

« Le conseil municipal a déclaré accepter l'offre
» d'une somme de cinquante mille francs faite par
» M. Gally, du Bouisson, l'un de ses membres, pour
» être employée à la conduite des eaux , et a consi-

» gné sur ses registres l'expression de la profonde
» reconnaissance de la ville pour une offre si géné-
» reuse. — Il a décidé que la fontaine monumentale
» à construire sur la place d'Armes porterait le nom
» de fontaine Gally..... (1). »

Ainsi, les beaux exemples, la tradition d'un bienfaisant patriotisme ne disparaissent pas de notre terre
de France ;

Nous avons vu M. le chanoine Godinot consacrer
pour les eaux de Rheims sept cent mille francs de sa
fortune ;

L'abbé Audra donner, pour le même objet, cent
mille francs à la ville de Dijon ;

Le capitoul Laganne léguer cinquante mille francs
pour procurer des fontaines publiques à Toulouse, sa
ville natale ;

Un respectable prélat, M. Cortois de Balore,
fonda de ses deniers, dans notre ville, un prix de quatre mille francs pour le meilleur écrit sur les moyens
d'amener des eaux ;

L'ingénieur Angrave avait remporté quelque temps
auparavant un prix de mille francs sur le même
objet, fondé par un anonyme qu'on croit être l'évêque Becdelièvre (1).

Quand un patriotisme généreux s'est deux fois
montré dans nos murs pour préparer l'exécution

(1) *Journal de l'Aveyron*, du 17 avril 1852.
(2) Voyez cet ouvrage, t. i, p. 306. — *Ibid*, p. 1002 et *passim*.

d'une entreprise nécessaire, — le verrons-nous s'effacer ou disparaître lorsqu'il s'agit de l'accomplir ?....

Non ; — que nos magistrats prennent l'initiative qui leur appartient, et bientôt le riche ouvrira la main ,

L'artiste les trésors de son génie ;

Le pauvre apportera lui-même l'offrande la plus méritoire , — car son exiguité l'empêche d'être le tribut de l'orgueil.

Nimes, le 29 mai 1852.

CHAPITRE XI.

Restauration complète de l'aqueduc romain.

« Pour donner des eaux à Nimes, le rétablissement
» de l'aqueduc romain doit passer avant tout. »
(Conseil des bâtiments civils, décision de 1821.)

La restauration complète de l'aqueduc antique me
parut toujours être le noble but auquel devaient
tendre les efforts de la cité ; tous mes ouvrages en
sont la preuve.

Assurément, si mes recherches m'eussent fourni
une meilleure solution du problème , c'est-à-dire un
moyen plus productif et moins dispendieux , — je
me serais hâté de le proclamer : — les deux chapitres qui précèdent sont la preuve de ce que j'avance.

Mais, à vrai dire, quel en est l'objet ?

N'est-ce pas, pour l'un, la reconstruction partielle
de l'œuvre romaine ?

Pour l'autre, sa copie , si l'on se contente d'amener le fluide à Nimes à un point moins élevé ?

Ne dérivons nous pas les mêmes eaux ? — Celles
de l'Alzon ;

Et l'idée mère des deux projets que nous avons produits ne nous a-t-elle pas été fournie par l'étude attentive de l'antique aqueduc ?

Nous n'avons garde de le nier.

Si l'un de ces projets paraissait meilleur à la cité que la restauration exacte de l'œuvre romaine, à quoi cela tiendrait-il ?

A deux causes qui n'infirment en rien le mérite des architectes, des constructeurs primitifs de cet admirable ouvrage :

Quand les Romains ont donné à leur aqueduc un développement qni nous paraît aujourd'hui trop considérable, c'est qu'ils ne pouvaient entreprendre un percé de montagnes de six mille mètres, privés d'une des grandes forces de nos temps modernes, — la poudre.

Si ces hardis constructeurs n'ont pas joint dans leur canal les eaux du Gardon à celles d'Eure et d'Airan, c'est qu'ils ne connaissaient pas les moyens puissants, faciles, économiques, d'élever les eaux, que nous ont donnés les progrès récents de la mécanique.

Si les Romains furent obligés de pousser leur prise de l'Alzon jusqu'aux sources d'Eure, et d'en priver tout le territoire d'Uzès, c'est que la longueur, les sinuosités de leur aqueduc exigeaient seize mètres de pente pour arriver à Nîmes, avec les points obligés de passage de Saint-Bonnet et de Lognac ;

Tandis qu'un tracé plus direct et plus court de moitié nous permet de réduire assez cette pente pour transporter notre prise d'eau des sources d'Eure *au moulin Carrière,* si nous voulons toujours aboutir au *Castellum divisorium*;

Ou bien , de descendre cette dérivation jusqu'au *Pont-des-Charrettes* si nous nous contentons de faire arriver les eaux à la hauteur des hémicycles.

Ainsi, notre trajet étant raccourci de beaucoup , l'entretien sera bien moindre , et si nous ne sommes pas parvenus à diminuer la dépense des travaux d'établissement, — du moins la quantité d'eau conquise peut être doublée , — et plusieurs fabriques importantes d'Uzès , usurpation de l'industrie moderne sur les anciens droits de la ville de Nimes , pourront rester sur pied.

Il est probable qu'au temps des Romains les moulins et autres appareils mécaniques n'avaient pas envahi les bords de l'Alzon; — il est probable aussi que les origines de cette rivière , dominées par d'épaisses forêts, lui fournissaient des tributs plus abondants ;

D'où la nécessité actuelle de dériver son cours le plus loin possible d'Uzès et de donner à notre dérivation, pour auxiliaire , une partie des eaux du Gardon.

Notre cité pourra choisir , d'ailleurs , entre nos plans et nos tracés et ceux des fondateurs de la colonie.

Les nôtres nous paraissent avoir des avantages certains.

Cependant, comme nous osons à peine le proclamer en face de la merveille de la construction antique ;

Et de peur d'avoir été fasciné par l'illusion d'idées qui nous sont personnelles,

Nous nous empressons d'en revenir à l'objet premier et constant de nos études et de notre prédilection, à ce qui a été pendant onze ans le but constant de nos efforts, un sujet incessant de labeurs et de sacrifices :

A la restauration complète de l'aqueduc romain...

Ici rien d'incertain, rien de chanceux, d'aléatoire ;

Nulle crainte à avoir ;

Ce qui a existé peut reparaître ;

Ce qui a été fait peut être rétabli ;

Ce qui a fonctionné peut fonctionner encore.

Par l'aqueduc romain nous pouvons obtenir, comme autrefois, des eaux abondantes, fraîches et pures, à un niveau suffisant pour toute la cité.

Il sera beau de relever l'antique monument qui nous les fournissait, et qui est encore, dans son délabrement, un de nos titres les plus précieux de noblesse.

Que faut-il pour cela ?

De la résolution et de l'argent.

La résolution, nous l'avons maintenant, je l'espère ;

L'argent, il nous est facile de le trouver.

Mais quelle somme faudra-t-il exactement ?

C'est ce que nous allons sérieusement examiner.

Les dépenses seront de deux natures :

Rachat des eaux,

Reconstruction de l'aqueduc.

Nous nous occuperons des unes et des autres.

Pour éclairer les questions, je crois devoir revenir un moment sur des opinions que j'ai déjà depuis longtemps exposées.

Mes opinions de 1845.

Le neuf avril 1845, j'eus l'honneur d'adresser à M. le Maire, à MM. les Adjoints et les Membres du conseil municipal de la ville de Nimes, une lettre sur la restauration complète de l'aqueduc romain, qui me paraît bonne à lire encore : je vais rapidement en analyser le contenu (1).

Je fais d'abord l'historique de l'idée de cette reconstruction : et les opinions de Poldo d'Albenas, de Dubans, de Blachier, de Delon, de Ramus, de M. Perrin; — des architectes Bancal, Legrand, Charles Durand, Simon Durant, Querry, Alphonse de Seynes; — des ingénieurs Maréchal, Clapiès, Angrave, Grangent, Fauquier, Eugène Labaume; — de MM. Nizard, Auguste Pellet, Bouchet, Brouzet, Valz; — des représentants du peuple Blanqui et Noailles; — des ministres Bénézet et Cretet, ainsi que l'opinion du conseil des bâtiments civils que j'ai prise pour épigraphe, se présentent successivement sous ma plume :

« Pour donner des eaux a Nimes, le rétablis-

(1) Voyez cet ouvrage, t. i, quatrième livraison, p. 945 à 957 et jusqu'à 968 pour les notes annexes.

» SEMENT DE L'AQUEDUC ROMAIN DOIT PASSER AVANT
» TOUT.....»

Je donne après la topographie des lieux qui séparent Uzès de Nimes.

J'indique les divers plans connus de l'aqueduc : ceux de MM. Perrin, Delon, Rondelet, Fauquier, Valz, Didion et Talabot, ce dernier complété par celui de M. le capitaine Bernard ; enfin, le plan partiel de M. Dombres, alors en train d'exécution.

Suivant les recherches de M. Bernard, l'aqueduc avait, depuis la fontaine de Nimes jusqu'à l'aval de celle d'Eure, quarante neuf mille sept cent cinquante mètres de développement.

« Il faudrait, disions-nous en 1845 (p. 935), dépenser cinquante francs par mètre courant, si nous avions à reconstruire l'aqueduc en entier, quand il est enfoui ou à fleur de terre, mais sans arcatures ni substructions. Comme on peut compter que la moitié de l'ouvrage existe en bon état et qu'on en profitera : — *la dépense se réduit à vingt cinq francs....*

« D'après ces bases, le rétablissement du canal (*antrum, forma*), c'est-à-dire des portions dégradées du radier, des piédroits, de la voûte, et de leurs accessoires, *depuis Nimes jusqu'à Uzès*, sur un parcours de cinquante mille mètres, en nombre rond, coûtera .... 1,250,000 f.

» Quant aux arcatures et substructions destinées sur certains points à supporter le canal, on peut partout con-

A reporter............. 1,250,000 f.

Report................ 1,250,000 f.

sidérer leurs fondations comme conservées. Le canal qui les surmontait se
trouvant compris dans l'article de dépense que nous venons d'arrêter, — il
ne reste donc à supputer que les masses
intermédiaires.

» Pour ces objet (Voy. *loc. cit.* pag.
957), la dépense sera de.......... 200,000

» Rétablissement de la prise d'eau
sur la rivière d'Alzon, vannes de tête
et de décharge ; réparation du *Castellum divisorium* et du bassin d'arrivée
à la *Fontaine* (p. 958.)............. 50,000

» Total des travaux en maçonnerie.. 1,500,000

» Mise à découvert de l'aqueduc sur
toute sa longueur, déblaiement des
terres et pierres qui encombrent l'intérieur, arrachement du sédiment pier-
reux qui l'encroûte ; réparation des
regards, etc., (Voy. *loc. cit.*, p. 959) 150,000

» Rachat de l'emplacement et des
débris de l'aqueduc, avec un franc-
bord de quatre mètres de chaque côté ;
et rachat des eaux du parcours 350,000

» Indemnités aux usiniers pour la
reprise de la moitié des eaux que débite l'Alzon (Voy. *loc. cit.*, p. 944).. 600,000

» Dépense totale................, 2,600,000 f.

» Le déboursé total de la ville de Nimes ne serait donc que de deux millions six cent mille francs pour ramener dans son enceinte la moitié des eaux de l'Alzon ; pour rétablir l'œuvre vénérable et gigantesque des Romains ;—une entreprise pareille retentirait dans le monde entier et serait accueillie par les applaudissements unanimes de tous les admirateurs de l'antiquité , de tous les hommes susceptibles d'apprécier les choses grandes , utiles , glorieuses.

» Nimes aurait, sans doute, de nombreux imitateurs ; car , seulement en France , trente villes tressailliraient en pensant qu'elles aussi avaient reçu de la magnificence romaine des eaux salubres et abondantes ;... que leurs aqueducs condamnés à l'oubli , au mépris , aux insultes des dévastateurs , ignorés sur la plus grande portion de leur étendue , peuvent être restaurés à leur tour , quelques-uns même à peu de frais : car , lorsqu'on ignore le parcours de ces canaux , c'est qu'ils sont enfouis et , dès-lors , conservés.

» Comment le gouvernement ne serait-il pas attentif à des projets si grands et si utiles ? Comment n'encouragerait-il pas les promoteurs d'actes pareils , et la ville qui , la première , se serait engagée dans une voie aussi honorable ?

» Il viendrait généreusement à notre secours , n'en doutons pas , et se chargerait d'une portion des frais de l'entreprise ; car , aux yeux du monde entier , ce serait une ŒUVRE NATIONALE.... (p. 945.) »

» Enfin , je disais alors comme aujourd'hui :

» Pour concilier toutes choses , pour arriver un jour à la restauration d'un monument fameux , pour satisfaire aux besoins de la ville , sans outrepasser ses facultés , il faudrait scinder le projet en plusieurs parties qu'on n'exécuterait qu'à des intervalles plus ou moins longs; de sorte que, *tout en décidant en principe le rétablissement total de l'aqueduc , le conseil municipal ne voterait pourtant l'exécution que par entreprises distinctes, échelonnées d'époque en époque, mais séparément productives et donnant des quantités d'eau relatives aux sommes dépensées, tout en rapprochant incessamment du but définitif.* Ce système, que j'ai plusieurs fois exposé, m'appartient exclusivement. (*Loc. cit.*, p. 948.) »

Telle étaient mes idées premières conçues et exposées même en 1842 (1).

Mes opinions de 1846.

Je revins encore sur ce sujet en 1846 et voici sommairement ce qu'on peut lire dans le second volume de cet ouvrage (2) :

« Si la fontaine d'Eure et le ruisseau d'Airan appartenaient encore aujourd'hui à la ville de Nîmes, il n'existerait aucune incertitude sur le moyen d'avoir

(1) Tome 1er de cet ouvrage, 1re livraison , p. 97 à 99 et *passim*.

(2) Tome II , 1re livraison , chap. viie, troisième et dernier projet. *Restauration complète de l'aqueduc romain.* — Explorations faites avec M. le capitaine Bernard.

de l'eau ; les avis seraient unanimes pour demander une seule chose : *la restauration complète de l'aqueduc romain* ; il n'y aurait qu'une seule opinion parmi les citoyens et les gens de l'art , au sein du Conseil municipal, dans l'administration.

» Pour renoncer à une entreprise qui s'exécuterait aux applaudissements du monde savant tout entier, il faudrait rencontrer des obstacles insurmontables ; — en existe-t-il de pareils ?

» J'estimais l'année dernière à deux millions le rétablissement de l'ouvrage romain...

» Depuis lors, M. Bernard et moi nous avons continué nos recherches ; — M. Dombres a pratiqué des explorations détaillées sur les deux tiers du parcours de l'aqueduc, — et je dois , sur de nouveaux renseignements, modifier mes estimations premières.

» M. Dombres évalue à 650,000 fr. la restauration depuis Nîmes jusqu'à Lafoux, et à 800,000 fr. , si l'on pousse les travaux jusqu'au Pont-du-Gard , c'est à-dire sur plus des deux tiers du parcours. Entre la citadelle de Nîmes et l'arcature qui franchit le Gardon, le canal a un développement de 33,426 mètres ; et du Pont-du-Gard jusqu'à Uzès , il n'en reste que 15,850.

» Si nous mettons un moment de côté la longue arcature de Vers, nous ne trouvons aucune différence entre les circonstances d'établissement, l'état de l'aqueduc sur les deux premiers tiers de son parcours et les mêmes choses, observées sur la dernière partie dont nous nous occupons. On est donc en droit

de penser , sans crainte d'erreur grave , que la dépense proportionnelle sera la même des deux côtés ,
et , dès-lors , si nous adoptons les bases posées
par M. Dombres , les deux premiers tiers coûtant.. 800,000 f.

» Le dernier devra coûter......... 400,000

» Et les arcatures de Vers, suivant le
détail que j'ai donné l'an dernier (1) ,. 200,000

» On aura pour dépense totale..... 1,400,000 f.

» Du reste, j'ai plusieurs fois formulé le vœu que
M. Dombres fût chargé par la ville de terminer jusqu'à Uzès l'exploration de l'aqueduc qu'il a si bril-
lamment commencée. Quand ce ne serait que sous
le rapport scientifique , cette recherche aurait assez
d'intérêt pour légitimer la minime dépense de trois
ou quatre mille francs qu'elle devrait coûter. Tant
que des fouilles nombreuses n'auront pas été faites....
on ne pourra pas fournir sur le rétablissement de
l'aqueduc des renseignements plus précis que ceux
que j'ai donnés à la suite de mes observations di-
rectes, qu'on peut modifier en concluant par analogie d'après les fouilles opérées par M. Dombres sur
les deux tiers de la longueur et ajoutant au prix
quelques augmentations que les circonstances réclament. Mais, je le répète, l'intérêt de la ville veut que
les fouilles soient reprises et complétées....

» Avant les explorations partielles de M. Dombres,

(1) Voyez tome i, p. 956 et p. lxxxi.

j'avais estimé la restauration totale de l'aqueduc à deux millions :

» Sur les bases adoptées par cet ingénieur pour les deux premiers tiers, la dépense totale ne s'élèverait qu'à quatorze cent mille francs ;

» Mais on sait que , par suite de diverses améliorations que j'ai cru devoir joindre aux travaux qu'il propose , son devis, depuis Nimes jusqu'à Lafoux , a été grossi par moi de 150,000 fr. , ce qui l'élève à 800,000 fr. sur ce parcours de 28,354 mètres.

» Si, pour des causes semblables, j'augmentais de pareille somme le coût de la restauration de Lafoux à Uzès , ce trajet d'environ 21,000 mètres coûterait 700,000 fr. — et, en y joignant 200,000 francs que réclame spécialement l'arcature de Vers, j'arriverais , par une voie différente , à une estimation plus faible que la première que j'ai donnée , mais certainement plus juste.

» Mon prix de rétablissement total , somme à valoir comprise, deviendrait 1,800,000 francs.

» Par conséquent, entre mon estimation première qui s'élevait à *deux millions* , — ou celle qu'on peut faire par analogie d'après les fouilles opérées par M. Dombres, qui ne se porterait qu'à *quatorze cent mille francs* ;

» Ou celle, enfin , qui , profitant des observations antérieures , résulte aussi de mes dernières courses, des plans, nivellements, élévations, pris par M. Bernard, et qui se porte à *dix-huit cent mille francs* ;

» Je me fixe à cette dernière, et, comme je la

crois encore plutôt forte que faible, je suis fondé à dire : *ce n'est certainement pas la dépense du réta-blissement complet de l'aqueduc qui doit détourner la ville de Nimes de cette noble entreprise.....*

» Voici le tableau de ce qu'on aurait à débourser pour la réaliser ; on pourra saisir ainsi l'ensemble d'un seul coup-d'œil :

» Restauration de l'aqueduc depuis Nimes jusqu'à Lafoux, sur une longueur de 28,354 mètres .... 734,805 f. 29

» Travaux sur 5,072 mètres, de-puis Lafoux jusqu'au Pont-du-Gard d'après les estimations de M. Dom-bres 126,353   21

» Nettoiement plus complet, rachat du sol et francs-bords, smil-lage des moellons 50,000

» Somme à valoir de Nimes au Pont-du-Gard 88,841   50

» Restauration de la partie ex-plorée par des fouilles 1,000,000   00

» Restauration depuis le Pont-du-Gard jusqu'à Uzès, sur environ 16,000 mètres de longueur à 30 fr. le mètre courant, même prix que pour la partie qui précède, y compris le ra-chat du sol et des francs-bords, le rétablissement de la prise d'eau, le vannage d'entrée 480,000   00

A reporter 1,480,000   00

Report. 1,480,000   00

» Restauration des arcatures de
Vers.   200,000   00

» Somme à valoir, plus forte proportionnellement que dans la première partie, parce que les estima-
tions sont moins certaines.   120,000   00

» Dépense totale de la reconstruc-
tion de l'aqueduc.   1,800,000   00

» Aux deux millions que j'estimais le même objet,
l'année dernière, j'ajoutais six cent mille francs pour
la reprise de la moitié des eaux de l'Alzon ; mes études nouvelles ayant largement réduit de deux cent
mille francs le coût probable de la restauration de
l'aqueduc, Nimes n'aurait plus à débourser, en tout,
pour reprendre et conduire la moitié des eaux d'Uzès,
que *deux millions quatre cent mille francs.*

» On pourrait, au reste, en ne dérivant que la
moitié de l'eau, s'arranger de manière qu'*Uzès
conserverait tout le courant pendant les douze heures
de jour, tandis que Nimes ne prendrait rien que
pendant les douze heures de la nuit* ; partage équitable qui donnerait aux uns et aux autres une quantité d'eau suffisante et concilierait heureusement
les droits antiques avec les jouissances modernes.

» En supposant qu'on donnât pour la totalité des
eaux de nuit une somme pareille à celle que je pro-
posais (*six cent mille francs*), quand il s'agissait de
dériver la moitié de la fourniture de l'Alzon, tant de

jour que de nuit d'une manière continue , certainement, les plaintes , s'il s'en élevait , seraient bien peu
fondées , *et la ville de Nimes ne dépenserait, pour le
rachat des eaux et les travaux de l'aqueduc, que*
2,400,000 *fr. au plus....* »

Telle était mon opinion en 1846, et je n'en ai pas
changé depuis, seulement des études nouvelles m'ont
prouvé :

1° Que la ville de Nimes avait encore des droits
très-respectables sur la propriété de l'aqueduc et des
sources, comme je l'établirai plus tard ;

2° Que , dans tous les cas elle peut acheter de gré
à gré , ou exproprier, pour cause d'utilité publique,
les sources d'Eure , qui font au moins la moitié de
l'Alzon.

Et , dès-lors, *le rachat ne s'élevant plus à six cent
mille francs , l'entreprise, pour Nimes , ne coûterait
qu'aux environs de deux millions , constructions et
sources comprises.*

Dans cette conviction satisfaisante , j'ai sollicité M.
Dombre de vouloir bien compléter l'estimation qu'il
avait faite de ces constructions, en achevant, du Pont-
du-Gard à Uzès, ce qu'il avait si bien commencé sur la
première portion de l'aqueduc. Cet ingénieur ayant
bien voulu se rendre à mes sollicitations, le public
aura maintenant toutes les garanties que donnent les
lumières et la capacité connues d'un homme spécial ,
déjà choisi pour cette opération par l'autorité supérieure.

═══════════

20

Evaluation de M. l'Ingénieur Dombre.

RECONSTRUCTION DE L'AQUEDUC ROMAIN ENTRE NIMES ET LA SOURCE D'EURE.

Evaluation des dépenses.

Première partie, Indemnités de terrains.

Les indemnités de terrains relatives à la reconstruction de l'aqueduc romain, entre Nimes et la culée droite du Pont-du-Gard, sur une longueur de 28,143 m. 00 sont évaluées, dans un projet dressé en 1847 et qui a servi de base au traité intervenu entre la ville et la compagnie Mourrier, à... 58,315 f. 00

Ce qui revient par mètre courant à 2 fr. 07.

La longueur de l'aqueduc à reconstruire entre la culée gauche du Pont-du-Gard et la source d'Eure (source Vincent) est de ...... 16,191 m. 00 et, en évaluant les indemnités de terrain d'après les mêmes bases, le montant en serait de................... 33,515 37

Total............ 91,830 37

A ajouter, pour dommages temporaires pendant l'exécution des travaux, pour la suppresion des puits-à-roue, citernes établis sur l'aqueduc, etc. 28,169 63

Total pour la première partie...... 120,000 00

Deuxième partie. — Travaux.

La longueur totale de l'aqueduc romain entre la source d'Eure et le bastion Est de la citadelle de Nimes , en adoptant entre Nimes et le Pont-du-Gard le tracé modifié (1) qui diminue d'environ cinq kilomètres le parcours primitif , est de.. 44,649 m.

Et se décompose ainsi :

1° De la source d'Eure au viaduc de
Vers.................................... 14,197
  2° Viaduc de Vers.................... 1,994
  3° Pont-du-Gard.................... 315
  4° De la culée droite du Pont-du-Gard
à Nimes............................. 28,143
Longueur totale.................... 44,649 m.

La reconstruction de l'aqueduc entre Nimes et la culée gauche du Pont-du-Gard , y compris la restauration de la cunette de ce monument et le rétablissement de quelques arches détruites sur la rive gauche, est évaluée comme il suit, dans le projet qui a servi de base au traité intervenu entre la ville et la compagnie Mourrier :

Reconstruction de l'aqueduc, dans les parties où le tracé en est conservé, sur une longueur de 22,432 m. 00, 351,279 f. 21

Idem, dans les parties dont le tracé est modifié,

A *reporter*.............. 351,279 f. 21

(1) Ces modifications se composent : 1° D'un percé pour éviter le village de Sernhac ; 2° d'un autre pour éviter le village de Saint-Bonnet , proposés par M. Dombre ; 3° d'un autre, proposé par moi , pour éviter les grandes sinuosités qui existent entre Lafoux et le Pont-du-Gard.

Report..............fr.   351,279 21

ayant ensemble une longueur de 5,711 m......   287,029 84

Reconstruction de la cunette sur le Pont-du-Gard et rétablissement des arches de la rive gauche...   35,187 39

Total entre Nimes et la culée gauche du Pont-du-Gard........................   673,496 44

Le montant des dépenses de reconstruction de la partie comprise entre le Pont-du-Gard et la source d'Eure peut être évalué, d'après un projet détaillé du viaduc de Vers, et, pour le restant, d'après les prix résultant de l'estimation de la partie comprise entre Nimes et le Pont-du-Gard, comme suit :

D'après l'estimation qu'on trouvera ci-après, le montant des dépenses de reconstruction du viaduc de Vers s'élève à...............   206,235 10

Entre ce viaduc et la source d'Eure, la longueur de l'aqueduc est de......... 14,197 m.

Nous supposons qu'il y aura lieu d'en changer la direction pour éviter des maisons ou autres constructions établies sur l'aqueduc sur un dixième de sa longueur............... 1,420

Reste.................. 12,777

Or, dans la partie comprise entre Nimes et le Pont-du-Gard, le prix moyen du mètre courant de la reconstruction de l'aqueduc est, savoir :

Dans les parties où le tracé est conservé, de........................... 15 f.66

Dans les parties où il est dévié, de.... 37 46

D'après ces bases, le montant de la reconstruction entre le viaduc de Vers et Uzès s'élèvera :

1° Pour la partie où le tracé est conservé à

A reporter..............fr.   879,731 54

$$\text{Report}\ldots\ldots\ldots\ldots\ldots\ldots\text{fr}\quad 879,731\ 54$$

12,777 $\times$ 15 fr. 66 $\ldots\ldots\ldots\ldots\ldots$ 200,887 f. 82

2° Pour les parties où il est dévié,

à 1,420 $\times$ 37 fr. 46 $\ldots\ldots\ldots\ldots$ 53,193   20

Soit $\ldots\ldots\ldots\ldots\ldots$ 253,281   02   253,281   02

Total $\ldots\ldots\ldots\ldots\ldots$ 1,153,012   56

A ajouter, pour cas imprévus, direction des travaux, etc., un huitième environ $\ldots\ldots\ldots\ldots$ 146,987   44

Total des travaux $\ldots\ldots\ldots\ldots$ 1,280,000   »

Récapitulation.

Indemnités de terrain $\ldots\ldots$ $\ldots\ldots\ldots$ 120,000   »

Travaux $\ldots\ldots\ldots\ldots\ldots\ldots\ldots$ 1,280,000   »

Total général de la reconstruction entre Nimes et la source d'Eure $\ldots\ldots\ldots\ldots$ 1,400,000   »

Dressé par l'ingénieur ordinaire soussigné, chargé du service hydraulique du Gard.

Nimes, le 22 mai 1852.

CHARLES DOMBRE, *signé.*

RECONSTRUCTION DE L'AQUEDUC ROMAIN ENTRE NIMES ET UZÈS.

Viaduc de Vers.

Note descriptive.

La présente évaluation s'applique à la reconstruction du Viaduc de Vers, à partir de la culée gauche du Pont-du-Gard, et sur une longueur totale de $\ldots\ldots\ldots\ldots\ldots\ldots\ldots$ 1,994 m.

Le viaduc n'est pas continu sur toute cette longueur et les formes en sont variables. La section de l'aqueduc sera cependant uniforme ; elle aura 1 m. de largeur et 1 m. 80 de hauteur sous dalles. Le radier en sera dressé avec une pente de 0 m. 25 c. par kilomètre. Au passage de la route départementale n° 2, le radier est à 15 m. 98 au-dessus du sol de la route ; c'est la hauteur maximum du viaduc dont les arches auront, dans cette partie, huit mètres d'ouverture et les piles deux mètres d'épaisseur.

Dans les autres parties où la hauteur du radier au-dessus du sol variera de 3 à 5 mètres, les arches du viaduc auront 4 m. d'ouverture et les piles 1 m. d'épaisseur. Enfin, quand la hauteur du radier sera inférieure à 3 m., l'aqueduc sera soutenu par un massif plein, dont les parements seront en maçonnerie de moellons smillés.

La longueur totale du viaduc se divise ainsi :

Prolongement du Pont-du-Gard, compris dans le projet dressé en 1847 . . . .   45 m.

Partie avec arches de 8 m. d'ouverture (13 arches)   136

Partie avec arches de 4 m. d'ouverture (107 arches)   532

Partie sur massif plein ou sur le sol naturel   1,281

Longueur pareille . . . .   1,994 m.

AVANT-MÉTRÉ.

DICATION DES OUVRAGES.	Longueur.	Larg.	Hauteur.	PRODUITS PARTIELS.	PRODUITS DÉFINITIFS.
Partie avec des arches de 8 m. (13 arches.)					
Massif total des maçonneries.					
es douze piles, ensemble........	32,40	2,20	1,50	106,92	
es deux culées..............	5,40	4,20	1,50	34,02	
piles ensemble................	74,50	2,50	2,00	372,50	
ulées id................	3,00	2,50	4,00	30,00	
Massif d'une arche.					
plein 10 $\times$ 5,20 $\times$ 2,50 = 130,00					
ire le vide de l'arche					
25,12 $\times$ 2,50 = 62,80					
este pour une arche...... 67,20					
treize semblables.............	....	....	....	873,60	
				1417,04	1417,04
duire :					
a pierre de taille.					
es des piles (ensemble)..........	298,00	0,60	0,60	107,28	
eau des têtes pour une arche.....	surface	9,12	1,40	12,77	
pour douze semblables........	....	....	....	153,24	
on des piles ensemble..........	60,00	1,00	0,35	21,00	
be total de la pierre de taille.....	....	....	....	294,29	294,29
es moellons smillés.					
piles ensemble................	74,50	4,20	0,36	109,51	
voûtes ensemble..............	163,28	1,10	0,40	71,84	
ympans pour un..............	section	26,88	0,70	18,82	
ur treize semblables...........	....	....	....	225,84	
ube total des moellons smillés....	....	....	....	426,01	426,01
u massif total.............	....	....	....	1417,04	
e de la maçonnerie en pierre de est de..................			294,29		
— en moellons smillés.......	....	....	426,01		
			720,50	720,50	
our le cube de la maçonnerie or-ire...................	....	....	....	696,74	696,74
Partie avec des arches de 4 m. (107 arches).					
Massif total des maçonneries.					
es 104 piles ensemble..........	124,80	2,70	1,20	404,35	
es 6 culées.................	7,20	2,70	1,50	29,16	
es ensemble................	156,00	1,00	2,50	390,00	
s..................	9,00	2,00	2,50	45,00	
plein d'une arche 5 $\times$ 3 $\times$ 2,50 = 37,50					
ire le vide 3,14 $\times$ 2 $\times$ 2,50 = 15,70					
Reste pour le massif....... 21,80					
107 semblables.............	....	....	....	2332,60	

INDICATION DES OUVRAGES.	Longueur.	Larg.	Hauteur.	PRODUITS PARTIELS.	PRODUITS DÉFINITIFS
A déduire :					
1° — La pierre de taille.					
Piles comme ci-dessus..............	....	.....,	....	390,00	
Bandeau des têtes pour une arche.....	surface.	3,53	1,00	3,53	
Pour 106 semblables ......·.........	....		,.......	374,18	
Cube total de la pierre de taille....	....	....	....	767,71	767,
2° — Les moellons smillés.					
Les voûtes ensemble................	671,96	1,50	0,30	302,38	
Les tympans pour l'un d'eux........,	section.	9,28	0,60	5,57	
Pour 106 semblables	....		....	590,42	
Cube total des moellons smillés.....	....	,...	....	898,37	898,
Le cube du massif total est de........	....	....	....	3201,11	
Le cube de la pierre de taille.........	....	....	767,71	....	
— de moellons smillés.............	....	....	898,37	....	
				1666,08	1666,08
Reste pour la maçonnerie ordinaire...	....	....	....	1535,03	1535,
§ III. — **Partie sur massif plein.**					
La longueur de cette partie, déduction faite de ce qui repose sur le sol naturel est de onze cent quinze mètres.					
Massif............................	1115,00	2,50	1,50	6968,75	
Cube total de la maçonnerie ....,	....	.....	....	6968,75	
A déduire la maçonn. en moellons smillés.	1115,00	0,60	2,50	1672,50	1672,
Reste pour la maçonnerie ordinaire...	....	....	....	5296,25	5296,
Partie supérieure formant la cunette de l'aqueduc.					
Les deux culées ensemble............	1994,00	1,80	1,50	5383,30	
A déduire la maçonn. en moellons smillés	1994,00	1,80	0,60	2153,52	
Reste pour la maçonnerie ordinaire...	....	....	....	3230,28	3230,
Dalles............................	1994,00	0,30	2,80	1674,96	1674,
Enduit en ciment....................	1994,00	3,00	....	....	5982,

RÉCAPITULATION.

Déblais de terre.

	PRODUITS PARTIELS.	PRODUITS DÉFINITIFS
1° Fondation des piles et culées de la première partie, (comme le cube de la maçonnerie).........................	140,94	
id. id. de la deuxième	433,51	
id. id. de la troisième..............	3177,75	
	3752,20	3752,

Maçonnerie ordinaire.

1re Partie......................................	696,74	
2e Partie......................................	1535,03	

	PRODUITS PARTIELS.	PRODUITS DÉFINITIFS.
Maçonnerie en moellons smillés.		
Partie..	426,01	
Partie..	898,37	
Partie	1672,50	
...tie supérieure	2153,52	
	5150,40	5150,40
Maçonnerie en pierre de taille.		
Partie..	294,29	
Partie..	767,71	
	1062,00	1062,00
...les...	....	1674,96
...duit en ciment	....	5982,00

ESTIMATION.

INDICATION DES OUVRAGES.	QUANTITÉS.	PRIX de L'UNITÉ	MONTANT.
...blais de terre pour fondation............	3,752 20	0 50	1,876 10
...çonnerie ordinaire.....................	10,758 50	6 00	64,549 80
...çonnerie en moellons smillés	5,150 40	10 00	51,504 00
...çonnerie en pierre de taille	1,062 00	30 00	31,860 00
...çonnerie en dalles....................	1,674 96	20 00	33 499 20
...duit en ciment	5,982 00	3 00	17,946 00
...ntres.................................	....	....	5,000 00
TOTAL...................................			206,235 40

...ressé par l'Ingénieur ordinaire soussigné, chargé du service hydraulique du ...l. — Nîmes, le 22 mai 1852.

Ch. DOMBRE, *signé.*

Conclusion générale.

Tout est donc éclairci maintenant pour la restauration complète de l'aqueduc romain.

Au fond, le chiffre de dépense donné par M. Dombre , et les miens, concordent autant qu'il puisse arriver pour une œuvre de cette importance.

Si mes estimations sont plus fortes , c'est que j'ai voulu refaire exactement la construction romaine telle qu'elle existait; que j'ai reproduit certaines parties de décoration, si l'on veut , qui ne sont pas indispensables ; qu'on pourrait , par conséquent, supprimer, mais dont je crois, toutefois, l'adoption très-convenable (1).

M. Dombre s'en est tenu au strict nécessaire pour que l'eau arrive à Nimes, sans trop s'attacher au type de l'œuvre antique , au caractère architectural du monument, — ce que je regretterais , je l'avoue.

Ainsi, suivant le parti qu'on adoptera , on aura à dépenser l'une des sommes que je vais rappeler.

Pour les travaux :

Ou *deux millions,* somme que je crois un peu trop forte ;

Ou, *dix-huit cent mille francs,* somme que je trouve la plus convenable ;

Ou, *quatorze cent mille,* estimation de M. Dombre, qui me paraît un peu faible.

(1) Voyez cet ouvrage, tome II , première partie , p. 82 à 91.

Rachat des eaux.

Si , renonçant à tous ses droits anciens , la ville voulait reprendre toutes les eaux de l'Alzon suivant les règles du droit commun :

Je crois qu'elle devrait payer pour indemnité aux usiniers et aux riverains.............. 1,200,000 f.

Si elle se contentait de la moitié de l'eau qui coule pendant la nuit , par exemple , elle ne devrait en tout que..   600,000

Si, usant sans condescendance , sans transaction du bénéfice de la loi , et sans se préoccuper des jouissances anciennes exercées de bonne foi, — elle achetait directement les sources d'Eure qui font plus de la moitié de l'Alzon , elle pourrait ne dépenser que.......   200,000

Il n'est même pas prouvé que, si elle agissait rigoureusement et excipait de ses droits anciens de prise d'eau et d'aqueduc, conservés par des vertiges , elle fût obligée de payer quelque chose.

Ainsi , *au maximum* , toute construction faite et le rachât des eaux compris, la ville de Nimes aurait à dépenser pour reprise du débit complet de l'Alzon, et le canal antique restauré jusqu'à Nimes , c'est-à-dire pour huit cents pouces d'eau au plus extrême étiage : 2,000,000 fr. + 1,200,000 fr. , suivant mon estimation la plus forte, soit, en tout... 3,200,000 f.

Ou bien , les frais de restauration de l'aqueduc étant réduits à 1,800,000 fr.

la dépense totale serait de........... 3,000,000 f.

Ou bien, si, comme le veut l'estimation de M. Dombre, les travaux ne
coûtaient que 1,400,000 = la dépense
totale ne serait que de............. 2,600,000

Si, adoptant un système plus modeste, on se bor-
nait à prendre la moitié des eaux de l'Alzon, celles
qui coulent pendant la nuit par exemple, on n'aurait
que quatre cents pouces à l'extrême étiage, mais le
prix définitif s'abaisserait comme suit, par l'estimation des travaux à laquelle on aurait le plus de
confiance :

Trav., 2,000,000 fr. — Eau, 600,000 fr. — Total 2,600,000 fr.
Trav., 1,800,000   — Eau,   —   — Total 2,400,000
Trav., 1,400,000   — Eau,   —   — Total 2,000,000

Je ne parle pas du cas où les droits de la ville de
Nîmes seraient reconnus encore entiers, subsistants
et absolus ; c'est une thèse réservée, et certainement
alors, on accorderait une indemnité gracieuse à des
propriétaires qui jouissent de bonne foi.

Mais, dans une hypothèse plus simple : si la ville
achetait directement les sources d'Eure, elle aurait
soit amiablement, soit par expropriation, au plus
extrême étiage, environ *cinq cents pouces*, au maximum pour........................ 2,200,000 fr.

Ou bien pour............. 2,000,000

Ou seulement pour........ 1,600,000

Suivant qu'on préférera l'une de mes estimations
des travaux ou qu'on s'en rapportera à celle de
M. Dombre.

Quant à moi, comme je pense qu'il est essentiel pour Nimes d'avoir beaucoup d'eau, je crois que le meilleur de tous les moyens serait :

1° De jeter dans l'aqueduc romain tout ce que roule actuellement l'Alzon, c'est-à-dire huit cents pouces au plus extrême étiage ;

Et au lieu de donner douze cent mille francs d'indemnités aux usiniers et riverains, — je trouverais plus expédient de construire un grand bassin de réserve qui leur fournirait plus d'eau qu'ils n'en ont maintenant, et ne coûterait pas douze cent mille francs pour l'achat de l'emplacement ou les frais du barrage.

Ce système a été posé dans un des chapitres précédents. L'entreprise totale ne s'élèverait certainement pas plus de deux millions à deux millions six cent mille francs, prix, nous l'avons vu, des trois catégories de dérivation de la moitié du cours de l'Alzon avec indemnité pécuniaire, et pourtant, on dériverait dans ce cas tout le débit actuel, et l'on donnerait aux riverains et aux usiniers, en remplacement, une fourniture constante et plus que doublée.

Quelque parti que l'on prenne à cet égard, il est évident—qu'en ce qui concerne la faculté de puisage des eaux du Gardon, il est moins avantageux de suivre strictement l'antique tracé de l'aqueduc, que d'adopter le tracé nouveau que nous avons indiqué et qui passe par Collias.

On épargnera bien quelques centaines de mille francs en restaurant purement et simplement le canal romain , mais on n'obtient à l'étiage que la moitié de la fourniture d'eau , ce qui est un inconvénient très-grave (1).

L'hésitation est permise ; car on a, d'un côté, la restauration d'un antique et noble monument , on a trois ou quatre cent mille francs d'économie *et l'on évite toute chance aléatoire,* ce qui mérite une très-sérieuse attention....

De l'autre, on a de longs percés à faire, ce qui ne permet pas d'estimer exactement d'avance à combien la dépense doit s'élever ; mais on a le double d'eau, en réunissant celle qu'on peut prendre à Uzès avec celle qu'on peut puiser dans le Gardon ; *il ne serait pas étonnant d'ailleurs que les percés en fournissent une quantité très-grande* , et alors on n'aurait peut-être besoin de rien demander à Uzès.

Les esprits timides seront pour la restauration de l'aqueduc ;

Les caractères plus hardis pour le percé de la montagne.

A la vérité, en restaurant complètement l'œuvre romaine, on est libre de puiser encore dans le Gardon , comme nous l'avions indiqué dans notre projet préféré au concours de 1846 ;

Mais dans ce cas, outre la dépense complète de restauration de l'aqueduc, il faut construire un barrage à Collias, ouvrir un long canal d'amenée, établir des machines puissantes au Pont-du-Gard ; — il faut

____

(1) Voyez les deux chapitres qui précèdent.

supprimer des usines précieuses , et la dépense totale atteindrait quatre millions, les dépasserait même , suivant qu'on adopterait pour l'aqueduc le système de reconstruction de M. Dombre ou le nôtre.

Cette dépense me paraîtrait bien forte , et je conclus en disant :

Si l'on croit suffisant d'amener à Nimes, au plus bas étiage, huit cents pouces en dérivant tout l'Alzon, — ou même quatre cents , si l'administration n'en veut pas accorder davantage :

Qu'on restaure l'antique aqueduc dans tous ses circuits , sur toute sa longueur.

Mais, — s'il faut à Nimes, et c'est mon opinion , de douze à seize cents pouces d'eau, surtout pendant l'été ; — comme dès lors la contribution du Gardon devient nécessaire : — il vaut mieux n'utiliser que la moitié de l'aqueduc romain , celle de Nimes au ruisseau de Cabrières, il faut arriver à Uzès par Collias.

Quoi qu'il en soit, l'un ou l'autre de ces projets devra prochainement être exécuté ; cette confiance soutient mon zèle et ma persévérance. Je reçois aussi, comme encouragement , des témoignages réitérés et précieux d'estime et de sympathie , et le secours de mes anciens et honorables collaborateurs ne me fait pas défaut quand je le réclame.

Quoique retenu à la ville par ses devoirs militaires et municipaux, M. Bernard a cependant exécuté plusieurs relevés graphiques de la Fontaine.

M. Poulon a fait ou vérifié pour moi presque tous

les nivellements que je cite dans mon ouvrage ; — Nous avons jaugé ensemble plusieurs cours d'eau.

M. Valz me dirige quelquefois de ses avis.

Quant à M. l'ingénieur Dombre, je m'honore de la continuation de sa bienveillance et j'ai recours à ses conseils toutes les fois qu'il s'agit d'éclairer quelque point qui rentre dans ses attributions spéciales.

Je disais, le quinze novembre 1845, en présentant mes premiers travaux au concours :

« Si la décision de mes juges m'était contraire, » *mon nom en subirait seul la rigueur* ; — mais si, » plus heureux, j'obtiens les honneurs du triomphe, » *je m'empresserai d'y associer MM. Dombre et Ber-* » *nard*, de qui j'ai reçu des secours qui m'étaient » indispensables...... »

Il m'est doux, APRÈS DIX ANNÉES consacrées aux mêmes recherches, aux mêmes travaux, de n'avoir rien à changer à ces paroles, de retrouver autour de moi les mêmes amis, de les voir s'associer encore à mes projets.

On connaît le respect qu'inspire au monde savant notre corps si distingué des Ponts-et-Chaussées ; — M. Dombre, qui lui appartient, est, de plus, attaché au *Service hydraulique* dont le pays attend, avec raison, les plus grands bienfaits.

Nimes, le 1er juin 1852.

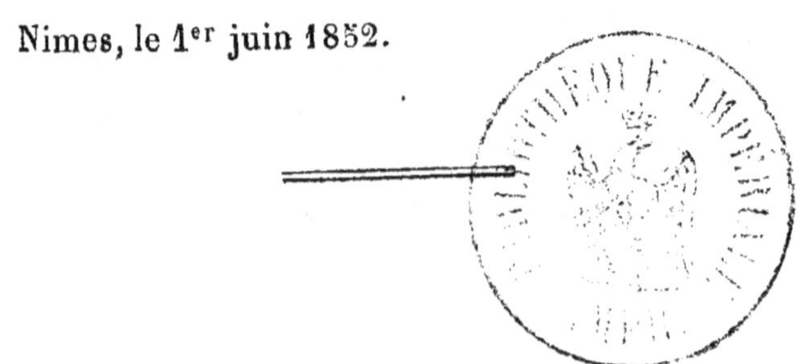

DES EAUX DE NIMES

ET DE

L'AQUEDUC ROMAIN DU GARD,

Tome quatrième. — Première Livraison.

APRÈS DIX ANS D'ÉTUDES.

TABLE DES MATIÈRES.

CHAPITRE PREMIER.

Un rêve au bord du Canabou.

CHAPITRE II.

Nouveau moyen de fourniture d'Eau pour Nimes.

CHAPITRE III.

Question des Eaux de Montpellier.

CHAPITRE IV.

De la reprise des sources d'Eure.

CHAPITRE V.

Du droit de propriété sur les sources.

CHAPITRE VI.

Projet de M. Foëx.

CHAPITRE VII.

Fourniture d'eau prise au moulin Labaume.

CHAPITRE VIII.

Machines placées à Collias.

CHAPITRE IX.

Dérivation de l'Alzon faite au Pont-des-Charrettes.

CHAPITRE X.

Dérivation de l'Alzon au moulin de Cabiron ou de Carrière.

CHAPITRE XI.

Restauration complète de l'aqueduc romain.

Conclusion générale.

Résumé de la dépense.— Pour les travaux suivant les diverses estimations faites, p. 314. — Rachat des eaux, p. 315. — Coût réuni des travaux et de l'eau dans diverses hypothèses, *ibid.* — Moyen qu'on doit préférer, p. 317.— Comparaison de l'antique tracé et du nôtre, *ibid.* — Le premier donne moins d'eau, le second a plus de chances aléatoires, p. 319. — Espérance, encouragements qui soutiennent mon zèle ; — Secours utiles de mes collaborateurs, p. 319.

FIN DE LA PREMIÈRE PARTIE DU QUATRIÈME VOLUME.

OUVRAGES DE M. TEISSIER.

CONFIDENCES DU DIEU NÉMAUSUS, ou Précis sur les **Antiquités de la ville de Nimes.** — Nimes, 1844.— Imprimerie Ballivet et Fabre, in-8º de 146 pages.

DES BAINS ET THERMES CHEZ LES ANCIENS, des **Bains romains de Nimes et du Temple-de-Diane.**— Nimes, 1851. — Imprimerie Ballivet et Fabre, in-8º de 262 pages avec une planche.

DU SERVICE HYDRAULIQUE EN FRANCE, de son importance et de son avenir. — Nimes, 1849 à 1850.— Imprimerie Ballivet et Fabre. — Trois livraisons faisant ensemble 678 pages.

RAPPORT fait à la Commission spéciale du Syndicat des **Digues du Rhône,** sur le périmètre et le classement des terrains. — Nimes, imprimerie Ballivet et Fabre.—1re partie, 1848, in-8º de 271 pages; 2e partie, 1848, in-8º, avec plan, de 272 pages; 3e partie, in-8º de 64 pages.

HISTOIRE DES EAUX DE NIMES.

Cet ouvrage est en trois gros volumes in 8º (1), composés, les deux premiers de quatre livraisons chacun, publiées à diverses époques, et le troisième de deux parties seulement.

Ces livraisons portent les titres suivants :

PREMIER VOLUME.

Première Livraison. — **De** l'Abbé **PARAMELLE** et des divers moyens d'amener des **Eaux à Nimes.**—1842.—Imprimerie Ballivet et Fabre, in-8º de 176 pages et un plan.

(1) Le quatrième est commencé.

Seconde Livraison. — **Etudes sur les divers moyens de procurer des Eaux à la ville de Nimes.**— 1843.—Imprimerie Ballivet et Fabre, in-8°, de la page 177 à la page 430, et un plan.

Troisième Livraison.—**De Nimes et de ses Eaux**—1844.— Imprimerie Ballivet et Fabre , in-8°, de la page 431 à la page 812 , avec XL pages de notes et une gravure.

Quatrième Livraison. — **Etudes sur les Eaux de Nimes et sur l'Aqueduc romain du Gard.** — 1845. — Imprimerie Ballivet et Fabre , in-8° , de la page 813 à la page 1076 , et , pour les notes, de la page XLI à la page CLXXXIII , avec un plan.

Second Volume.

Première Livraison. — **Études sur les Eaux de Nimes et sur l'Aqueduc romain du Gard** (suite). —1845-46. —Imprimerie Ballivet et Fabre, in-8° de 320 pages.

Seconde Livraison. — **Études sur les Eaux de Nimes et l'Aqueduc romain du Gard** (seconde suite). —1846. — Imprimerie Ballivet et Fabre , in-8°, de la page 321 à la page 562, avec introduction de LXXVII pages.

Troisième Livraison. — **État actuel de la question des Eaux de Nimes.** — 1848. — Imprimerie Ballivet et Fabre, in-8°, de la page 563 à la page 834, avec un rapport sur le concours des Eaux, de LXXII pages, et un plan de l'Aqueduc romain en deux feuilles.

Quatrième Livraison. — **Marche administrative de la question des Eaux de Nimes.** — 1848. — Imprimerie Ballivet et Fabre , in-8°, page 835 à 1015 , et une introduction de la page I à la page XVIII.— Plus un appendice, de la page 1016 à la page 1070.

Troisième Volume.

Première Partie.— **Histoire des Eaux de Nimes.** — *Pénurie d'Eau et d'Argent*. — Nimes, 1850. — Typographie Ballivet et Fabre , in-8° de 396 pages avec une planche.

Seconde Partie. — **Histoire des Eaux de Nimes et de l'A-
queduc romain du Gard.** — *Que le passé enseigne l'avenir.* —
Nimes, imprimerie Ballivet et Fabre, 1851–52 , in-8°. — De la
page 397, à la page 1167.

QUATRIÈME VOLUME.

*Première partie—***Après dix ans d'Études.** — Nimes, 1852.
— Typographie Ballivet et Fabre, in-8° de 528 pages.

SOUS PRESSE, la seconde partie intitulée :

Souterrains, Prescription, Rabdomancie.